LES

ENFANTS DE MARCEL

INSTRUCTION MORALE ET CIVIQUE EN ACTION

LIVRE DE LECTURE COURANTE

COURS MOYEN

CONFORME AUX PROGRAMMES DU 27 JUILLET 1882

AVEC PLUS DE 250 GRAVURES INSTRUCTIVES POUR LES LEÇONS DE CHOSES

PAR

G. BRUNO

LAURÉAT DE L'ACADÉMIE FRANÇAISE
AUTEUR DE *Francinet* ET DU *Tour de la France*

Ouvrage couronné par la Société d'instruction et d'éducation populaires

CINQUANTE-NEUVIÈME ÉDITION

PARIS
LIBRAIRIE CLASSIQUE EUGÈNE BELIN
BELIN FRÈRES
RUE DE VAUGIRARD, 52

1893

Tout exemplaire de cet ouvrage, non revêtu de notre griffe, sera réputé contrefait.

Belin frères

SAINT-CLOUD. — IMPRIMERIE BELIN FRÈRES.

Dans ce livre, qui s'adresse aux écoles des deux sexes, on a mis **en action** toutes les connaissances exigées par les programmes sur l'**instruction civique,** le **droit usuel** et l'**économie politique**. On y a même suivi généralement l'ordre des programmes.

Le récit qu'on va lire présente aussi *en action* et sous une forme vivante les divers sujets de la *morale*, surtout de la *morale sociale*, qui est plus intimement liée à l'instruction civique.

Enfin on a répandu dans ce volume des notions variées sur l'*histoire de France* et la *géographie*, sur les *sciences usuelles*, l'*hygiène* et l'*agriculture*.

PROGRAMMES

D'INSTRUCTION CIVIQUE, DE DROIT USUEL ET D'ÉCONOMIE POLITIQUE

du 27 juillet 1882

COURS MOYEN

« Notions très sommaires sur l'**organisation de la France** :

» Le **citoyen**, 44, 45, 46 et suiv.

» Ses obligations et ses droits, p. 50, 53.

» L'obligation scolaire, 69, 70.

» Le service militaire, 69, 149.

» L'impôt, 77, 80, 84.

» Le suffrage universel, 201, 203.

» La **commune**, 116, 123.

» Le maire et le conseil municipal, 120.

» Le **département**, le préfet et le conseil général, 133, 136.

» **L'Etat**, 197, 199; le pouvoir législatif, 197, 199; le pouvoir exécutif, 204, 206; la justice, 164, 170, 174.

COURS SUPÉRIEUR

» I. Notions plus approfondies sur l'**organisation politique, administrative et judiciaire** de la France :

» La Constitution, 199.

» Le Président de la République, 204.

» Le Sénat, la Chambre des députés, la loi, 197 (le *vote*, il doit être libre, consciencieux, désintéressé, éclairé, 201, 203).

» L'administration centrale, 206, 212, départementale, 133, communale, 120; les diverses autorités, 120, 123, 133, 136, 168, 170, 194, 206.

» La justice civile et pénale, 164, 170, 174.

» L'enseignement, ses divers degrés, 178, 188, 210, 211.

» La force publique, 168.

» L'armée, 147, 149, 151, 180, 206.

» II. Notions très élémentaires de **droit pratique** :

» L'état civil, 120; la protection des mineurs, 186 (l'*autorité paternelle*, 186).

» La propriété, 260.

» Les successions, 221.

» Les contrats les plus usuels : vente, louage, etc., 262, 263.

» III. Notions les plus élémentaires d'**économie politique**, 233 :

» L'homme et ses besoins, 240.

» La société et ses avantages, 243 et suiv., 248 et suiv.

» Les matières premières, 254.

» Le capital, 267.

» Le travail et l'association, 264.

» La production, 233; travail physique et intellectuel, 239, 240 et suiv.

» L'échange, 235 et suiv.

» L'épargne, 99 (*caisses d'épargne*, 99).

» Les sociétés de prévoyance, de secours mutuels, de retraite, 99 (*assurances*, 102) [1]. »

1. Les premières notions d'instruction civique pour le cours élémentaire sont mises en action, au moyen d'histoires et de leçons de choses très enfantines, dans notre livre intitulé : *Instruction morale et leçons de choses civiques pour les petits enfants*.

L'économie politique et les grands problèmes sociaux qui s'y rattachent (richesse et misère, capital et travail, association, sociétés coopératives, etc.) sont présentés avec tout leur développement, quoique sous une forme toujours très élémentaire, dans notre livre intitulé : *Francinet*.

LES

ENFANTS DE MARCEL

I. — L'armée de l'Est. — Le bivouac dans les bois. Le père et le fils.

Il faut apprendre dès l'enfance à mettre au-dessus de tout honneur et patrie. *Honneur et Patrie* est la devise de notre armée; ce doit être aussi celle de tout Français et de toute Française.

Par une nuit de janvier 1871, un régiment de l'armée de l'Est campait sous bois aux environs de Pontarlier.

Le froid était extrême; les hommes avaient allumé de grands feux; puis ils s'étaient endormis, étendus sur la terre, les pieds tournés vers les charbons, la tête appuyée sur le havresac. La lune, que le froid rendait plus brillante, éclairait ces visages fatigués, noircis par la fumée et le hâle.

Un bivouac a l'armée de l'Est, dans les montagnes du Jura.

Dans ce cercle d'hommes immobiles, tous ne dormaient pas. L'un, le sergent Marcel, le coude appuyé sur son sac et la tête dans sa main, réfléchissait tristement. De grosses larmes parfois arrivaient au bord de ses paupières, mais aussitôt il les arrêtait au passage du revers de sa main rude, mieux faite pour soulever un fusil que pour sécher des larmes.

Longtemps il s'efforça ainsi de refouler sa peine ; à la fin, le chagrin fut plus fort et le sergent Marcel se mit à sangloter ; — vrais sanglots de soldat, tout en dedans. Seules, les épaules se soulevaient par brusques soubresauts, et de longs soupirs se faisaient jour, mais si habilement étouffés qu'ils ressemblaient au bruit irrégulier de la respiration des camarades endormis.

Pauvre sergent Marcel ! La veille même on avait enterré sa femme, la brave cantinière du régiment, la mère de ses quatre enfants.

Blessée au combat d'Héricourt dans la Haute-Saône, elle avait langui, portant son bras gauche en écharpe, et malgré tout faisant son devoir, sans vouloir quitter ni son mari ni son poste. Mais elle avait plus de courage que de force. Elle s'était épuisée ; un accès de fièvre pernicieuse l'avait emportée en vingt-quatre heures.

Et Marcel songeait aux quatre orphelins qu'elle lui laissait ! L'aîné, Louis, dormait entre ses jambes ; un bel enfant, c'était vrai, mais si jeune !... Treize ans, pas plus. Et enfant de troupe déjà ; brave et fort comme un homme, doux comme une fille !... Au régiment, qui ne l'aimait ? Il y était né, en avait toujours partagé le sort. Père et fils ne s'étaient jamais quittés ! Cet enfant, c'était « sa petite ombre », comme on disait dans les bons jours. — Et pourtant, pensait Marcel, nous n'aurions pas dû le garder avec nous, au milieu d'une souffrance pareille. La neige pour lit, souvent pas de pain, des marches forcées ; sans cesse harcelés par l'ennemi... Ah ! c'en est trop à la fin. Puisque le colonel, dans le désordre d'une armée levée à la hâte, n'a accepté l'enfant que par tolérance et à cause de sa mère, je dois tâcher de le renvoyer au pays près de son frère et de ses deux sœurs. Il partira, je l'en ai prévenu, si toutefois il y a encore un chemin libre... Et je resterai seul ici, moi, avec mon chagrin. La mère mise en terre de la veille, il faudra quitter demain l'enfant ! Quel supplice !... Et avec cela, toujours battus ! Voir la France envahie et ne pas arriver à chasser l'ennemi ! Quelle misère, mon Dieu, quelle misère ! et que la vie est dure !

Pendant que le sergent prenait cette résolution, la petite ombre pelotonnée entre les genoux du père Marcel se souleva tout à coup; deux bras d'enfant se nouèrent au cou du sergent et une voix douce murmura :

— Père, je vous en supplie, gardez-moi.

Le père releva brusquement la tête : il était contrarié d'être surpris en larmes par l'enfant.

Celui-ci ne se découragea point :

— Je vous en supplie, reprit-il, ne me renvoyez pas.

D'un geste, le sergent écarta les bras du jeune garçon; il fronça le sourcil en homme résolu à gronder, et d'une voix rude qui ne souffrait pas de réplique :

— C'est pour ton bien, petit. A présent que ta mère est morte, tu n'auras plus sa voiture de cantine pour t'aider le jour dans les marches et la nuit pour y dormir abrité. Chez ta grand'mère, tu auras un bon lit au lieu de trembler sur la neige, tu mangeras à ta faim au lieu de jeûner, et les obus ne t'atteindront pas. C'est décidé. Pas un mot. Dors.

LA VOITURE DE CANTINE, à l'armée, transporte des vivres et des boissons pour les soldats.

Louis fit un mouvement comme s'il se recouchait; mais, quand il vit que le père ne grondait plus, il s'enhardit, se rapprocha doucement, et à demi-voix, suppliant : — Oh ! dit-il, vous croyez donc que je dormirai mieux dans un lit, vous sachant couché dans la neige ? Vous croyez que je mangerai à ma faim comme cela loin de vous, quand vous jeûnerez ici ? Allez, ne le croyez pas, père; je ne mangerai plus, au contraire, je ne dormirai plus; alors, sûrement, je tomberai malade, et voilà !...

Louis s'arrêta, étonné d'en avoir osé dire si long.

Le sergent, toujours la tête dans la main, haussa les épaules, et d'une voix un peu moins dure :

— Chansons que tout cela, petit. A ton âge, on oublie vite, Dieu merci.

— Ah ! fit l'enfant, et si cela était, pourtant, si je pouvais vous oublier, oublier le régiment, le malheur de la France, vous aimeriez mieux cela, dites ?

Et le petit garçon fixait sur son père des yeux où brillait une sorte d'étonnement indigné.

Le sergent ne put retenir un soupir qui l'étranglait. Il ne répondit pas tout de suite; puis, d'une voix rauque, sourde : — Je veux que tu vives; ici tu mourrais.

— Alors, pourquoi m'avez-vous appris tout petit à ne pas craindre la mort, à souffrir sans me plaindre, à ne jamais tourner les talons au danger, à mettre au-dessus de tout l'honneur et la patrie ?

Puis, changeant de ton soudain, de sa voix jeune et gaie il se mit à réconforter le vieux soldat : — D'ailleurs, père, pourquoi vous imaginer que je vais mourir ? Je suis bien plus solide que vous ne croyez. Rappelez-vous ce que disait le colonel Achilli l'autre jour : « Ce bambin-là est en acier; il marche comme un vétéran. » Père, soyez tranquille, je tiens de vous pour être fort...

— Et de ta mère pour être bon ! soupira le sergent, dont le cœur se dégonflait sous les caresses de son fils.

Puis, quand cette minute d'expansion fut passée, le sergent Marcel dit gravement :

— Allons, petit, si tu veux rester soldat malgré tout, endors-toi, car demain la journée sera rude... Du reste, ajouta-t-il comme pour se justifier de sa faiblesse, je ne sais si je puis vraiment te renvoyer : on dit que nous sommes cernés.

Et, pendant que le sergent roulait l'enfant dans sa capote trouée, la petite voix douce murmurait en s'endormant :

— Merci, père, de me garder près de vous.

Le sergent immobile l'écoutait. Puis, quand la respiration égale de l'enfant lui annonça qu'il dormait, il se souleva à son tour, furtivement, comme s'il craignait d'être vu, et il baisa le front de son fils :

— Brave petit cœur, murmura-t-il, je te bénis.

Puis, plus bas encore :

— O patrie, patrie, cet enfant sera digne de toi !

II. — Le dévouement est le devoir du soldat. — Belle parole du colonel Achilli.

Il est trop facile d'être brave quand on compte sur la victoire; c'est dans les mauvais jours que se reconnait le vrai soldat. Il se dit alors à lui-même : « Vainqueur ou vaincu, je ferai mon devoir jusqu'au bout. »

Le lendemain la journée fut dure, comme l'avait prévu le sergent Marcel. Son régiment était commandé par le colonel Achilli, un de ceux qui se sont le plus distingués dans la campagne de l'Est. Dès que la diane eut sonné, le colonel rassembla ses hommes et leur dit :

LA DIANE est la sonnerie qui réveille les soldats au camp.

— Soldats, c'est aujourd'hui sur nous que va reposer le sort de toute l'armée de l'Est. Cernée par les Prussiens, elle n'a plus devant elle qu'une seule route ouverte, la route de la frontière suisse. Si l'armée n'est pas en Suisse dans vingt-quatre heures, les Prussiens la feront prisonnière ainsi qu'à Sedan; ils s'empareront de notre matériel, de nos armes, de nos drapeaux, ce qui est la suprême honte! Il faut donc arrêter les Prussiens pendant vingt-quatre heures. C'est notre régiment que le général Robert a désigné pour cette tâche glorieuse; c'est nous qu'il charge de défendre le col de la Cluse pour arrêter l'ennemi pendant que nos camarades passeront en Suisse. Soldats, on compte sur nous comme sur les plus braves! S'il le faut, mourons à notre poste, mais sauvons l'armée et l'honneur de la France!

Aussitôt le colonel Achilli disposa ses troupes sur les pentes de la montagne, au pied des forts du Jura, pour garder le col de la Cluse, qui se trouve entre Pontarlier et la frontière suisse.

Tous les soldats comprenaient la gravité de la situation.

Quelques jeunes recrues, moins braves que leurs camarades, laissèrent percer leur inquiétude, regrettant tout haut d'avoir été choisies pour une mort presque certaine. Alors le colonel qui, lui, se battait avec deux blessures ouvertes depuis deux mois, prononça ces paroles restées célèbres :

UN FORT dans le Jura.

— « De quoi vous plaignez-vous ? » Vous reposerez sur la terre de » France ! Tant d'autres n'ont pas » eu ce bonheur et sont morts prisonniers sur le sol ennemi ! »

Le jeune Louis fut mis à l'ambulance, où il devait rendre des services, pendant que son père combattrait aux côtés du colonel Achilli.

L'enfant avait le cœur bien serré, car il comprenait que, le soir venu, il resterait peu d'hommes debout parmi ces vaillants qui devaient à eux seuls arrêter toute une armée.

L'œil fixé sur son père, il se demandait avec angoisse si ce père bien-aimé ne serait pas, dans quelques heures, au nombre de ceux qui allaient reposer pour toujours sur cette terre de France.

Marcel, devinant la pensée de l'enfant, l'embrassa en silence ; puis, d'un ton grave, il lui dit à voix basse :

— Le devoir avant tout, mon fils. Si je meurs, tâche de me remplacer auprès de tes sœurs et de ton jeune frère. Tu leur apprendras le courage, toi qui as vécu à l'armée, cette grande école du courage. Tu leur diras que j'étais au nombre de ceux qui ont sauvé le gros de l'armée de l'Est. Ce qui serait du dévouement pour un homme ordinaire est un simple devoir pour le soldat ; mon fils, ton père aura simplement fait son devoir.

III. — Réponse héroïque du général Robert. La retraite de l'armée de l'Est.

Il faut aimer la patrie française pour ses malheurs comme pour ses gloires.

Bientôt les grondements du canon retentirent dans tous les échos de la montagne ; les balles sifflèrent de toutes parts, faisant des trous dans la neige, qui ne tarda pas à se rougir de sang. On ne distinguait d'abord les Prussiens que comme des points noirs sur la campagne blanche. Mais, de quart d'heure en quart d'heure, ils se rapprochèrent.

Dans l'après-midi, Français et Prussiens étaient si près les uns des autres qu'ils se fusillaient à vingt pas.

Vers trois heures, le feu des ennemis cessa tout à coup. Un officier supérieur allemand s'avança vers nos rangs, en parlementaire, et, s'adressant au général Robert, qui commandait en chef à cet endroit :

— Vous êtes cernés, dit-il, il ne vous reste plus qu'à vous rendre.

— « Pardon, monsieur, » lui répondit le général Robert avec une simplicité héroïque, « il nous reste encore à mourir avec honneur. »

LE PARLEMENTAIRE. — La personne de tout parlementaire qui vient faire des propositions est sacrée.

Le feu recommença avec une furie croissante, et quelque temps après le général Robert tomba blessé à mort.

Défendues ainsi par une muraille vivante, par cette poignée d'hommes qui se dévouait pour sauver tout le reste, nos troupes se hâtaient de défiler vers la frontière. Quatre-vingt-cinq mille soldats, pâles, en haillons, beaucoup ayant les pieds nus, tous exténués de faim et de misère ! Les plus épuisés de fatigue tombaient sur la route ; n'ayant plus la force de se relever, ils agonisaient.

Les fourgons suivaient, remplis de blessés, de fiévreux et d'infortunés dont les pieds s'étaient gelés dans la neige. Les chevaux qui traînaient ces fourgons n'avaient point mangé depuis plusieurs jours ; ils souffraient tellement de la faim qu'ils avaient rongé le bois des roues et même la queue de leurs camarades. Ils trébuchaient à chaque pas ; les soldats poussaient aux roues. Quand les chevaux s'abattaient pour ne plus se relever, les hommes s'attelaient à leur place pour traîner leurs camarades blessés. C'était alors leur tour de trébucher et de s'affaisser sur la glace. D'autres les relayaient, et le défilé ne cessait point d'avancer.

La retraite de l'armée de l'Est vers la Suisse, en 1871.

O patrie, c'était au milieu de telles souffrances que quatre-vingt-cinq mille de tes enfants quittaient ton sol pour ne pas rendre à l'ennemi leurs armes et leurs drapeaux !

Et, pendant qu'ils s'avançaient ainsi sur les routes neigeuses, ceux qui étaient restés en arrière au col de la Cluse, pour assurer la retraite de l'armée, devaient combattre jusqu'à la mort.

Ah ! ce n'est pas seulement dans ses grandeurs et dans ses gloires, c'est encore plus, peut-être, dans ses malheurs et ses revers qu'il faut aimer notre patrie. Ces revers ont été l'occasion de tant de souffrances noblement endurées, de tant de dévouements, de tant d'héroïsmes !

IV. — Blessure du sergent Marcel. — Courage et dévouement filial de Louis.

Si la guerre est le plus grand des fléaux, elle a pourtant l'avantage de nous apprendre à mépriser la mort.

Les heures s'écoulaient ; la lutte devenait de plus en plus acharnée au col de la Cluse, entre les Prussiens et les Français chargés de leur barrer le passage.

Louis était monté sur un petit coteau voisin de l'ambulance. De loin, il pouvait suivre des yeux le combat. Il apercevait le brave colonel Achilli qui, du haut de son cheval, excitait ses troupes et se battait depuis le matin, malgré ses deux blessures. A ses côtés se trouvait le sergent Marcel, qui, lui aussi, faisait son devoir avec vaillance.

Brusquement, Louis vit s'affaisser le colonel. Celui-ci avait reçu d'un éclat d'obus une troisième blessure.

L'ÉCLAT D'OBUS.

Aucun brancardier n'était là. Plusieurs soldats, qui étaient tout près du colonel, le transportèrent à la hâte dans la direction de l'ambulance. Mais, dès que le colonel put parler : — Que faites-vous? dit-il. Ne vous occupez pas de moi Le devoir du soldat est de combattre. Combattez.

Les soldats déposèrent le colonel et revinrent au lieu du combat.

Louis, qui avait tout vu, courut aussitôt prévenir les ambulanciers. Puis, sans les attendre, il franchit rapidement la distance qui le séparait du colonel et, un bidon à la main :

LE BRANCARD DES AMBULANCIERS.

— Buvez, colonel, dit-il d'une voix douce et triste. Les ambulanciers viennent; je les ai prévenus.

Bientôt, en effet, deux hommes de l'ambulance arrivèrent. Ils glissèrent le brancard sous les reins du colonel et le portèrent à l'endroit creux où l'ambulance était abritée.

De temps à autre le jeune Louis, très inquiet pour son père, remontait sur le coteau, pour surveiller des yeux le coin où le sergent combattait.

L'ennemi se rapprochait toujours, toujours. Le plus souvent, la fumée était telle que Louis ne distinguait rien ; puis une éclaircie se faisait, et il apercevait de nouveau la haute taille du sergent, debout, commandant ses hommes.

Tout à coup, Louis voit le fusil de Marcel s'abattre. Il étouffe un cri. Néanmoins, le sergent ne tombe point ; son bras droit seul pend inerte à son côté, mais, du bras gauche, Marcel a saisi son sabre : sans s'occuper de lui-même, il continue à commander et à encourager ses soldats.

Louis, en regardant de loin son père, sentait ses yeux s'emplir de larmes, mais il s'efforçait de les retenir : on ne pleure pas au régiment.

Toutefois, un moment vint où le sergent fut forcé de s'adosser contre un arbre. « Ses forces l'abandonnent, pensa Louis; mon Dieu, mon Dieu, protégez-le... Non, il se redresse; son bras gauche agite toujours son sabre... Qu'il est courageux ! »

Le brave sergent, en effet, voulait commander ses hommes jusqu'au dernier soupir. Enfin, le bras gauche tomba épuisé, le sabre s'échappa des doigts et le sergent roula à terre.

Louis ne put retenir un cri. Pris d'une angoisse horrible, il s'élança auprès des ambulanciers : — Mon père est blessé ! mon père! venez chercher mon père!

Mais, justement, on était en train d'emmener les blessés plus loin : l'ennemi avait tellement rapproché son cercle de fer qu'on ne pouvait laisser l'ambulance sous le feu des batteries. Le temps pressait ; on manquait de moyens de transport ; impossible de se charger d'un homme en plus.

L'enfant, hors de lui, pâle comme la mort, s'agenouilla alors près du colonel Achilli. — Ah! mon colonel, dit-il en tendant vers lui ses mains tremblantes, ordonnez à quelqu'un de m'aider à chercher mon père.

Le colonel, quoique blessé à mort, n'avait point entièrement perdu connaissance. Il reconnut le vaillant enfant qui était venu tout à l'heure à son secours et, faisant un effort suprême pour parler, il dit au major d'une voix à peine distincte : — Emportez son père à ma place, la France y gagnera un brave... Je suis perdu, moi...

— Allons, dit le major, qu'on coure chercher le sergent; nous verrons ce qu'on peut faire.

Louis, encore à genoux, baisa la main pendante du colonel; puis, se levant, il courut vers le lieu du combat. Un ambulancier le suivit.

Louis eut le bonheur de pouvoir, avec lui, rapporter son père à l'endroit où le major devait le soigner.

Marcel était sans connaissance, ayant perdu trop de sang. En un instant, le major examina sa blessure : — Elle est grave, dit-il, mais non mortelle, du moins pour l'heure. L'épaule fut bandée, et, le sang ayant cessé de couler, le sergent revint à lui. Le major le fit transporter à la hâte dans le pli de terrain le mieux abrité, et l'assit appuyé contre un arbre.

L'AMBULANCE.

— Mon brave, nous ne pouvons plus t'emporter maintenant : toute la place est prise dans les fourgons. Nous ne pouvons pas davantage revenir te chercher. Repose-toi donc, puis tâche de faire la route à pied. Voici un peu d'eau-de-vie; cela t'aidera : ménage-la.

— Je vous remercie, major, dit Marcel, dont les dents commençaient à claquer par l'effet de la fièvre.

Et il s'étendit de son mieux sur le sol glacé, pendant que Louis demeurait attentif auprès de son père.

V. — Arrivée de l'armée de l'Est en Suisse. — L'hospitalité.

L'hospitalité a été de tout temps regardée comme un devoir sacré. Heureux celui qui possède un abri pour pouvoir le partager avec celui qui est sans asile!

Quand la nuit vint, le combat héroïque cessa. Grâce au dévouement des troupes qui avaient défendu le col de la Cluse, la plus grande partie de l'armée de l'Est avait pu passer en Suisse; le reste continua de défiler toute la nuit.

Les rares survivants du combat de la Cluse se mirent en marche à leur tour vers la frontière.

Parmi eux se traînait le sergent Marcel, appuyé sur l'épaule de son fils. Plusieurs fois il s'arrêta découragé, ne se sentant plus la force de suivre, résolu à s'étendre dans la neige et à y mourir; mais alors la petite voix douce de l'enfant s'élevait : — Père, appuyez-vous davantage, je ne vous sens pas seulement.

Parfois l'enfant abandonnait son cher blessé pour lui chercher un petit morceau de glace; puis il le présentait aux lèvres du sergent. — Ce froid vous ranimera, lui disait-il.

MARCHE DES BLESSÉS DANS LA RETRAITE DE L'EST.

Et en effet, la glace calmait pour un instant la soif ardente de la fièvre. Et on repartait, pas à pas, la mort dans le cœur. Tant souffrir n'eût été rien encore si l'on avait eu la joie de savoir la Patrie sauvée !

Le père et l'enfant se traînèrent ainsi toute la nuit.

Enfin, au matin, ils aperçurent la frontière, avec la borne sur laquelle était écrit par devant le mot : FRANCE, et derrière : SUISSE.

L'ACCUEIL DES BLESSÉS EN SUISSE, en 1871.

Ils étaient tellement épuisés l'un et l'autre qu'ils trébuchaient à chaque pas et que tout tremblait devant eux comme dans un songe. Néanmoins, Louis entrevit vaguement les postes suisses auxquels les soldats français remettaient leurs armes, comme doit le faire toute armée qui franchit un sol étranger et ami.

Mais le sergent Marcel était à bout de forces; un nuage passa sur ses yeux, il tendit son bras gauche en avant, frappant l'air de la main comme pour se retenir, et il s'affaissa dans la neige, entraînant l'enfant dans sa chute.

De braves femmes du canton de Neufchâtel, qui se trouvaient là pour apporter des vivres à nos malheureux soldats, s'approchèrent aussitôt. — Oh! firent-elles en soulevant le jeune Louis, un pauvre enfant!

Elles mouillèrent ses lèvres avec quelques gouttes de vin; il rouvrit les yeux et son premier regard chercha son père. Il le vit près de lui, entouré de braves gens qui le soignaient. Et il referma doucement les yeux en murmurant: — Merci!

VI. — Tous les malheureux sont nos frères.

Français, respectons toujours les droits des autres peuples; donnons-leur des marques non d'ambition, mais de sympathie : ils finiront par nous aimer.

Quelques heures après, le père et l'enfant s'éveillèrent

BLESSÉS FRANÇAIS DANS UNE ÉTABLE, en 1871.

étendus l'un près de l'autre, ne sachant où ils étaient, car l'endroit était sombre; mais, au lieu du froid de la neige, une douce chaleur les entourait. Un bruit se fit entendre; ce n'était plus le bruit lugubre du canon, c'était le mugissement pacifique d'une bonne vache qui les regardait de ses grands yeux tranquilles et doux. Des caquetages de coqs et de poules lui répondaient et, tout au fond, sur le seuil d'une porte entrebâillée, une petite fille assise sur un escabeau et occupée à faire de la charpie semblait veiller sur eux; car elle les regardait souvent et se montrait attentive à chacun de leurs mouvements.

— Mère, s'écria-t-elle, ils sont éveillés.

Aussitôt la mère parut; elle s'approcha de la vache pour la traire. Quand elle eut tiré deux bonnes tasses de lait, elle vint près des blessés. Pendant qu'elle faisait boire le sergent, la petite fille présentait la seconde tasse à Louis.

Tous deux avalèrent avidement ce lait chaud et nourrissant.

— Etes-vous mieux? dit la femme avec un bon sourire attendri, êtes-vous un peu réchauffés?

— Oh! que j'ai soif encore! dit le sergent de ce ton saccadé que donne la fièvre.

— Attendez, dit la femme; et elle se mit en devoir de tirer une autre tasse de lait.

LA CHARPIE DANS LES ÉCOLES PENDANT LA GUERRE.

Pendant ce temps, la petite Rose expliquait à Louis comment toutes les maisons, les églises, les écoles, avaient été remplies dès la veille par les milliers de soldats arrivés avant le sergent et son fils. Toutes les écolières étaient occupées à faire de la charpie. Faute de place, plusieurs soldats, — les moins fatigués, — avaient dû dormir sans trouver d'autre abri que les tunnels.

Les parents de Rose, eux, n'étaient pas riches : mais la mère, en voyant le petit soldat, — un enfant si jeune! — n'avait pu résister au désir de s'en charger. On avait donc fait un lit de bonne paille dans l'étable ; on leur avait donné les oreillers, les couvertures des parents ; et on allait les soigner, les guérir...

Soldats français réfugiés sous un tunnel, en 1871.

Louis écoutait le gentil babil de la petite, et sur ses lèvres pâlies un demi-sourire renaissait. Le sergent, lui, l'œil brillant de fièvre, les sourcils froncés, semblait avoir peine à coordonner ses idées.

— Alors, nous ne sommes pas prisonniers ? fit-il d'une voix brève, anxieuse, comme dans le délire.

— Mais non, répondit la petite, vous êtes chez des amis.

— Des amis... dit le sergent en hochant la tête. La France n'a plus d'amis...

Et ses yeux dilatés regardaient la petite avec égarement.

Depuis six mois il avait entendu dire bien des fois : — « Nous n'avons plus d'amis, les nations de l'Europe assistent muettes à l'agonie de la France, elles ne voient que nos torts et oublient nos services !... » A cette heure d'épuisement, où la fièvre bouleversait ses idées, il ne revenait à l'esprit de Marcel que des paroles de désespoir.

La bonne Suissesse, émue par le visage sombre du vieux soldat, se rapprocha de lui.

— Ne parlez pas ainsi, fit-elle ; nous aimons tant la France ! Et nous accueillons les Français comme des frères. La France aura toujours des amis, voyez-vous, si elle n'a pas d'autre ambition que de servir la justice.

Et pendant que le sergent, altéré par la fièvre, approchait ses lèvres de la tasse, elle ajouta en regardant le visage épuisé de ses deux malades :

— D'ailleurs, quand même nous n'aimerions pas la France, vous seriez encore pour nous des frères. Allez! peu importe la nationalité ou la race. Vous êtes malheureux, cela suffit.

VII. — La piété filiale; les soins d'un fils à son père. L'amputation. — Il ne faut jamais désespérer.

Si vous soignez un malade, soyez patient, doux, montrez-lui bon espoir. L'affection est un remède parfois aussi efficace que ceux du médecin.

Le pauvre sergent était hors d'état de comprendre les bonnes paroles de son hôtesse. Le sang qu'il avait perdu, les fatigues surhumaines qu'il avait endurées, le désespoir où le plongeaient les malheurs de la patrie, le deuil de sa femme, toutes ces causes réunies avaient à la longue altéré sa vigueur, qui pourtant était grande. Une fièvre grave l'avait pris; le délire ne tarda pas à suivre et le sergent n'eut plus qu'à demi conscience de ce qui se passait autour de lui.

Heureusement le jeune Louis, qui n'avait point été blessé, se remit assez vite; il en profita pour soigner son cher malade avec tout le dévouement dont un fils est capable pour son père.

A l'ambulance, Louis avait souvent aidé à panser les blessés et il y était devenu adroit. Ses mains longues et fines d'adolescent avaient la souplesse et la douceur d'une main de femme; pour toucher au pauvre bras de son père, elles se faisaient plus douces encore.

Quoique le blessé reconnût à peine son fils, la voix douce de l'enfant réussissait souvent à le calmer au plus fort du délire. Si Louis s'éloignait un instant, les yeux du sergent le cherchaient avec anxiété, et bientôt le malade faisait des efforts pour sortir de son lit, « pour se délivrer, disait-il, des chaînes qu'on lui avait mises »; car, dans son délire, il se croyait prisonnier, il prenait ses hôtes pour des ennemis, son lit pour un cachot, l'appareil de sa blessure pour des chaînes.

Louis ne le contredisait pas : il savait que la contradiction exaspère les malades et que le premier des soins est une douceur patiente; mais, à demi-voix, il lui parlait de la France où l'on retournerait bientôt, de la maison de la grand'mère où Lucie attendait son père en soignant les deux enfants plus jeunes. Et il lui lisait les lettres de Lucie, et il lui répétait les phrases les plus affectueuses :

« Mon bon père, nous parlons toujours de vous, nous pensons toujours à vous; vous avez beau être loin, nous sommes toujours avec vous et avec notre cher Louis... Dites à Louis de nous écrire et de nous raconter tout ce qui vous arrive, tout, même les batailles. Est-ce que vous ne m'avez pas dit souvent que les jeunes filles doivent s'intéresser à tout ce qui concerne leur pays? Et puis, je lis les lettres de Louis à Robert, qui est tout fier d'avoir un père si courageux. »

Louis montrait ensuite au sergent Marcel le bas des lettres où, d'une grosse écriture d'enfant, le jeune frère avait ajouté :

Mon bon père, je vous embrasse. Votre petit Robert.

Le sergent écoutait et regardait tout cela sans bien saisir, d'un air étonné, mais heureux. La voix de son fils et ses naïves promesses de bonheur le consolaient, comme ces chansons maternelles que l'enfant au berceau écoute satisfait, quoiqu'il ne les comprenne point.

En dépit de tant de soins, sans lesquels le sergent eût été emporté par la fièvre, la blessure prenait une mauvaise tournure. Il n'y eut bientôt d'autre espoir de le guérir que de lui faire l'amputation du bras droit.

Le jour où on faisait la terrible opération, Louis, n'ayant pas la force d'y assister, se réfugia dans le jardin de ses hôtes et, la tête dans sa main, il sanglotait amèrement.

— Petit soldat, dit alors une voix douce, ne pleurez pas comme cela; vous verrez, M. le sergent se guérira.

Louis releva la tête et vit près de lui le gentil sourire de la petite Rose. Elle tenait par la main un grand vieillard aux cheveux blancs comme la neige, qui regardait Louis avec bonté :

LA JAMBE DE BOIS.

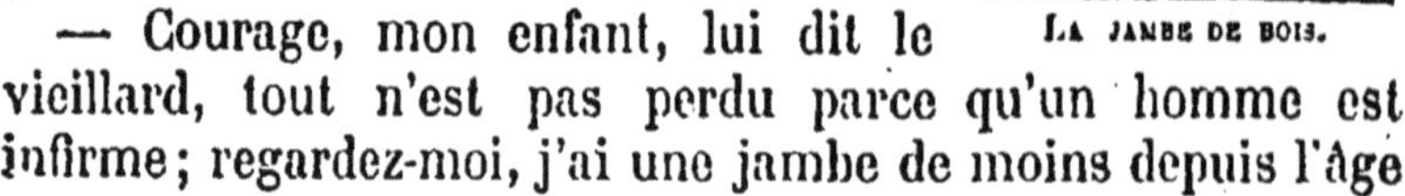

— Courage, mon enfant, lui dit le vieillard, tout n'est pas perdu parce qu'un homme est infirme; regardez-moi, j'ai une jambe de moins depuis l'âge de dix-neuf ans! Il y a eu dans ma vie des années bien lourdes, et pourtant j'ai pu élever ma famille par mon travail sans le secours de personne : l'enfant que voilà est la fille de ma petite-fille. Il y a presque un siècle que je vis!

Louis regardait avec étonnement ce patriarche dont la belle tête, douce et fière, semblait porter sans trop de fatigue ces années si lourdes dont il parlait.

— Cela vous étonne? reprit le vieillard; cela est vrai pourtant. Allons, petit soldat, prenez courage; levez la tête vers le ciel, et espérez! La vie est une lutte, et le courage vient d'en haut.

VIII. — La convalescence. — Le souvenir de la patrie. — L'invitation chez l'aïeul.

> Le mois de mai sans la France,
> Ce n'est plus le mois de mai. (V. Hugo.)

L'amputation faite au sergent Marcel réussit au delà de toute espérance. Assez vite la fièvre diminua; la connaissance peu à peu revint au malade: il put manger et ses forces reparurent. Bientôt même il se leva et il fit quelques pas, appuyé sur le bras de son fils.

Louis, dès que la santé de son père lui laissa du loisir, s'empressa d'offrir ses services à ses hôtes, car il savait que la reconnaissance se montre par les actions et non par les paroles. La bonne Suissesse le chargea de travailler au jardin potager. Les jours de beau temps, l'enfant bêchait avec activité; les jours de pluie, il aidait le mari de son hôtesse, qui était menuisier, et il lui servait d'apprenti. Les soirs, pendant la veillée, il faisait des devoirs en compagnie de la petite Rose, et aussi la lecture à haute voix, ce qui intéressait tout le monde.

La menuiserie.

Marcel était satisfait de l'entrain et de l'activité de son fils; mais lui, il se voyait tristement réduit à l'inaction par la perte de son bras droit, alors que sa famille avait tant besoin de lui! Il ne se plaignait de rien, pourtant.

« Un soldat doit s'attendre à tout, disait-il, et il y en a eu de plus malheureux que moi... » Mais cette résignation n'était qu'apparente, un pli de tristesse s'était creusé sur son visage et ne s'effaçait plus; même quand Marcel souriait, il y avait de l'amertume dans son sourire.

Le jeune Louis aimait trop son père pour ne pas deviner ce qui l'oppressait ainsi, et il cherchait sans cesse les moyens de le distraire. L'excellente famille suisse aidait Louis dans sa tâche filiale, la petite Rose mieux que personne.

Un matin où le ciel bleu annonçait une belle journée de printemps, Marcel était allé s'asseoir sous un grand pin au fond du jardinet de ses hôtes. L'œil tourné du côté de la France, il suivait les ondulations des collines jurassiennes, toutes bleuâtres dans le lointain. Sur ces collines une partie de son régiment avait péri, la mère de ses enfants y dormait pour toujours... Et Marcel, immobile, s'emplissait le cœur des plus sombres souvenirs.

A ce moment une voix joyeuse partit du bout de l'allée; la petite Rose accourait en sautant, tenant Louis d'une main, de l'autre levant en l'air deux jolis bouquets de primevères. D'un air de triomphe : — Monsieur le sergent, dit-elle, monsieur le sergent, ce sont les premières fleurs de l'année; il y en a la moitié pour vous, l'autre pour mon aïeul.

Fleurs printanières. — Primevères, violettes, perce-neige.

Et, se haussant sur la pointe des pieds, elle attacha le bouquet à la boutonnière du sergent. En même temps elle discourait :

— Vous ne connaissez pas mon aïeul, n'est-ce pas? Pourtant il vous connaît, lui : il est venu vous voir lorsque vous étiez très malade,... si malade que vous n'avez pas souvenir de tout cela!

— C'est vrai, dit Marcel, je ne me le rappelle pas. Votre aïeul demeure donc dans les environs ?

— Oui, monsieur le sergent, sa maison n'est éloignée de chez nous que d'un quart d'heure; mais, comme il ne marche pas facilement, nous allons le voir plus souvent qu'il ne vient. Nous devons tous dîner chez lui aujourd'hui, et je lui porterai mon bouquet. Voulez-vous venir avec nous, monsieur le sergent?

Et comme Marcel semblait hésiter :

— Oh ! vous lui ferez grand plaisir, reprit l'enfant, il me l'a dit. Et vous me ferez plaisir à moi aussi, et au petit soldat aussi, n'est-ce pas, Louis? dit-elle au jeune garçon, qu'elle tenait toujours par la main.

La petite Rose priait si gentiment Marcel qu'il ne put lui résister, et la promenade fut décidée.

Marcel avait un faible pour Rose, qui lui rappelait ses deux filles. Et d'ailleurs, pour dissiper bien des tristesses, il suffit parfois du sourire d'un enfant, de ses prévenances, de sa bonne grâce et de son bon cœur.

IX. — L'intérieur d'une famille unie. — La sympathie aux exilés.

La famille est une petite patrie : une famille unie est une famille heureuse.

L'aïeul de la jeune Rose, Stephen Zurog, habitait un petit chalet au milieu des prairies du Val de Travers.

CHALET SUISSE.

Quand nos amis arrivèrent, la nappe était déjà mise ; on avait si bien compté sur leur visite qu'on leur montra leurs deux couverts qui les attendaient.

La table était grande et les couverts très rapprochés, car la famille était nombreuse. L'aïeul s'assit à la place d'honneur ; à sa droite fut placé Marcel ; puis vinrent les membres de la famille, et Louis s'assit au milieu des petits enfants.

— Quoi ! dit Louis à la gentille Rose, qui était sa voisine, nous sommes trente à table ! Combien votre famille est nombreuse !

— Malheureusement, répliqua l'enfant, toute la famille ne s'y trouve pas ; mais les lettres des absents sont arrivées dès ce matin.

S'approchant alors très près de l'oreille de Louis :

— Songez donc, fit-elle, c'est l'anniversaire de la naissance de mon aïeul ; il a aujourd'hui quatre-vingt-dix-huit ans !...

Louis contemplait le vieillard avec admiration : le vieux Stephen avait mis ses habits de fête ; sa belle barbe blanche, tombant jusque sur sa poitrine, faisait ressortir son teint encore frais et ses yeux bleus d'une grande vivacité. Ses deux fils, qui dépassaient soixante-dix ans, avaient l'air tout jeunes auprès de lui ; ses petits-enfants étaient tous mariés, et il y avait aux deux bouts de la table la troisième génération, dont la petite Rose faisait partie.

Au dessert, tout le monde se leva, et par rang d'âge on s'approcha du patriarche : chacun lui offrait son présent ; chacun, en l'embrassant, recevait un bon conseil et un souhait de bonheur. Rose, étant la plus jeune, vint la dernière et, comme elle était aussi la plus petite, elle monta sur une chaise pour attacher à la boutonnière de l'aïeul son joli bouquet.

Puis chacun se rassit et un toast chaleureux fut porté à la santé de l'aïeul. Lui, très ému, mais songeant à ses hôtes au milieu de son bonheur, se leva tout d'un coup, tendit son verre au-dessus de tous, et d'une voix encore forte et chaude :

— Aux exilés ! dit-il, et que l'avenir leur donne des jours meilleurs !

— Vive la Suisse ! répondit aussitôt le jeune Louis ; et la petite Rose, de sa voix enfantine, repartit comme un écho : Vive la France !

Aussitôt ces deux noms furent acclamés et réunis dans un même vivat. L'émotion du sergent Marcel était à son comble.

— Ah ! dit-il au vieux Stephen en serrant sa main généreuse, qu'il est bon de se sentir des amis dans le malheur et sur un sol étranger ! merci.

X. — Strasbourg et Zurich. — Histoire d'une bouillie de mil.

Rien n'est beau dans l'histoire comme de voir l'amitié s'établir entre deux peuples.

— L'amitié de la France et de la Suisse ne date pas d'hier, dit Stephen Zurog, et elle a laissé chez nous bien des souvenirs. Tenez, sergent Marcel, et vous, petit soldat, regardez cette cathédrale sculptée en bois qui orne la cheminée de cette salle? C'est mon œuvre, car nous savons faire en Suisse beaucoup d'ouvrages sculptés; c'est moi qui ai découpé la dentelle de ce clocher que vous reconnaissez peut-être.

— Oh! la belle église! s'écria Louis. Comment s'appelle-t-elle, monsieur, je vous prie?

Cathédrale de Strasbourg. — Strasbourg (120000 hab.), cap. d'Alsace-Lorraine.

— C'est la cathédrale de Strasbourg, mon ami.

— Strasbourg!... dit Louis avec un soupir triste, la patrie de ma grand'mère. Pauvre Strasbourg, vous le connaissez donc?

— Oui, répondit M. Stephen, je le connais et je l'aime. Ma femme était de Zurich, elle; les villes de Strasbourg et de Zurich avaient fait amitié ensemble jadis, et l'amitié dure encore.

— Tiens, vraiment? dit Louis, je ne le savais pas.

— Alors, vous ne connaissez pas l'histoire de la bouillie de mil?

— Point du tout, dit le jeune soldat.

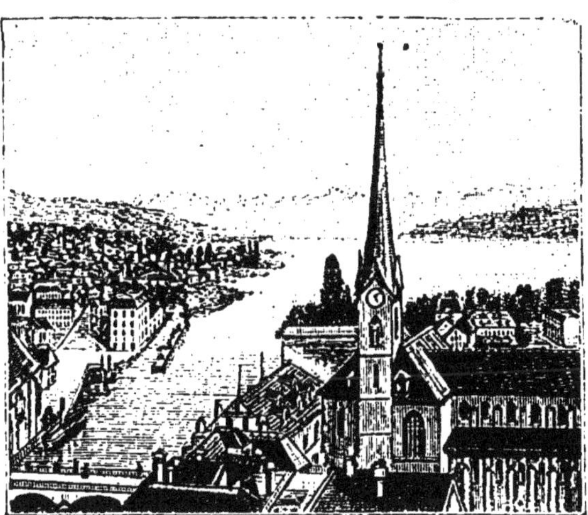

Zurich (80000 hab.), située sur un vaste lac entouré de montagnes, est le principal centre de l'industrie suisse.

— Ni moi, dit Marcel; racontez-nous-la, je vous en prie, monsieur Zurog.

— C'est bien facile; l'histoire, d'ailleurs, n'est pas longue, et je vais vous la dire en achevant le dîner.

Le vieillard commença alors, d'une voix lente, en s'interrompant parfois comme pour ressaisir ses souvenirs.

— La ville de Zurich avait fait savoir à la ville de Strasbourg qu'elle allait lui envoyer un cadeau, présenté par ses magistrats, comme preuve de sa vive amitié.

Quelque temps après, en effet, des notables de Zurich installés dans une barque et ramant à toute vitesse trouvèrent moyen d'arriver à Strasbourg en un jour. Ils avaient suivi la rivière de la Limmat, qui sort du lac de Zurich, puis le Rhin.

Les Strasbourgeois, postés sur les bords du Rhin, se demandaient ce que pouvait bien renfermer cette barque qui arrivait avec une prestesse si merveilleuse.

LES BORDS DU RHIN. — Le Rhin a sa source dans les Alpes, traverse la Suisse, l'Allemagne, les Pays-Bas, et se jette dans la mer du Nord.

Quand la barque fut amarrée, l'étonnement fut grand : on leur présenta une marmite de bouillie de mil encore toute fumante.

Les gens de Strasbourg avaient bien envie de rire : — Quoi donc! pensaient-ils, on a frété une barque et ramé pendant cinquante lieues pour une bouillie !

Mais le plus vieux des notables de Zurich leur dit gravement :

— Mes amis, ceci n'est qu'un symbole ; si jamais, ce qu'à Dieu ne plaise, la vaillante ville de Strasbourg se trouvait dans la détresse, rappelez-vous que les Zurichois seraient arrivés à son secours avant qu'une bouillie de mil ait eu le temps de se refroidir.

En entendant ces bonnes paroles, ceux qui avaient eu envie de rire se le reprochèrent ; on fit grande fête aux gens de Zurich et ils furent reçus comme des frères.

— Voilà une histoire qui me plaît beaucoup, Louis, s'écria

la jeune Rose en souriant au petit soldat, car je suis bien contente de voir que nos parents étaient amis dans le passé comme nous le sommes aujourd'hui, nous.

— Oui, dit le sergent Marcel, et cette histoire me rappelle que tout dernièrement, pendant le siège de Strasbourg, Zurich n'a pas oublié sa vieille amitié. Une députation suisse, conduite par des gens de Zurich, a pénétré dans la ville de Strasbourg, pour porter aide aux assiégés et leur donner des nouvelles de France. Cette députation était accompagnée de trente chars, sur lesquels elle ramena en Suisse les femmes, les vieillards, les enfants et les malades. Mon cher hôte, — ajouta le sergent, — il me semble à présent que vous êtes déjà pour moi un ami.

XI. — La jambe de bois de Stephen Zurog. — Les souvenirs de la Révolution française.

Pardonnons le mal pour ne nous souvenir que du bien.

Après le repas, chacun retourna chez soi; mais Stephen Zurog pria Marcel et son fils de rester encore un peu avec lui, et il leur proposa de leur faire voir son chalet pendant que la vieille servante débarrassait la table.

Nos amis montèrent donc dans la chambre de Stephen. Le vieillard marchait devant eux assez lentement, à cause de son grand âge, puis aussi parce qu'il boitait très bas; et, à chacun de ses pas, on entendait le bruit de sa jambe de bois résonnant sur les marches en sapin.

Quand on entra, la première chose que Louis aperçut pendue à la muraille fut un grand sabre dans sa gaine.

— Monsieur Stephen, s'écria-t-il, vous avez donc été soldat ?

— Eh oui, mon enfant ; et la jambe qui me manque est restée dans votre pays. Il y a longtemps de cela, par exemple! C'était en 1792.

— Vraiment! dit Marcel; auriez-vous fait partie des régiments suisses qui servaient en France au moment de la Révolution?

Précisément, dit le vieillard. Puis, poussant un soupir et frappant sur sa jambe de bois : — J'avais à peine vingt ans quand je rentrai en Suisse avec cette jambe-là. Ce fut bien dur, allez, mes amis. Grand et fort, j'avais été habitué dès l'enfance aux courses dans la haute et sauvage montagne ; car je suis né aux Quatre Cantons et, dès l'âge de douze ans, j'accompagnais les chasseurs de chamois sur les pics les plus inaccessibles. Je dus me résigner à une existence sédentaire et, pour gagner ma vie sans être à charge à personne, j'appris un métier délicat et difficile.

Lac des Quatre-Cantons, appelé ainsi à cause des quatre cantons suisses qui l'entourent et dont le principal est celui de Lucerne. La ligne du Saint-Gothard le longe. L'endroit représenté sous la gravure est la *Chapelle de Guillaume Tell.*

Stephen fit quelques pas ; il ouvrit la porte d'un petit cabinet :

— Voyez-vous cet atelier d'horlogerie, sergent Marcel? Eh bien ! j'ai acquis là la patience, vous pouvez m'en croire. J'avais de bons yeux ; mais, hélas ! que mes mains étaient raides ! Elles savaient mieux tenir un sabre que manier un outil de précision fin et léger. Quelle persévérance il m'a fallu pour assouplir ces pauvres doigts ! Personne ne s'en doutera jamais. Enfin, j'y suis arrivé. En changeant toutes mes habitudes j'ai du même coup modifié mon caractère. J'aimais le mouvement et le bruit, j'ai fini par goûter le charme du recueil-

Chasseur de chamois

lement et du silence. Que de fois, seul dans mon petit atelier, j'ai pensé à tous ces événements de la Révolution dont j'avais été témoin! Il y eut de grandes et belles choses pendant cette fameuse Révolution, mais il y en eut aussi de bien terribles. Et tenez, mes amis, je serai franc, pendant longtemps, je n'ai trop su si j'aimais ou si je haïssais votre pays : j'étais jeune alors et je me rappelais plus volontiers le mal dont j'avais tant souffert que le bien dont je n'avais point joui; mais, avec les années, on devient plus calme. En vieillissant, j'ai mieux compris le bien et je me suis dit : « A cause du bien, il faut pardonner le mal »; donc j'aime votre chère France, sergent.

L'HORLOGERIE est une des industries principales du Jura français ou suisse, ainsi que de Genève.

En achevant ces mots, le nonagénaire tendit ses deux mains ridées, un peu tremblantes, et les deux exilés y mirent les leurs avec abandon.

— Monsieur Stephen, dit alors le jeune Louis, qui s'enhardissait, puisque vous avez vu tant de choses, si vous nous en racontiez quelques-unes?

— Hélas! mon enfant, je suis bien vieux, ma mémoire diminue, et ce temps-là est loin, très loin!... Et puis tous ces événements ne sont pas gais!...

— Oh! monsieur Stephen, dites tout de même, je vous en supplie, fit l'enfant!

— Je vous en prie, moi aussi, monsieur Stephen, dit le sergent, si cela ne vous fatigue pas trop. Racontez-nous les choses qui vous ont frappé et qui vous sont restées dans la mémoire. Dites-les comme elles vous viendront et avec franchise : la vérité n'offense jamais ceux qui l'aiment et la cherchent avant tout.

— Eh! bien, soit, dit Stephen, causons; mais auparavant

rallumons un peu le feu qui s'éteint dans le poêle ; car, à présent, j'ai toujours froid... Ah ! petit Louis, ce n'était pas comme cela quand j'avais vos douze ans et leur bonne chaleur !

Quelques morceaux de bois furent mis sur les charbons qui s'éteignaient ; bientôt le poêle ronfla gaiement et l'on entendit crépiter la résine des sapins qui brûlaient. Stephen s'étendit dans son fauteuil ; un instant il passa sa main sur les rides de son front, comme s'il y cherchait ses souvenirs, puis il commença.

XII. — Le récit de Stephen Zurog. — Etat des campagnes en 1789. — Les privilèges et droits féodaux ; les impôts, les famines et la misère.

En étudiant l'histoire, nous devons songer combien nos pères ont souffert et leur être reconnaissants de ce qu'ils nous ont épargné les mêmes souffrances.

— Et d'abord, mes amis, pour comprendre un peu ce temps-là, il faut savoir comment les choses étaient à cette époque. La Suisse, vous le savez, n'est pas un pays riche. Autrefois l'unique ressource de beaucoup d'habitants était de s'engager comme soldats dans des régiments étrangers ; là, ils économisaient leur solde pendant de longues années et ensuite, fidèlement, ils la rapportaient au pays, où ils s'établissaient.

Dans ma famille, de père en fils, on suivait cette coutume. Plus d'un Zurog a versé ainsi son sang en compagnie des régiments français. Moi, dès que j'eus seize ans, je partis pour Paris afin de m'engager dans le régiment où se trouvait déjà mon frère aîné et qui était au service du roi Louis XVI.

En montagnard solide, qui marche bien et veut s'exercer aux étapes du soldat, je fis le chemin à pied.

Une chose me frappa dès que j'eus quitté mon pays : ce fut la misère profonde de beaucoup de paysans français. Vous qui n'avez pas vu la France à cette époque, vous ne pouvez avoir une idée du dénûment de vos campagnes, si riches aujourd'hui, ni des famines périodiques qu'on était sûr alors de voir revenir tous les quatre ou cinq ans. Moi, jeune garçon, né dans un pays pauvre pourtant, je n'avais jamais rien vu de pareil.

Un jour, un orage me fit chercher un abri dans une chaumière de paysan. J'eus le cœur serré par la misère qui régnait dans ce taudis. Pas de meubles, une paille infecte pour lit; des enfants en loques, tremblant la fièvre.

— La récolte a donc été bien mauvaise cette année? dis-je au paysan qui rentrait à pas lourds, sa bêche sur l'épaule, l'œil anxieux à la vue d'un étranger.

L'homme hocha la tête. — Hélas! me répondit-il, la terre ne peut nourrir celui qui la travaille.

— Pourtant, dis-je, je croyais la terre de France bonne et fertile quand on la soigne.

— Dieu sait que je n'épargne pas ma peine, reprit le paysan, je suis debout avant le soleil. Mais ce que je sème ne me profitera guère.

— Le champ où vous travailliez tout à l'heure n'est donc pas à vous?

— Si, mon père l'a payé de ses sueurs; mais qu'importe? Les *droits féodaux* nous ruinent.

Comme je le regardais d'un air surpris, lui, à travers la fenêtre, me montra un vieux château aux larges tours, perché sur la colline d'en face :

UN VIEUX CHÂTEAU SEIGNEURIAL. — C'était la forteresse du seigneur, qui, au temps de la féodalité, en échange des droits qu'il avait sur ses inférieurs, avait lui-même le devoir de les défendre.

— Le seigneur du château voisin n'est pas plus méchant qu'un autre, dit-il, mais il use des droits que les lois du pays lui donnent depuis des siècles. Ah! ces vieilles lois ont grand besoin d'être refaites! Elles laissent au seigneur tant de privilèges, qu'au bout du compte il est plus maître de mon bien que je ne le suis moi-même.

— Comment cela? demandai-je. Chez nous, le seul maître de la terre est celui qui l'a payée.

— Ici, c'est différent, reprit-il. Avez-vous vu ces nuées de pigeons dans les airs? Eh bien! ils guettent l'heure où j'aurai semé mon blé pour aller le manger dans les sillons.

— Ne pouvez-vous leur faire la chasse? lui dis-je.

— Je ne puis ni les tuer ni même me plaindre : le seigneur a le *droit de colombier* sur mon champ...

Il s'arrêta, craignant d'en trop dire; mais l'indignation le gagnait malgré lui à la pensée de tous ces abus subsistant depuis le moyen âge, contre lesquels on commençait à protester de toutes parts et que dénoncèrent les *Cahiers de* 1789. Il reprit donc ses plaintes avec plus de force. En l'écoutant, je pus me faire une idée de l'irritation des esprits à cette époque, où se préparaient de si graves événements.

LE PIGEON. — Les propriétaires de pigeons sont aujourd'hui responsables des dégâts causés par ces oiseaux.

— Quand le blé que les pigeons auront épargné poussera, dit-il, quand la récolte s'annoncera meilleure que je n'aurais cru, savez-vous ce qui pourra arriver encore? A travers blés passera la chasse du seigneur, ses chiens, ses faucons, ses chevaux au galop; et je devrai supporter le dommage sans me plaindre, car le *droit de chasse* est aussi un vieux droit féodal. Et si mon seigneur ne chasse point, les cerfs, les daims et les lapins qui pullulent à l'aise vivront sur mes récoltes : je ne peux leur faire le moindre mal, pas plus qu'aux pigeons : il faut que je respecte le droit féodal de *garenne*. Enfin, quand l'heure de la moisson viendra, il me faudra alors donner plus des trois quarts de ma récolte pour les impôts de tout genre. Et j'aurai encore à payer le *gabelou* pour le sel dont ma femme sale la soupe, le *rat-de-cave* pour le vin que j'aurai récolté. Si je mène des moutons à la ville, il faudra payer pour la poussière que le troupeau soulève en passant sur les terres du seigneur : c'est le droit féodal de *pulvérage*. Payer toujours, payer sans cesse;... c'est comme un puits sans fond qu'il nous faut combler, nous autres hommes des champs. Le peuple seul supporte les impôts; les seigneurs en ont toujours été exempts par privilège. Aussi, quand même je

UN CHIEN DE CHASSE

FAUCON.

vivrais mille ans, je ne verrais jamais la fin de ma misère. J'ai entendu mon père se plaindre ainsi, il avait vu le sien souffrir de même, et mes enfants pâtiront comme je pâtis.

GARENNE. — Les propriétaires d'une garenne sont aujourd'hui responsables des dommages causés par leurs lapins et par les autres animaux.

— Vos seigneurs ont donc des cœurs bien durs? lui dis-je.

— Mais non, fit l'homme; est-ce qu'ils nous connaissent, seulement? Est-ce qu'ils savent ce que cela coûte de peine à faire pousser, ce blé qu'ils foulent aux pieds deux ou trois fois l'an à l'heure de la chasse? Je ne les accuse point; hélas! Ils ont vu leurs pères faire ainsi, et plus tard leurs fils feront de même.

— Mais, lui dis-je, votre seigneur n'habite donc pas ses terres, puisque vous dites qu'il ne vous connaît point?

— Habiter ses terres, lui! jamais. Nous n'avons le plus souvent affaire qu'à ses intendants. Le seigneur vit soit à Versailles, soit à Paris, chez le roi enfin; or il faut de l'argent pour faire bonne figure à la cour: on y dépense plus d'or que jamais depuis Louis le quinzième. Tout cet or, il faut bien le faire suer à la terre; aussi les impôts vont-ils toujours en augmentant depuis le dernier règne.

CHÂTEAU DE VERSAILLES, bâti par Louis XIV

Pendant que l'homme parlait ainsi, un de ses fils me regardait avec l'air étonné des enfants. Il avait un aspect si misérable sous ses haillons, que j'éprouvai une grande pitié; je cherchai une petite pièce de monnaie et la mis dans sa main. C'était peu de chose, car j'étais pauvre moi-même, mais les visages s'épanouirent comme devant une fortune.

La mère alors naïvement me dit: — Vous qui allez en service là-bas, vous verrez le roi. Ah! s'il savait la misère de son peuple! Il est bon, à ce qu'on dit! Est-ce que vous ne pourriez pas lui parler de nous, monsieur le Suisse? Si on lui disait ce qui se passe, il y porterait remède, pour sûr.

Hélas ! le roi ne savait pas bien ce qui se passait, car on ne sait bien que ce que l'on a vu de près et touché du doigt. Je pus bientôt m'apercevoir qu'à la cour, quand quelque homme généreux parlait de la misère du peuple, les grands seigneurs ne comprenaient guère. Ceux qui sont en haut ne voient point ce qui se passe au-dessous d'eux.

XIII. — Le récit de Stephen Zurog (*suite*). — Tableau de la cour en 1789. — Ouverture des États généraux; adjurations de l'évêque de Nancy au roi sur la misère du peuple.

« Sire, pour assurer le progrès sans révolution, il faut supprimer toutes les servitudes et tous les privilèges. » TURGOT.

— Monsieur Stephen, dit le jeune Louis, vous êtes donc allé à la cour?

Le vieillard sourit : — Mon ami, dit-il, toi qui es enfant de troupe, tu sais que le soldat en faction voit et entend bien des choses. Moi, j'ai fait faction un peu partout. J'étais grand, j'avais bonne mine, et l'on choisissait les hommes d'une belle prestance pour les appartements du roi et de la reine; mais de tout ce que je vis alors, j'ai beaucoup oublié. Je suis si vieux ! Il s'est fait bien des vides dans mes souvenirs; il ne reste que les points saillants. Le premier de ces souvenirs, je viens de vous en parler : c'est la misère des campagnes, sur-

SOIRÉE A LA COUR DU ROI LOUIS XVI. — Louis XVI régna de 1774 à 1792. Il avait épousé *Marie-Antoinette*, fille de l'empereur d'Autriche.

tout pendant les famines. Ah! cela, je le vois encore!...

Et le vieillard joignit ses mains avec compassion. Il reprit haleine un instant et recommença :

— La seconde chose qui me frappa, ce fut le luxe de la cour. Au sortir de mon voyage à pied dans les campagnes, j'en fus comme ébloui. Je n'avais jamais rien vu ni rien imaginé de pareil, et je comprenais la vérité de ce qu'on disait en Europe : que la cour de France était la plus brillante qui se pût voir et les seigneurs français les plus superbes du monde. Je ne pouvais me défendre d'admirer toutes ces choses, et je me redressais fièrement moi-même dans mon uniforme neuf, l'arme au bras, sur le seuil du palais. Mais alors, malgré moi, un souvenir que je ne pouvais effacer faisait comme une tache noire au milieu des fêtes qui défilaient sous mes yeux : c'était la hutte misérable du paysan, le regard triste de son fils et les paroles naïves de la mère. Pauvre femme qui s'imaginait qu'un garde du roi pût entretenir familièrement le souverain!... Peut-être à cette heure elle espérait encore en moi pour alléger sa misère! Sa confiance me faisait mal quand j'y songeais.

Un jour, j'éprouvai comme un soulagement à ces souvenirs : ce fut le 4 mai 1789, à l'ouverture des *États généraux;* je me le rappelle comme si c'était aujourd'hui même.

— Monsieur, dit Louis, qu'était-ce donc que les États généraux?

— Mon enfant, c'était une assemblée d'hommes envoyés par la *noblesse*, le *clergé* et la *bourgeoisie :* cette assemblée devait présenter au roi les vœux de la nation.

— C'était donc, dit Louis, quelque chose comme nos assemblées de députés d'aujourd'hui?

— Oui, mais avec cette différence que les États généraux pouvaient seulement présenter des *vœux* au roi et le roi n'en tenait que le compte qu'il voulait. Aujourd'hui, la nation est souveraine; c'est ce qui fait que, de nos jours, les révolutions sont des crimes sans excuse. Donc, le 4 mai 1789, j'étais de service à Notre-Dame de Versailles. Il y avait eu procession et grande cérémonie à l'occasion de l'ouverture des *États généraux.* L'évêque de Nancy, Mgr de la Fare, prêchait devant le roi et la cour. J'étais trop loin pour tout entendre, mais une phrase vint frapper mon oreille d'un accent si vibrant, que des larmes me montèrent aux yeux.

« Sire », disait l'évêque s'adressant à Louis XVI, « le » peuple sur lequel vous régnez a donné » des preuves » non équivoques de sa patience... C'est » un peuple » martyr à qui » la vie semble » n'avoir été » laissée que pour le faire souffrir plus longtemps !... »

OUVERTURE DES ÉTATS GÉNÉRAUX A NOTRE-DAME DE VERSAILLES, le 4 mai 1789, et adjurations de l'évêque de Nancy au roi, sur la misère du peuple.

Et il continuait ainsi, faisant le tableau des misères du peuple, appelant sur elles la justice et la pitié du roi.

Ah ! pensais-je, noble évêque, je te bénis, car tu as rempli mieux que je ne pouvais le message dont j'étais chargé.

— Monsieur Stephen, s'écria le jeune Louis, que fit le roi ?

— Le roi avait un bon cœur, mon enfant ; il songea à augmenter encore les charités qu'il faisait. Mais ce qu'il eût fallu, c'était de changer les lois d'alors, de supprimer des privilèges qui avaient peut-être eu leur explication du temps de la féodalité, mais qui étaient assurément devenus nuisibles depuis plusieurs siècles. La charité seule, en face d'un tel état de choses, c'était une goutte d'eau dans la mer. D'ailleurs le roi manquait d'argent ; depuis treize années, les ministres se succédaient sans parvenir à remplir les caisses du roi. A la fin du règne de Louis XV, l'État avait déjà fait *banqueroute*, c'est-à-dire refusé de payer ce qu'il devait. C'est pour éviter un désastre semblable et pour trouver de l'argent que Louis XVI s'était résolu à convoquer les États généraux.

A ce moment, il y avait dans les têtes françaises toute sorte d'idées qui fermentaient, et chacun comprenait qu'il allait se passer des choses extraordinaires. Les famines devenaient de plus en plus fréquentes. La misère était horrible non seulement dans les campagnes, mais aussi dans

SERMENT DU JEU DE PAUME. — Les députés du tiers état, présidés par Bailly, jurent de ne pas se séparer avant d'avoir donné à la France une Constitution.

les villes, et tous les malheureux à la fois demandaient des réformes. Bientôt il y eut des soulèvements partout. Les châteaux furent assaillis : on poursuivait les seigneurs de huées et de menaces. On commit même des atrocités. La cour s'indigna alors contre les torts du peuple, sans vouloir reconnaître ce qu'il y avait aussi de juste dans ses réclamations.

MIRABEAU, né d'une famille de Provence en 1749, mort en 1791.

Enfin, le 20 juin, dans la salle du Jeu de Paume, les députés du tiers état, c'est-à-dire de la bourgeoisie et des campagnes, comprenant la gravité de la situation, jurent de ne pas se séparer avant d'avoir donné à la France un meilleur gouvernement, une *constitution*. Quelques jours après, Mirabeau, au nom du tiers état, refuse d'obéir à l'envoyé du roi. Les États généraux prennent bientôt le nom d'*Assemblée constituante*.

Le 14 juillet, la Bastille est assaillie par le peuple, la

La Bastille, aujourd'hui détruite, était une prison d'État.

Bastille, sombre prison où il suffisait d'une lettre de cachet pour être englouti sans avoir été jugé. Les événements se précipitent, la Révolution française est commencée.

XIV. — Récit de Stephen Zurog (*suite*). — La nuit du 4 août. — L'abandon des privilèges féodaux. — La devise nationale : Liberté, égalité, fraternité.

La nuit du 4 août est un fait unique dans l'histoire. Jamais, en aucun pays, une assemblée n'a donné l'exemple d'un désintéressement aussi unanime et d'un aussi vif élan vers la justice.

Stephen s'était arrêté de nouveau; sa belle tête blanche, penchée sur sa poitrine, semblait revoir comme dans un songe ces choses passées dont il parlait. Le sergent et son fils attendaient, silencieux, qu'il lui plût de reprendre son récit. Enfin le vieillard releva la tête et, d'une voix grave, continua :

— Ce serait trop long de vous raconter tout ce qui se passa après la prise de la Bastille; d'ailleurs, je ne me le rappellerais pas. Je veux seulement vous parler d'une grande nuit célèbre dans l'histoire. Le soir du 4 août 1789, j'étais de service dans la vaste salle de l'Assemblée constituante; ce que je vis et entendis alors, je me le rappellerai tant que je vivrai.

La place de la Bastille.

L'Assemblée délibérait sur les mesures à prendre pour calmer les paysans, qui partout se levaient contre leurs seigneurs. Il y avait là les députés de la *noblesse* avec leurs costumes brillants et leurs épées, les députés du *clergé* avec leurs robes noires, rouges ou violettes, enfin les députés de ce qu'on appelait le *tiers état*. Ces derniers savaient bien sans doute ce qu'il eût fallu faire pour contenter la nation, mais pas un n'osait le proposer.

Alors, dans la perplexité générale, et au moment même où j'entrai, le duc d'Aiguillon se leva pour donner son avis. Le duc d'Aiguillon avait des aïeux illustres et une grande fortune. Je me figurai d'abord qu'il allait proposer d'étouffer dans le sang la révolution contre les châteaux; plus d'un peut-être put le craindre parmi les membres du tiers état; mais il n'en fut point ainsi. Avec clarté et précision, le duc explique les causes de la rébellion du peuple. « Ce sont », dit-il, « les privilèges des seigneurs. Le seul moyen » honorable de rendre la paix aux campagnes est entre nos » mains : c'est de rétablir entre tous la liberté et l'éga» lité, en renonçant nous-mêmes à nos privilèges. Que » sont nos intérêts particuliers en face des intérêts de la » nation? Je propose que les impôts, qui jusqu'à ce jour » n'ont été payés que par le peuple, soient répartis égale» ment sur tous les citoyens. Je propose que la justice soit

» la même pour tous ; je propose que tous les droits féo-
» daux qui désolent les campagnes soient abolis. Alors tous
» les Français seront *libres;* tous seront *égaux* devant la
» loi, et ils pourront tous s'aimer comme des *frères.* »

Un tonnerre d'applaudissements couvrit la voix du duc d'Aiguillon. Le tiers état battait des mains en face de cette franchise généreuse. Je regardai dans les rangs de la noblesse ; il me sembla que les seigneurs éprouvaient un instant de surprise en entendant attaquer leurs prérogatives. Mais, gagnés par la vérité de la cause, ils applaudirent à leur tour, le clergé applaudit, tous applaudirent. Moi, impassible en apparence, mais l'œil humide, j'applaudissais en mon cœur : « Noble France, pensais-je, combien tu aimes la justice ! »

Après le grand seigneur se lève M. de Kerendal, gentilhomme breton vêtu en habit de cultivateur. Il prend la parole ; il expose plus vigoureusement encore la situation du peuple et toutes les servitudes qui pèsent sur lui :

NUIT DU 4 AOÛT 1789.

— « Soyons
» justes, messieurs », s'écrie-t-il ; « qu'on
» apporte ces titres féodaux
» qui exigent
» que les hommes soient attelés à une charrette comme les animaux de
» labour ; qui, en certains lieux, obligent les hommes à
» passer leurs nuits à battre les étangs pour empêcher les
» grenouilles de troubler le sommeil de leurs seigneurs ;
» qu'on les apporte, tous ces iniques parchemins, et qu'on en
» fasse un bûcher expiatoire sur l'autel de la Fraternité ! »

Et l'Assemblée recommence à applaudir le gentilhomme breton comme elle avait applaudi le grand seigneur. Chacun des membres de la noblesse prend la parole à son tour, chacun cherche quel est le privilège dont il profitait et offre de s'en dépouiller. C'est une lutte de générosité. Toutes les injustices y passent à leur tour, jusqu'au *droit de colombier*.

Et après cet admirable élan de la noblesse, c'est le tour du clergé. Je vois s'avancer l'évêque de Nancy, que j'avais déjà entendu parler au roi, trois mois auparavant, du haut de la chaire :

— « Accoutumés », dit-il, « à voir de près les douleurs et » la misère des peuples, les membres du clergé ne forment » d'autres vœux que ceux de les voir cesser. Nous nous » associons à la noblesse pour abandonner nos droits sei» gneuriaux. »

Après l'évêque de Nancy vient l'évêque de Chartres. Il représente quel fléau c'est pour les campagnes que le droit exclusif de chasse, et il en demande l'abandon au nom du clergé. Des applaudissements tumultueux accueillent ces paroles, et la noblesse aussitôt propose d'abandonner elle-même ses *droits de chasse*.

Un pauvre curé de campagne se lève et dit : — « Nous » autres, nous avons bien peu de chose à donner au peuple, » mais nous le donnons de grand cœur : nous abandonnons » notre casuel. » Mais on refusa cette proposition généreuse.

Puis vient le sacrifice de la dîme, offrande d'abord volontaire qui était devenue, depuis Charlemagne, un impôt obligatoire et de plus en plus onéreux.

Enfin, sur la proposition de l'archevêque d'Aix, on décide que toutes ces vieilles coutumes « sont abolies pour toujours » et ne pourront jamais être rétablies. »

Il me semblait que tout était fini et que rien ne pouvait augmenter la beauté de cette scène, où tous s'étaient volontairement dépouillés sans autre but que la justice. Mais une scène non moins belle se passa alors.

Pour bien la comprendre, rappelez-vous, mes amis, que beaucoup de provinces ou villes de France possédaient à cette époque des *privilèges* comme ceux des seigneurs : elles payaient moins d'impôts, et les charges retombaient alors plus lourdement sur les autres villes ou provinces; dans celles-ci la misère était plus grande. Jusqu'alors, les pays privilégiés s'étaient montrés jaloux de leurs prérogatives; mais, à ce moment où un élan de fraternité et de justice soulevait la noblesse et le clergé le même élan souleva les représentants des provinces et des villes. Un député de Grenoble proposa, au nom du Dauphiné, de renoncer à tous les privilèges que possédait cette province. Aussitôt les autres députés se lèvent et proposent la même chose pour leur pays; la Bretagne, la Provence, la Bourgogne, le Languedoc, la Lorraine nouvellement rattachée à la France, toutes les provinces protestent de leur dévouement à la patrie commune. Paris, Lyon, Marseille sacrifient leurs privilèges. Il n'y aura plus de liberté réservée aux uns sans que les autres en profitent; il n'y aura plus ni provinces, ni villes privilégiées dans la France; il n'y aura plus qu'une France, unie dans les mêmes droits, unie dans les mêmes devoirs, avec une seule devise : *Liberté, Egalité, Fraternité.*

Il était deux heures après minuit quand prit fin cette séance mémorable, unique dans l'histoire. Votre patrie, mes amis, depuis plus de mille ans, vivait sous un régime de servitudes et d'abus. En une seule nuit ses chaînes étaient rompues par ceux-là mêmes auxquels ces abus profitaient : spontanément, ils avaient rayé à tout jamais un passé d'injustices. C'est un des plus grands honneurs de la France.

XV. — Remerciements adressés à l'Assemblée constituante par le vieillard le plus âgé de France. — Le respect de la vieillesse.

Respectons les vieillards; ils doivent être pour nous comme une image vivante de la patrie.

— Deux semaines après, continua Stephen Zurog, l'Assemblée constituante résumait les grandes réformes du 4 août dans la *Déclaration des droits de l'homme et du citoyen.*

Ah! mes amis, comme chaque Français la lut et la relut, cette célèbre déclaration qui lui garantissait ses droits! Moi-même, qui l'avais pour ainsi dire vu préparer, je la savais par cœur autrefois. Je vous prêterai un livre où elle se trouve, monsieur Marcel.

L'abolition des privilèges et la déclaration des droits furent accueillies dans toute la France avec enthousiasme. Vers la fin du mois d'octobre 1789, il y eut un incident émouvant à l'une des séances de l'Assemblée constituante. Devant l'Assemblée fut amené l'homme le plus vieux de France. Il était encore bien plus âgé que je ne suis, moi, car il avait cent vingt ans! C'était un montagnard du Jura. Il venait remercier l'Assemblée « au nom de tous les paysans français. » Il parut, le dos courbé par l'âge, la tête branlante; autour de lui étaient ses enfants et ses petits-enfants. L'Assemblée se leva tout entière avec respect devant ce vieillard qu'on avait surnommé le *doyen de la France*. Je voudrais, mes amis, vivre jusqu'à cet âge-là, uniquement pour voir votre patrie relevée et honorée.

LE VIEILLARD LE PLUS ÂGÉ DE FRANCE REMERCIE L'ASSEMBLÉE CONSTITUANTE APRÈS LA DÉCLARATION DES DROITS DE L'HOMME.

— Le ciel vous entende, monsieur Zurog! dit le sergent Marcel avec émotion.

— Ah! mes amis, reprit le vieillard en tendant les mains au sergent et au jeune Louis, vous autres Français, vous avez des qualités merveilleuses : un élan d'enthousiasme vous fait réparer en un instant les malheurs de plusieurs siècles. Mes amis, avec la France, il ne faut jamais désespérer de rien.

— Merci, monsieur Stephen, dit le sergent Marcel; tout ce que vous dites là nous fait grand bien, à nous autres exilés dont la patrie en deuil est envahie en ce moment par l'ennemi. Merci, car nous avons besoin de nous rappeler le passé pour ne pas nous laisser aller au découragement.

En disant ces paroles, Marcel se leva : il ne voulait pas fatiguer le vieillard, mais il lui demanda la permission de revenir une autre fois pour entendre la suite de son récit.

Stephen y consentit de grand cœur. Il accompagna nos

amis jusqu'à la porte de son chalet, et les engagea à revenir le lendemain soir passer la veillée auprès de lui.

— Ma petite Rose, ajouta-t-il, doit venir avec sa mère. Elle m'apportera ses cahiers et travaillera sous mes yeux pour que je puisse juger de ses progrès. Nous en jugerons tous ensemble, et cela encouragera la fillette.

XVI. — Grandeurs et malheurs de la France. — L'avenir de la patrie est dans le travail et l'instruction de ses enfants.

Enfants, c'est vous qui êtes l'avenir de la patrie; il dépend de vous que cet avenir soit beau : travaillez.

Cette bonne demi-journée, qui était la première distraction dont nos exilés eussent joui depuis leur arrivée en Suisse, leur avait fait grand bien et grand plaisir. Le sergent, réconforté par l'exemple du vaillant nonagénaire, se faisait la leçon intérieurement et s'encourageait à lutter contre la mauvaise fortune.

Le jeune Louis, lui, se sentait tout ému; il marchait en silence auprès de son père et, par l'imagination, il se représentait les choses que M. Stephen venait de raconter.

Au bout d'un moment, il sortit de ses réflexions :

— Père, s'écria-t-il, c'était beau, tout ce que M. Stephen nous a dit! Malgré moi, le cœur me battait en l'écoutant, comme si j'avais vécu, moi aussi, dans ce temps-là.

— J'éprouvais la même chose, petit Louis, dit le sergent. C'est que M. Stephen nous parlait de la France, vois-tu, mon enfant. La France, la patrie, c'est comme une grande famille où tous les membres s'aiment les uns les autres. Son histoire, c'est l'histoire de nos pères; ce qu'ils ont fait de beau nous rend fiers, ce qu'ils ont fait de mal nous rend tristes. Quand nous ne serons plus de ce monde, nous aussi, on dira aux petits Français d'alors l'histoire de ce que nous aurons fait; tâchons, Louis, que cette histoire soit belle.

— Oh! père, elle sera bien sombre! dit l'enfant, qui songeait aux jours malheureux de la guerre de France.

Le sergent poussa un soupir; mais, en écoutant Stephen, il s'était juré de ne plus se laisser aller au découragement et de donner désormais à son fils l'exemple de la force de caractère.

— Louis, reprit-il gravement, nos défaites, si malheureuses qu'elles soient, ne doivent nous donner que plus d'énergie pour l'avenir. La France a eu des jours plus tristes encore. Elle s'est toujours relevée vaillamment et retrouvée plus puissante après chaque nouveau malheur. Relis dans ton histoire la guerre de Cent ans avec les Anglais, où se battirent les Duguesclin et les Jeanne d'Arc; puis la guerre de François Ier et de Henri II avec Charles-Quint et l'Espagne, où combattit Bayard; relis aussi les guerres avec l'Autriche, au temps des Turenne, des Condé, des Villars.

TURENNE, né en 1611, vainquit les Autrichiens, et fut tué à Salzbach en 1675.

— Ah! je sais bien, dit Louis, car vous m'avez souvent répété qu'un vrai patriote doit, comme un brave soldat, ne jamais se décourager. Mais l'heure d'aujourd'hui, père, est si triste!

CONDÉ (1621-1686), vainquit à Rocroy en 1643.

Le sergent Marcel, de son bras unique, montra à son fils la campagne qui commençait à reverdir :

— Petit Louis, te souviens-tu du manteau de neige qui ensevelissait tous les champs?

— C'est vrai, père; c'était bien lugubre alors!

— Eh bien! vois : la neige a fondu, et le blé qu'elle paraissait étouffer repousse. Les arbres qui semblaient morts se gonflent de sève. Tout va renaître en dépit de l'hiver.

La neige peut retomber encore demain, la bise souffler et détruire ces jeunes bourgeons ; n'importe, d'autres courageusement renaîtront.

— Et l'été reviendra ! s'écria Louis avec ardeur ; et les beaux jours aussi ! n'est-ce pas, père, c'est cela que vous voulez dire ? et notre chère France fera de même ..

VILLARS (1653-1734), sauva la France à Denain (1712).

— Oui, oui, petit Louis, c'est bien cela. Vous autres jeunes enfants de la France, vous êtes l'avenir. Vous ferez ces beaux jours et vous en jouirez. Comme le petit grain de blé qui tremble encore sous la gelée, mais que rien ne décourage, vous devez grandir pour faire oublier l'hiver. Si chaque enfant de la France se disait : « Je veux travailler pour devenir un homme vaillant et utile à mon pays », la France reprendrait vite le premier rang dans le monde.

— C'est vrai, cela, dit l'enfant. Eh bien, père, soyez tranquille : vous allez voir comme je vais plus encore m'appliquer à l'étude ! Du reste, il faut que je vous le dise, père, je me trouve en retard, savez-vous, auprès des jeunes enfants suisses que je rencontre.

— Oui, c'est vrai, on ne s'est pas assez occupé d'instruire nos enfants jusqu'à ce jour ; mais, patience, tout va bientôt changer, Louis, reprit le sergent d'un ton joyeux qui ne lui était plus habituel. Sais-tu ce que je pense ? C'est que je veux vous donner, à la petite Rose et à toi, un nouveau camarade de classe le soir, à présent. Cela excitera ton émulation.

— Qui donc, père ?

— Ah ! voilà... devine. — Et Marcel regardait son fils en souriant.

— Mais je ne devine point du tout, fit l'enfant.

— Eh bien, ce sera moi. Tu me prêteras un cahier : je veux apprendre à écrire de la main gauche. Il faut que cette paresseuse de main arrive à faire tout ce que l'autre faisait. C'est dit, hein! je me remets à l'école?

— Oui, père, dit Louis; et il hâta le pas joyeusement, pour arriver plus vite et préparer le cahier d'écriture.

XVII. — Le cahier d'écriture et la persévérance. Qu'est-ce qu'un citoyen.

Autrefois, le Romain qui voyageait chez les peuples étrangers disait avec orgueil : « Je suis citoyen romain; » et il était plus fier de son titre de citoyen que d'un titre de roi. Nos voisins d'outre-Manche disent avec le même orgueil : « Je suis citoyen anglais. » Soyons fiers, nous aussi, de nous dire *citoyens français*, et faisons en sorte que ce titre soit respecté dans le monde entier.

Le soir venu, tout le monde prit le chemin du chalet de M. Zurog. Chacun avait apporté de quoi travailler, pour tenir compagnie à Rose.

Objets en bois sculpté.

On s'installa avec zèle autour de la table ronde. La mère de Rose, tout près de la lampe, raccommodait les vêtements du grand-père; près d'elle Stephen Zurog, assis dans son fauteuil et muni de ses lunettes, façonnait, malgré son grand âge, de petits objets en bois sculpté qui se vendent très bien en Suisse.

Le dessin linéaire.

De temps à autre il s'interrompait pour surveiller le travail de sa petite-fille, qui faisait une page de chiffres. En même temps il jetait un coup d'œil sur le cahier de Louis, qui s'occupait de dessin linéaire.

De son côté le sergent Marcel, un cahier soigneusement réglé devant lui, écrivait une page d'écriture. Pour montrer à Stephen Zurog l'intérêt qu'il avait pris à son récit de la veille, il s'exerçait à copier, dans une Histoire de France, la *Déclaration des droits de l'homme et du citoyen*, dont Stephen Zurog avait parlé.

Hélas! c'était bien difficile. Cette malheureuse main gauche était raide comme la main des jeunes enfants qui commencent à écrire ; de plus, le papier remuait sans cesse, car une seconde main n'était plus là pour le maintenir. Cela faisait des jambages en zigzag, des *a* pansus qui s'étalaient trop, des *e* dont la boucle tout à coup s'emplissait d'encre. N'importe, la page s'achevait, et les dernières lignes étaient en progrès visible sur les premières.

La petite Rose jetait un coup d'œil, de temps en temps, sur le cahier de son voisin :

— Oh ! monsieur le sergent, dit-elle en voyant la dernière ligne, vous allez bientôt écrire de la main gauche mieux que je n'écris avec la droite, moi !

Le sergent sourit :

— Ce sera long, dit-il ; tracer un mot lentement comme je le fais, ce n'est pas écrire. Il me faudra bien des pages, petite Rose, pour que cette main gauche soit leste comme l'autre ; enfin, n'importe, on y arrivera, j'espère. Il ne faut jamais dire comme les paresseux : « Je ne pourrai pas, c'est impossible » ; avec de la persévérance on vient à bout de tout.

— Oh ! certainement, monsieur le sergent ; il y a déjà des mots tout à fait bien. Voyez celui-ci, par exemple : *citoyen;* mais c'est fait comme de la main droite, cela !... Ah ! voilà un autre mot : *Déclaration*, qui n'est pas réussi : ça tremble tout à fait.

Et Mlle Rose, d'un air entendu, continuait à examiner la page de son ami.

— Voyez-vous cette petite ! dit la maman, si elle fait de l'embarras !... Puisque vous êtes si savante, mademoiselle, dites-nous ce que veut dire le mot *citoyen*, dont vous parliez tout à l'heure. Le savez-vous? Il me semble vous l'avoir expliqué déjà ?

Rose rougit, car elle ne se le rappelait plus.

— Mère, dit-elle, laissez-moi chercher un peu ; je vais peut-être me souvenir.

Gravement, elle mit sa tête blonde dans ses mains et réfléchit. Tout à coup elle s'écria :

— Je me le rappelle enfin, mère. Vous m'avez dit que

citoyen vient de *cité*. Du temps des Romains, on donnait ce nom-là aux habitants d'une ville libre, d'une ville qui se gouvernait elle-même. Et aujourd'hui on donne ce nom à tous ceux qui font partie d'un pays libre. Mon grand-père, vous, moi, nous sommes des citoyens de la Suisse. La Suisse, c'est une nation libre, qui n'est soumise à aucun maître. La France, c'est aussi une nation libre, et ses enfants sont des citoyens français.

Citoyens romains rassemblés sur la place publique pour y faire les lois.

— Bravo! fit le sergent; je n'aurais pas mieux répondu. Cette petite parle comme un livre!

— Oh! monsieur le sergent, ce qui a aidé ma mémoire, c'est une histoire que ma mère m'avait dite à ce sujet.

— Une histoire! s'écria Louis. Si vous nous la disiez à votre tour, Rose?

— C'est que je ne dis pas bien du tout les histoires, moi; c'est mon grand-père et maman qui les disent bien.

— Essaie, dit la mère; cela t'apprendra.

XVIII. — Différence entre un sujet et un citoyen. — Le czar et son cosaque à la tour de Copenhague. — Le maréchal des logis Vincent et l'armée française.

Personne ne peut prendre ses biens et sa vie à un citoyen d'un pays libre, mais il doit savoir les donner lui-même pour la patrie.

Rose se recueillit de nouveau. Puis, au lieu de baisser le nez en regardant ses pouces comme font les petites filles mal élevées, elle regarda tout son monde avec un gentil sourire, et, s'adressant au petit soldat pour s'enhardir, elle commença.

— Vous saurez, Louis, qu'il y a, paraît-il, des pays où tout le monde doit obéir à un seul homme : cet homme est un souverain *absolu*. Absolu, cela veut dire, Louis, qu'il peut faire tout ce qu'il veut : il peut prendre à ses sujets leurs biens, leur liberté, leur vie, enfin tout, suivant que cela lui fait plaisir. Dans ces pays-là il n'y a pas vraiment des *citoyens*, il n'y a que des *sujets*. Sujet, cela veut dire soumis à la volonté d'un *roi absolu* comme les anciens rois de France, ou encore d'un *empereur absolu*. Nous n'en avons pas, nous, en Suisse, de roi ou d'empereur; aussi je n'en ai jamais vu. Les rois ont encore d'autres noms qui sont bien singuliers. Par exemple, il y a un pays où le souverain s'appelle le shah, c'est la Perse; un autre où il se nomme le sultan, c'est la Turquie; enfin il y en a encore un autre où il porte un nom bien drôle, Louis : le bey. Ce nom-là m'a fait rire parce qu'il ressemble au cri du mouton; mais je ne sais plus dans quel pays c'est. Mère, voulez-vous m'aider, je vous prie?

PALAIS DU SULTAN A CONSTANTINOPLE. — Constantinople (750 000 hab.), sur le Bosphore, est la capitale de l'empire Ottoman.

— C'est à Tunis, dit la mère, sur la côte d'Afrique; un pays voisin de l'Algérie, où la France a beaucoup d'influence et en aura toujours davantage.

PALAIS DU BEY A TUNIS. — Tunis (160 000 hab.), capitale de la Tunisie, est aujourd'hui sous le protectorat de la France.

— Ah! oui, justement. Enfin, pour en finir, en Europe même il y a encore un souverain absolu : le czar de Russie. Or, un jour, dit-on, un czar de Russie très célèbre, Pierre le Grand, monta sur une tour qui s'appelle la tour ronde de Copenhague. On ne monte pas à cette tour-là par un escalier comme dans les clochers : il y a, à ce qu'il paraît, une belle allée qui va en tournant jusqu'en haut, et c'est tout à fait extraordinaire. Le roi de Danemark accompagnait le czar et, en montant, ils causaient tous deux de la puissance des rois. Quand ils furent arrivés au haut de la tour, ils virent qu'à leurs pieds c'était comme un abîme... profond,... profond, à faire peur. Et puis, au loin, on avait une vue superbe. Enfin c'était très beau, monsieur le sergent ; on apercevait la mer au-dessous de soi. Il y avait derrière le czar un *cosaque* de sa suite; un cosaque, c'est un soldat russe. Ce soldat était au service du czar depuis vingt ans. Voilà que le czar, tout d'un coup, dit au roi de Danemark : — « Je veux vous donner une idée de l'obéissance de mes sujets. » Alors il se retourne vers le soldat. D'un geste, il lui montre l'abîme qui s'ouvrait sous leurs pieds. — « Saute », dit-il. Le cosaque regarda son czar, s'inclina, puis, sans hésiter, il s'élança dans l'abîme. Le czar, satisfait dans son orgueil, se retourna vers le roi de Danemark : « Avez-vous de pareils sujets? » lui dit-il. « Heureusement non », répondit le roi de Danemark, car il était meilleur que le czar.

PIERRE LE GRAND (1682-1725), vainqueur de Charles XII de Suède, civilisa la Russie et fonda Saint-Pétersbourg.

— Voilà qui est très bien raconté, petite Rose, dit le grand-père; viens m'embrasser, tu as fait beaucoup de progrès.

L'enfant, toute joyeuse, se jeta dans les bras de son aïeul; puis, comme il était bientôt l'heure de se coucher, elle se mit en devoir de ranger à leur place cahiers, plumes et livres.

Pendant que Rose mettait de l'ordre, on continuait à causer de cette histoire, qui avait ému tout le monde.

La bonne Suissesse disait : — Je n'ai jamais pu comprendre l'obéissance du cosaque, moi. Quel pays que celui où se peuvent passer de pareilles choses!... Mais l'animal le plus obéissant, un cheval se fût cabré!

— Pour moi, dit Louis, ce qu'a fait le cosaque ne m'étonne pas autant, madame; tout bon soldat doit être prêt à mourir aussi vite et aussi simplement sur un geste de son chef, pour le salut de sa patrie.

— D'accord, dit la Suissesse. Seulement, il ne s'agissait là du salut de personne, mais de l'orgueil du czar. La mort du cosaque était inutile, et le czar qui sacrifiait cette vie était un meurtrier, tout simplement. Dans un pays libre personne, pas même le premier personnage de la nation, ne peut tuer un citoyen sans que la justice lui en demande compte, car la loi est seule souveraine dans les pays libres.

— Vous avez raison, madame, dit Marcel. Nous autres soldats français, nous savons mourir sur un signe, tout comme le soldat de Pierre le Grand, mais c'est quand ce signe veut dire : « Pour la Patrie. » Moi, je vais vous raconter à mon tour une histoire, mademoiselle Rose. C'est celle d'un homme de mon pays, du maréchal des logis Vincent. Celui-là, pour se dévouer, n'eut pas même besoin qu'on lui fît un signe. C'était en 1814, près de Toulouse. Notre armée battait en retraite, poursuivie de près par l'ennemi. Elle venait de passer un pont. « Faites sauter le pont derrière nous avant que l'ennemi arrive », dit le général. On place un amas de poudre sur le pont, on met le feu à une mèche et on se retire à l'écart pour attendre l'explosion. Déjà, dans le lointain, on entendait le bruit du galop des cavaliers ennemis. Le général, anxieux, regardait à sa montre ; le pont ne sautait point, tout le sort de l'armée était compromis. Alors Vincent, un simple maréchal des logis, sort des rangs et, de son propre mouvement, se précipite sur le pont, au risque

LE PONT COUPÉ DEVANT L'ENNEMI. — En 1814, le maréchal Soult, n'ayant que des forces inférieures, fut attaqué devant Toulouse par l'armée anglaise, que commandait le duc de Wellington ; la bataille fut indécise, mais notre armée dut bientôt se replier. C'est alors qu'on donna l'ordre de couper les ponts pour empêcher la poursuite de l'ennemi.

de sauter avec lui. Là, il descend de cheval près de la poudre, qui pouvait éclater d'un instant à l'autre; il se penche, trouve la mèche éteinte, quoique à demi consumée, bat son briquet, enflamme un morceau d'amadou, remet le feu à la mèche et saute à cheval. La mèche, raccourcie, fait éclater la poudre avant que Vincent ait eu le temps de s'éloigner beaucoup. Pourtant il n'est qu'à peine atteint. Devant tous ses camarades le général l'embrassa. La cavalerie ennemie arriva sans pouvoir passer devant le pont effondré : Vincent avait sauvé l'armée française.

IX. — Explication de la *Déclaration des droits de l'homme.* — Les droits du citoyen : 1° liberté de la personne; 2° liberté du domicile; 3° liberté de la conscience.

Les importantes vérités contenues dans la *Déclaration des droits de l'homme* ont été appelées les *principes de* 1789. Ces principes sont ceux du code français.

Notre code est l'honneur de la France, et ses lois nous ont été souvent empruntées par les nations étrangères.

Tout en se mêlant à la conversation, le sergent Marcel avait continué de copier la *Déclaration des droits de l'homme*. Il tendit son cahier à Rose et lui dit : — Voyons si vous pourrez lire.

L'enfant prit le cahier et lut d'abord distinctement le préambule.

« Les représentants du peuple français, constitués en *Assemblée nationale*, considérant que l'ignorance ou le mépris » des droits de l'homme sont les seules causes des malheurs » publics, ont résolu d'exposer, dans une déclaration solennelle, les droits naturels et sacrés de l'homme. En conséquence, l'Assemblée nationale reconnaît et déclare, en présence de l'Etre suprême, les droits suivants de l'homme et » du citoyen... »

— Je lis très bien, dit Rose, mais je ne comprends pas tout. Qu'est-ce que c'est que l'Être suprême?

— Réfléchis un peu, mon enfant, dit M. Stephen Zurog; tu comprendras que l'Être suprême est un des noms qu'on donne à Dieu. Les représentants de la France voulurent que la *Déclaration des droits de l'homme* eût une solennité extraordinaire ; pour cela, ils se miraient par la pensée en présence de Dieu même, c'est-à-dire de la Justice suprême, modèle de toute autre justice. Ils voulaient ainsi faire comprendre que le premier hommage qu'on doit à la Divinité, c'est le respect du devoir et du droit.

Rose continua la lecture de ce que Marcel avait eu le temps de copier. « Les hommes, disait la *Déclaration*, sont libres et égaux en droits. » Et la *Déclaration* ajoutait : « La loi doit être la même pour tous, riches ou pauvres. » Et elle contenait bien d'autres choses que la petite Rose avait peine à suivre.

— Votre écriture est très lisible, monsieur Marcel, dit-elle en terminant sa lecture ; mais il y a toujours là-dedans bien des choses que je ne comprends pas. « Les hommes sont libres et égaux en droits. » Qu'est-ce que cela veut dire ? La Suisse est un pays libre, comme la France ; eh bien, moi qui suis Suissesse, je ne me trouve pas libre du tout, puisque j'obéis à tout le monde.

Le grand-père de Rose se mit à sourire et lui dit :

— Être libre, ce n'est pas de n'obéir à personne. Tout le monde obéit ici-bas : les enfants obéissent à leurs parents, et leurs parents obéissent aux lois du pays. Mais ces lois ont précisément pour but de protéger chacun. Serais-tu plus libre, petite Rose, s'il n'y avait point de lois pour te défendre contre les assassins, les voleurs et les méchants de toute espèce ?... Vois, ma fille, tu n'es qu'une enfant, et cependant tu as déjà les principaux droits d'une personne libre, ceux que résume la *Déclaration des droits*.

— Comment ! dit la petite, j'ai tant de droits sans le savoir ! Grand-père, apprenez-les-moi, cela me fera plaisir.

Et l'enfant, sautant sur les genoux de son aïeul, joignit ses petites mains pour mieux l'écouter.

— Eh bien, mon enfant, ton premier droit, c'est la liberté de ta *personne*. Pendant que tu es là sur mes genoux, nul ne peut venir t'en arracher. Cependant, dans les pays d'esclaves, ces choses-là se faisaient : on enlevait les petites filles des noirs à leurs parents, et on les vendait au marché comme nous vendons une paire de pigeonneaux. Tu vois que ta petite personne est sacrée, et c'est la loi de ton pays qui consacre ce droit. La même chose, bien entendu, a lieu en France et dans les colonies françaises.

— J'aime mon pays et tous les pays libres, dit l'enfant en s'appuyant doucement sur les bras de son grand-père.

Marché d'esclaves. — La France a l'honneur d'avoir aboli l'esclavage sur son territoire et dans ses colonies, en 1794. L'abolition fut inscrite définitivement dans la Constitution en 1848.

— Si ta petite personne est sacrée, ma fille, la mienne ne l'est pas moins, et nul ne peut venir t'enlever ton grand-père, pas plus que ton père ni ta mère.

— Oh! dit Rose, cela vaut encore mieux.

M. Stephen continua : — La seconde liberté que possède ma petite Rose, c'est celle de son *domicile*, où elle est en sûreté. Personne ne peut pénétrer chez moi sans ma permission; les magistrats mêmes ne pourraient le faire qu'*au nom de la loi*. La maison de ma petite-fille est pauvre; mais elle est aussi respectée qu'un palais.

La troisième liberté est celle de la *conscience*, c'est-à-dire des opinions religieuses ou politiques. Ma petite-fille peut remplir selon sa conscience les devoirs envers Dieu que ses parents lui ont enseignés, sans que personne l'inquiète et la trouble. « La conscience », dit la *Déclaration des droits*, « est un asile impénétrable. » De même ma petite Rose peut, ainsi que ses parents, aimer le gouvernement de son pays, qui est un gouvernement libre, sans que personne y trouve à redire. Elle et ses parents pourraient préférer en leur cœur un czar ou un sultan, si c'était leur goût. Tant que ce goût ne les

Statue de Guillaume Tell, en Suisse. — Selon la tradition, le tyran Gessler condamna Guillaume Tell à abattre de sa flèche une pomme sur la tête de son fils.

porterait à aucun acte contraire à la loi, personne n'aurait le droit de s'en occuper.

— Oh ! ce goût-là ne me viendra pas, grand-père, soyez tranquille.

— A moi non plus, dit l'aïeul ; les oiseaux n'ont pas envie qu'on leur coupe les ailes ! Ce serait d'ailleurs étrange dans la patrie de Guillaume Tell, qui est libre depuis cinq siècles.

XX. — (*Suite.*) Les droits du citoyen : 4° liberté du travail ; 5° liberté de la propriété.

Les hommes ne peuvent être égaux en intelligence, en mérite, en fortune, mais ils doivent être égaux en droits.

Le sergent Marcel, achevant de copier la *Déclaration des droits*, était arrivé à ce passage où l'on dit que l'homme doit être « libre de travailler » et « libre de posséder ».

— La quatrième liberté en effet, dit l'aïeul de Rose, c'est celle du *travail*. Chacun aujourd'hui est reconnu libre de travailler comme il l'entend. Ma petite Rose aura le droit, quand elle aura vingt et un ans, de choisir la profession qu'elle voudra, et personne ne pourra lui en imposer une autre.

— Et toi aussi, Louis, dit à son tour Marcel, car voici ce que j'écris en ce moment : « *Tous les citoyens français sont également admissibles à tous les emplois, sans autre distinction que celle de leurs vertus et de leurs talents.* » Tu peux donc devenir général, magistrat, député et même ministre, si tu as le talent nécessaire et la confiance de tes concitoyens.

Statue de Hoche, a Versailles. — Hoche, soldat à 16 ans, général en chef à 24, mort à 29.

Louis se mit à rire.

— C'est sans doute pour cela qu'on m'a dit souvent en se moquant de moi : « Cherche bien dans ta giberne, enfant de troupe ; tu as dedans un bâton de maréchal. »

— Oui, dit Stephen Zurog, c'est un proverbe qui date précisément du temps de la Révolution, où les plus grands généraux sortaient des rangs les plus humbles. Le général Hoche avait été à quatorze ans un petit palefrenier, et devint général en chef à vingt-quatre ans. C'est lui qui disait à l'un de ses officiers : « Avec des baïonnettes et du pain, nous vaincrons l'Europe entière. »

STATUE DE MASSÉNA, A NICE. — Masséna, né en 1758, mort en 1817.

Masséna, qui commença par être un petit mousse et fut arrêté quatorze ans dans les grades inférieurs de l'armée, devint bientôt général après 1789. Il sauva plus tard la France à la bataille de Zurich. J'ai vu cela, moi, j'ai vu votre armée triomphante.

Plus tard encore, devenu maréchal, Masséna se battait en Autriche à Essling. Tous ceux qui l'entouraient tombaient sous les boulets; à ce moment, un envoyé de Napoléon accourt vers lui · « L'empereur vous conjure, dit l'envoyé, de tenir encore deux heures; si vous ne tenez pas deux heures, le reste de l'armée est perdu. » — « Dites-lui que je resterai ici deux heures, vingt-quatre heures, toujours ! » s'écrie Masséna dans une réponse sublime. Masséna croyait mourir, il vainquit. Si Hoche, Masséna, Marceau, Kléber et tant de généraux devenus célèbres avaient vécu avant la Révolution, ils n'auraient guère dépassé votre grade de simple sergent, monsieur Marcel.

MARCEAU, né à Chartres en 1769, s'engagea à 15 ans, devint général de division à 24 ans. Il décida la victoire de Fleurus. Il mourut à 27 ans. Les Autrichiens, pénétrés de respect pour leur vainqueur, lui rendirent eux-mêmes les honneurs funèbres.

— Voilà, répondit le sergent, les avantages de la liberté et de l'égalité.

— Pour finir, reprit l'aïeul de Rose, il y a une cinquième liberté, c'est celle de la *propriété :* la petite maison que je possède sera le bien de mes enfants plus tard, et personne n'aura le droit de prendre son bien à ma fille, pas plus qu'on n'a le droit de me le prendre à moi-même. Je n'ai qu'une vache, mais Rose peut boire son lait tranquillement : personne ne viendra enlever la tasse des mains de ma fille, ou prendre ma vache sans que je le veuille. Les jouets eux-mêmes de mon enfant, si peu de valeur qu'ils aient, sont en sûreté chez moi; la petite armoire où Rose les enferme à clef ne peut être ouverte par un étranger sans qu'il commette un vol. Comprends-tu cela, mon enfant?

— Oui, mon grand-père, et je me le rappellerai. Il y a cinq libertés dont vous m'avez parlé; cela en fait autant que de doigts dans ma main.

Et l'enfant, récapitulant aussitôt, prit son petit doigt et dit :

— 1° La *personne*. On ne peut pas me prendre à mon père ou à ma mère, ni me les prendre à moi-même. 2° La *demeure*. On ne peut pas entrer chez nous sans notre permission. 3° La *conscience*. Je puis aimer mon pays comme je le veux, aimer et prier Dieu selon ma croyance. 4° Le *travail*. Je serai institutrice, si maman veut, et on ne me fera pas faire autre chose quand je serai grande, si je ne le veux pas. 5° La *propriété*. On ne peut nous prendre ce qui est à nous et ce que nous avons gagné par notre travail; mes parents ont de l'argent, et moi, des prix et des jouets.

Là-dessus, le bon aïeul félicita Rose.

— Je suis content de toi, mon enfant, lui dit-il; continue de t'appliquer, afin que dans un an, si je suis encore vivant, je puisse te féliciter comme ce soir.

— Oh! grand-père, dit Rose, nous vous aimons trop pour que vous ne viviez pas longtemps, longtemps encore...

— Fillette, reprit le vieillard, je vous aime trop, moi aussi, pour vous quitter complètement. Va, mon enfant, au delà de la mort je t'aimerai encore, sois-en sûre; et toi, n'oublie jamais ton aïeul.

Sur cette parole grave, le vieillard mit un baiser au front de Rose, et l'on se sépara to[illegible] émus.

Chemin faisant, et tandis que Rose courait devant avec Louis au clair des étoiles, Marcel s'entretenait d'elle avec les parents de la petite. Tout le monde aimait cette fillette, car elle n'était pas seulement intelligente, elle avait encore le plus aimable caractère. De plus, la vue de Rose rappelait au sergent ses deux filles à lui-même :

— Ah ! disait-il, qu'il me tarde de revoir la France et ma vieille mère, et Lucie, et Mariette, et Robert ! Combien je me réjouis de les entendre gazouiller comme cette mignonne petite Rose !

XXI. — Les tristes jours de la Révolution. — Les émeutes et les massacres. — Journée du 10 août ; attaque des Tuileries.

« Il faut pleurer sur les crimes de la Révolution, et il faut pleurer aussi sur les maux qui les ont amenés. » MICHELET.

Quelques jours après, le facteur apporta une lettre au sergent Marcel. C'était l'ordre de partir à bref délai et de rejoindre avec son fils les restes de son régiment, cantonnés à Berne, afin qu'il fût statué sur son sort. On s'occupait en effet de reformer les cadres de l'armée de l'Est, et l'on songeait à la faire bientôt rentrer en France.

Marcel et Louis firent dans la journée leurs préparatifs ; le soir ils allèrent passer quelques heures chez le vieux Stephen, lui annoncèrent leur départ et le remercièrent avec émotion de l'accueil vraiment paternel qu'il leur avait fait.

Stephen, à la pensée du prochain départ de ses hôtes, voulut les mieux recevoir encore. Il atteignit le reste de sa provision de marrons. Quoique la saison fût avancée, les marrons étaient encore bien conservés ; le jeune Louis fut chargé d'en mettre à cuire sous les cendres du poêle pendant qu'on causerait. La vieille servante apporta une bouteille de petite bière que le vieillard fabriquait lui-même par économie, et l'on s'assit autour du poêle.

— Ah ! monsieur Stephen, dit le sergent Marcel, votre beau récit sur la Révolution nous a fait grand bien, à mon fils et à moi. Si vous voulez encore aujourd'hui nous raconter quelques-unes des choses que vous avez vues en France, nous serons bien heureux. Ces grandes choses-là, voyez-vous, nous font réfléchir ; elles nous rendent plus forts en face du présent, elles relèvent nos espérances pour l'avenir.

Après un long silence, Stephen hocha la tête mélancoliquement.

— Sergent Marcel, ce qui me reste à dire à présent est triste, et il me coûte d'en parler pour la dernière fois que nous nous voyons. Je voudrais n'avoir que de belles et nobles actions à vous raconter.

— N'importe, monsieur Stephen, dites-nous tout. Si les belles choses élèvent l'âme, les actes mauvais sont utiles à connaître. Ce sont de dures leçons dont il faut profiter.

— Eh bien! sergent, je parlerai.

Voyez-vous, mes amis, c'était un élan d'enthousiasme qui avait produit la nuit mémorable du *4 août* et la *Déclaration des droits de l'homme*. Cet élan, je le retrouvai une fois encore à la grande *Fête nationale du 14 juillet* 1790 ou *Fête de la Fédération*.

Cette fête avait pour but de célébrer l'unité de la France et la fraternité de tous les Français. Le serment d'amitié et de fraternité que se faisaient mutuellement les divers départements s'appelait *Fédération*. Je vis réunis sur le Champ de Mars vingt-cinq mille envoyés des départements. Je vis le roi étendre la main vers l'autel de la Patrie, pour jurer de maintenir les droits de son peuple. Les tambours battirent, cent pièces de canon éclatèrent, un cri enthousiaste s'éleva : *Vive la France!*

LA FÊTE NATIONALE DU 14 JUILLET 1790 OU FÊTE DE LA FÉDÉRATION. — Au milieu du Champ de Mars s'élevait l'*autel de la Patrie*. *Talleyrand*, évêque d'Autun, qui devint plus tard un célèbre diplomate, bénit les quatre-vingt-trois drapeaux des départements. Le président des gardes nationales de France, *La Fayette*, déposa son épée sur l'autel. Enfin le roi *Louis XVI* prêta serment à la Constitution. C'est cette fête de la fraternité et de la concorde qui a été rétablie sous le nom de fête nationale, par une loi votée en 1880. On y célèbre, à l'anniversaire de la prise de la Bastille, la *liberté* proclamée en 1789 et la *fraternité* fêtée en 1790.

Si cet enthousiasme ne s'était pas refroidi, tout aurait été pour le mieux, j'imagine; mais ce ne fut qu'un feu de paille. Du reste, le peuple avait faim et demandait du pain. Il avait cru remédier à tout en ramenant le roi par la force de Versailles aux Tuileries. Mais le roi, tiré en sens contraires, résistait aux désirs de la nation, puis cédait, puis résistait de nouveau et, en fin de compte, finissait toujours par être forcé de céder. En 1791, ayant voulu prendre la fuite pour demander secours à l'empereur d'Autriche, il fut arrêté à Varennes et ramené dans Paris. Dès lors, le peuple ne sut plus aucun gré au roi de ce qu'il accordait de mauvaise grâce, et, d'autre part, il s'accoutumait aux émeutes, qui sont des révoltes contre la loi.

On voyait à chaque instant des bandes composées de milliers d'hommes, de femmes, d'enfants, se mettre en marche pour faire des manifestations, soit devant les appartements du roi aux Tuileries, soit devant la salle de l'Assemblée, alors située dans une autre partie des Tuileries, le long du jardin. Parmi ces milliers d'hommes il y avait des meneurs, des gens exaltés qui ne parlaient que de pillages, de meurtres, de crimes. Ces gens-là poussaient des cris de mort sauvages; ils excitaient la foule et souvent l'entraînaient à des actes odieux, contraires à la liberté des personnes, du domicile, de la propriété.

Les Tuileries autrefois.

Ces excès jetaient la terreur chez les honnêtes gens, ils ôtaient à la Révolution le caractère sacré de justice qu'elle eût dû conserver. La belle devise de *Liberté, égalité, fraternité*, ressemblait ces jours-là à une ironie sanglante, et l'on eût pu se demander si ce peuple de France, trop longtemps esclave, n'avait pas perdu dans cet esclavage le sentiment même de la justice, car il réclamait le droit pour lui sans avoir la force de l'accorder aux autres. Oh! mes amis, l'affreuse chose que les émeutes et les révolutions dont j'ai été témoin dans votre pays!

Stephen s'arrêta tout à coup; ses mains ridées tremblaient, sa belle tête blanche avait une expression d'horreur.

— Sergent Marcel, ce que je dis là vous paraît dur, et pourtant je n'exagère rien, j'adoucis. Moi qui vous parle, je me suis trouvé aux prises avec cette multitude. C'était deux ans plus tard, le 10 août 1792. Le tocsin sonnait à toutes les églises, les tambours battaient dans toutes les rues ; c'était un bruit grossissant comme celui de la tempête. Soldat de garde aux Tuileries, fidèle au serment militaire, ayant ordre de défendre le palais que la foule assiégeait, j'ai entendu ces cris de mort. La foule hurlante nous demandait de jeter nos armes et d'abandonner notre poste. Un de nos officiers essaya de faire comprendre notre situation aux hommes les plus rapprochés de lui : « Nous ne sommes, leur disait-il, que de pauvres soldats : nous sommes du peuple comme vous; mais nous avons un serment d'honneur à tenir et un devoir à remplir ; ce devoir nous oblige de mourir à notre poste. » Ces hommes, un instant émus, parurent comprendre et vouloir se retirer. Mais derrière eux une foule énorme arrivait, poussant, criant, hurlant et menaçant. Des coups de feu partirent ; nous avions ordre de répondre au premier coup de feu. La lutte s'engagea, vive et terrible. Mes camarades réussirent à repousser la première attaque de la foule et à la rejeter hors de la cour des Tuileries. Mais le roi, qui s'était réfugié sans que nous en fussions avertis dans la salle de l'Assemblée, envoya à ce moment l'ordre de cesser le feu. Mes camarades abaissèrent aussitôt vers la terre le canon de leur fusil et s'élancèrent dans le jardin des Tuileries, pour se réfugier aussi dans la salle de l'Assemblée. La foule tirait sur eux. Sans répondre à son feu meurtrier, ils traversèrent la fusillade et parvinrent jusqu'à l'Assemblée.

— Étiez-vous avec eux, monsieur Stephen ? demanda Louis.

— Non, mon ami, je me trouvais rejeté dans l'intérieur du palais parmi les quatre-vingts grenadiers suisses qui avaient charge de le défendre ; nous ne pûmes nous retirer avec nos camarades. Nous devions tomber tous, les uns après les autres, dans les corridors du palais. Presque tous mes compatriotes périrent victimes de leur devoir, et, parmi eux, mon propre frère.

XXII. — Le vrai patriote doit être impartial et sans parti pris. — Les violences et les émeutes retardent le progrès. — Adieux et conseils de Stephen Zurog.

« Les vrais patriotes *réparent* les maux soufferts par la patrie, ils ne s'en *vengent* sur personne. » THIERS.

— Ce fut un grand hasard, continua Stephen Zurog, si je ne mourus pas avec mon frère et mes camarades au palais des Tuileries, et si je n'ai perdu là que ma jambe. Je fus des premiers blessés : le genou brisé, une balle dans le front, je m'affaissai sans connaissance.

Je ne sais le temps qui se passa ainsi. Quand je repris conscience de ce qui m'entourait, je sentis d'abord un poids qui m'étouffait; en même temps il me sembla que j'étais dans un bain tiède dont l'odeur me parut horrible. J'ouvris les yeux. Je vis que je portais un monceau de cadavres, et le bain dans lequel je me trouvais comme plongé n'était autre que le sang qui s'échappait des blessures béantes de ces morts. En même temps, mes oreilles affaiblies s'emplirent du bruit formidable de la foule des insurgés qui défilait sans discontinuer, se pressant, se bousculant. Parfois, à son passage, un remous de cette foule heurtait les tas de cadavres; chaque secousse produisait alors une souffrance horrible dans mon genou brisé et mon front endolori; mais j'étais si affaibli par la perte de sang que pas une plainte ne pouvait s'échapper de mes lèvres. Il me parut alors qu'assurément je serais jeté en terre le lendemain avec les morts qui m'entouraient, sans pouvoir faire comprendre que je vivais encore. Ce sort me parut si affreux que je souhaitais de mourir auparavant. Je refermai les yeux. J'aurais voulu dormir pour oublier tout ce qui se passait là si près de moi; mais le sommeil ne vint pas, et je dus boire jusqu'à la lie l'horreur des scènes qui m'entouraient. Parfois les cris perçants des victimes qu'on égorgeait encore retentissaient jusqu'à moi, puis se perdaient au milieu des chants et des vociférations de la foule. J'entendais hurler ces mots de *liberté*, *égalité*, *fraternité;* cela me paraissait comme un blasphème au milieu de ce carnage et de cette guerre civile.

Le vieillard s'arrêta; il était pâle comme si le spectacle de ces choses passées se dressait de nouveau en face de lui. Néanmoins il reprit son récit avec un calme austère :

— Je ne sais le nombre d'heures qui s'écoula ainsi. Cela me parut long comme une éternité ; puis tout s'effaça de nouveau, je ne vis plus rien. Quand je repris une seconde fois connaissance, il me sembla que le fardeau qui m'oppressait s'était soulevé ; j'ouvris les yeux et je vis, fixés sur les miens, des regards qui me parurent pleins de compassion. L'homme qui me regardait ainsi se pencha jusque sur mon visage et, d'une voix très basse, très rapide :

« Si vous avez le courage de ne pas articuler une plainte, quelle que soit la souffrance que vous éprouviez, je puis vous sauver. Aurez-vous ce courage ? »

J'articulai un *oui* à peine perceptible.

Il me souleva aussitôt avec une prestesse et une vigueur surprenantes, il m'arracha mes vêtements ; chaque secousse me causait une souffrance inouïe : je mordais mes lèvres pour étouffer les gémissements d'angoisse que j'aurais voulu pousser. Pendant ce temps mon sauveur, toujours à voix très basse, par phrases brèves me disait :

« Je vous enlève votre uniforme, il serait pour vous un arrêt de mort. Je vais vous mettre ensuite les habits sanglants de cet insurgé mort à vos côtés. Je lui passerai les vôtres après. Il faut que tout cela se fasse pendant que nous sommes seuls. Dans dix minutes il ne serait plus temps. »

Et tout cela se fit en effet. Heureusement le mort n'avait ni bottes, ni vêtements compliqués ; une blouse, une culotte, et je fus transformé.

Quand tout fut fini, mon sauveur appela à son aide :

« Citoyens, disait-il, voilà un brave patriote qui respire encore ; aidez-moi à l'emporter ; c'est un ami, je me charge de le soigner. »

On m'emporta en effet dans la maison du « citoyen Martin » : c'était le nom de mon sauveur.

Le triste état où je me trouvais me réduisit à rester à sa charge pendant plusieurs mois.

De cette maison ouverte à tous, j'assistai de loin, par les conversations que j'entendais, aux événements qui se précipitaient alors avec tant de rapidité.

C'est ainsi que j'entendis narrer les massacres horribles

de septembre, dans lesquels furent égorgés plus de six mille prisonniers; parmi eux se trouvaient ceux de mes compatriotes qui s'étaient réfugiés à l'Assemblée au moment où je tombais aux Tuileries.

Ces récits me causaient une horreur insurmontable; j'aurais voulu, par moments, protester et crier mon indignation; mais je me retenais, dans l'intérêt même de l'homme généreux qui m'avait recueilli au péril de sa vie. Cet homme était passionné pour les idées nouvelles, mais patient et juste; il me fit aimer malgré moi ce peuple de France que je me sentais tout près de maudire en songeant à la mort de mon frère.

« On trompe le peuple, me disait-il, et cela n'est pas très difficile : il est si ignorant et il a été si longtemps malheureux ! »

Il me fit de nouveau comprendre cette Révolution française qu'à mon arrivée en France j'avais appelée en mon cœur, mais que j'avais exécrée plus tard. « Elle a voulu la justice, disait-il, et nos enfants lui devront les biens dont nous n'avons pas joui. » Il plaignait avec moi le roi et sa famille, alors emprisonnés; et cependant il ajoutait : « Le roi a commis des fautes bien graves, que l'histoire lui reprochera toujours : il a entretenu des intelligences avec l'étranger. Quant à ces émigrés qui s'arment en ce moment contre la patrie, ils se mettent au front une flétrissure. Hélas! tous ont des torts, concluait-il; les meilleurs n'en sont pas exempts, car tous sont des hommes, c'est-à-dire passionnés et ignorants; mais les hommes passent, les idées restent. Nos enfants verront des jours meilleurs. »

Les semaines s'écoulaient ainsi sans qu'il me fût possible de quitter la France. C'était le moment de la Terreur. Heureusement, pour expliquer mon accent allemand, le citoyen Martin m'avait déclaré Alsacien et son cousin. Il finit par obtenir un laissez-passer qui me permit de gagner l'Alsace. D'Alsace, je traversai la frontière avec l'aide de braves gens auxquels j'étais recommandé.

Une fois en Suisse, je ne cessai point, par la pensée, de prendre part à tout ce qui se passait en France. J'applaudis de loin aux victoires des Hoche, des Marceau, des Kléber, des Masséna, de tous les volontaires que j'avais vus se lever en masse pour repousser l'étranger, et qui avaient commencé par être vainqueurs à Valmy. Grâce à eux, la France fut sauvée. Mais par combien de secousses elle devait passer encore! Que de gouvernements sont tombés depuis quatre-vingts ans, que d'hommes ont disparu, pendant que moi, je suis encore debout! Espérons, mes amis, que vous en avez fini en France avec les révolutions, et que votre pays aura désormais la tranquillité dont il a si grand besoin.

L'ENRÔLEMENT DES VOLONTAIRES EN 1792. — L'Europe s'étant coalisée contre la France, on déclara la *patrie en danger*. Le peuple se souleva pour repousser l'ennemi. Le tocsin sonnait, le canon retentissait; les volontaires se faisaient inscrire dans des bureaux improvisés.

BATAILLE DE VALMY. — Nos volontaires, commandés par Dumouriez, battirent les Prussiens en se précipitant la baïonnette en avant, au cri de *Vive la Nation*.

— Ah! monsieur Stephen, dit le jeune Louis, quelle histoire vous avez eue! Jamais je ne l'oublierai, elle m'a trop ému.

— Tant mieux, dit le vieillard; tu es jeune, mon enfant,

et l'avenir te garde peut-être des jours orageux encore; je voudrais que le souvenir du passé te donnât pour l'avenir une règle invariable de justice. Rappelle-toi, petit soldat, que les excès et les violences, au lieu d'avancer la marche des choses, la retardent toujours. Rien ne se fait rapidement dans la nature. Si les hommes étaient patients, le progrès aurait lieu sans crimes; mais la vie des hommes est courte, ils veulent jouir tout de suite de leur œuvre, et cela même leur fait commettre des fautes. Mon enfant, cette soirée est la dernière que nous passerons ensemble; je suis trop vieux pour espérer te revoir ailleurs que par delà la tombe, mais, en nous quittant, je veux que tu emportes un souvenir de ton vieil ami.

A pas lents, Stephen s'avança vers son atelier; il y prit une montre en argent, son ouvrage, et la donnant à l'enfant :

— Je souhaite, dit-il, qu'elle ne marque jamais pour toi que des heures de justice et d'honneur. Si cela est, ta vie aura été bonne et heureuse. J'y ai gravé un mot, un seul : *Courage!* Ce mot va te plaire, j'en suis sûr, car tu as été habitué de bonne heure à admirer le courage. Fais-en donc la règle morale de ta vie; ne fuis jamais devant ton devoir, pas plus que le soldat courageux ne voudrait fuir devant l'ennemi. Sois résolu à accepter en ce monde tous les maux plutôt que de commettre une lâcheté; et mes vieux os en seront réjouis dans la tombe, chaque fois que mon souvenir t'aura aidé à rester dans la voie du bien.

Stephen se tut; il avait posé sa main ridée sur la tête blonde de l'enfant et, l'œil levé en haut, il semblait appeler sur cette jeune tête des destinées de noblesse et de bonté.

Tous étaient émus. Marcel saisit la main du vieillard; mais lui, attirant l'exilé dans ses bras :

— Adieu! dit-il, ou plutôt au revoir, là-haut, dans un monde plus parfait.

XXIII. — Fraternité et solidarité humaine.

Rappelez-vous toujours le bien qu'on vous a fait, afin d'agir vous-mêmes envers les autres comme on a agi pour vous.

Ce ne fut pas sans une vive tristesse que nos amis, le lendemain, se séparèrent de leurs hôtes. La gentille Rose avait glissé dans le sac de Louis un bouquet de ces fleurs des Alpes appelées *Edelweiss*, sorte d'immortelles.

— Conservez-les, dit-elle; ce sont des fleurs de la Suisse : elles ne s'épanouissent que sur la haute montagne, au niveau des neiges, et elles ne se faneront jamais.

EDELWEISS DES ALPES.

Le sergent Marcel, muni de sa feuille de route, prit le chemin de fer avec son fils. Le trajet se fit rapidement jusqu'à Berne, à travers un pays toujours montagneux, couvert de sapins et sillonné d'eaux courantes qui bondissaient en nombreuses cascades le long des rochers.

CASCADE DES ALPES.

— Père, dit le jeune Louis, lorsqu'ils furent installés dans leur compartiment, il me semble que c'est une seconde famille que nous quittons. Comment nous acquitterons-nous jamais de ce qu'ont fait pour nous ces bons amis de la Suisse? J'ai beau aimer de tout mon cœur la gentille Rose et sa famille; cela ne me semble pas assez... Je voudrais, moi aussi, faire quelque chose pour eux.

Marcel serra la main de l'enfant.

— C'est bien, Louis..., cela me fait plaisir, ce que tu dis là, car c'est justement ce qui me tourmentait, moi aussi. La reconnaissance est un devoir sacré; mais, mon ami, quand on ne peut rendre le bien qu'on a reçu à ceux-là mêmes qui vous l'ont fait, on le rend à d'autres. Si tu rencontrais des parents de M. Zurog et de sa fille, ne serais-tu pas heureux de les obliger?

— Assurément, mon père.

— Eh bien! Louis, tous les hommes sont parents, sont frères. Tâchons donc de faire du bien à nos semblables. La vie est longue et les malheureux ne s'y rencontrent que trop; nous aurons l'occasion d'alléger notre dette. Nous ferons pour les infortunés qui se trouveront sur notre route ce qu'on a fait pour nous; nous les aimerons et les aiderons comme on nous a aimés et aidés.

— Oh! la bonne pensée, père! dit l'enfant. Chacun devrait faire ainsi, vois-tu; la bonté serait alors comme ces belles plantes dont les graines s'envolent partout et recommencent sans cesse à donner de nouvelles fleurs.

XXIV. — La croix d'honneur.

On accorde la croix de la Légion d'honneur à ceux qui ont rendu au pays des services exceptionnels, dans la vie militaire ou dans la vie civile.

Les restes du régiment de Marcel étaient établis à Berne dans des baraquements, avec beaucoup d'autres corps. A son arrivée Marcel, suivant l'ordre qu'il avait reçu, se rendit aussitôt auprès du lieutenant Aubry.

Un baraquement pour les soldats.

Celui-ci présenta au vieux soldat un pli cacheté venant du Ministère de la guerre et une petite boîte en cuir.

— Sergent Marcel, dit-il, voici quelque chose qui vous fera plaisir.

Marcel prit de sa main gauche la boîte et la lettre qu'on lui présentait. A la forme de la boîte, il crut deviner ce qu'elle contenait. Il eut alors une telle émotion qu'il se mit à trembler et ne put, de sa main unique, ouvrir ni le papier ni la boîte.

— Parbleu, dit en souriant le lieutenant Aubry, je vois que vous n'en viendrez pas à bout tout seul; je vais appeler votre petite ombre que vous avez laissée là à ma porte. Allons, Louis, continua l'officier en élevant la voix, tu peux entrer, mon garçon.

La « petite ombre » entra en effet. Ce nom, que le régiment avait donné à l'enfant dans les jours heureux et que le sergent n'avait plus entendu depuis l'exil, redoubla l'émotion qui l'oppressait. En un instant tout son passé se dressa devant lui. Il revoyait sa femme, les jours de grandes revues, avec son gai costume qu'elle portait si bravement, et « la petite ombre » qui s'alignait en tête des autres enfants de troupe, si droite, si fière, qu'au passage le colonel Achilli adressait toujours un mot à l'enfant.

Une grosse larme se suspendit aux cils du sergent et vint rouler dans sa moustache.

— Merci, mon lieutenant, dit-il en apercevant la croix d'honneur renfermée dans la boîte. Je n'aurais jamais osé espérer une si belle retraite. La croix! Je l'ai tant désirée!... Voilà qui devrait me consoler de ne plus être bon à rien.

— Mon brave, dit le lieutenant Aubry, on est toujours bon à quelque chose; vous allez rentrer dans la vie civile; soyez un aussi excellent citoyen que vous avez été un excellent soldat : la patrie n'y perdra rien. Dans la vie civile, vous pourrez montrer autant de courage et rendre à votre pays autant de services que dans la vie militaire. Ce ne sont pas seulement les soldats, c'est toute l'armée des travailleurs qui soutient l'honneur de la patrie.

La croix de la Légion d'honneur.

Après un instant de silence, le lieutenant Aubry ajouta :

— Sergent Marcel, ne vous désespérez pas; la France ne saurait laisser dans l'embarras ceux qui l'ont servie comme vous l'avez servie. Elle leur fait une pension de retraite; souvent aussi elle leur donne des emplois. Peut-être pourrai-je quelque chose pour vous et pour votre famille. Une simple pension militaire serait trop peu pour vous tous. Que votre garçon prenne cette plume et me donne par écrit l'âge de vos enfants.

Le jeune Louis s'avançait pour écrire; mais Marcel le prévint et prit la plume de sa main gauche.

— Mon lieutenant, dit-il, je puis écrire moi-même, si vous me donnez un peu de temps.

Puis, d'une main assez ferme, le sergent traça lisiblement :

« *Louis et Lucie, treize ans, jumeaux; Robert, huit ans; Mariette, deux ans; ma mère, soixante-dix ans.* »

— Bravo, sergent; voilà qui est d'un homme courageux : s'être appliqué à écrire du bras gauche, à peine remis de l'amputation du bras droit! A présent, je me fais fort de vous trouver un emploi, car je vois ce que vous valez, et le bien qu'on m'a dit de vous n'a rien d'exagéré.

Marcel se retira tout réconforté. Dès qu'on fut sorti de chez le lieutenant, Louis sauta au cou de son père.

— La croix d'honneur, père! s'écria-t-il, quel bonheur et que je suis fier! Oh! je vais l'écrire bien vite à ma grand'mère et à Lucie, cela leur fera tant de plaisir! Je vais l'écrire aussi à la petite Rose, qui m'a fait promettre de lui annoncer tout ce qui nous arriverait d'heureux ou de malheureux.

— Oui, mon enfant, écris-lui. Il ne faut jamais oublier les amis absents.

XXV. — Les obligations du citoyen. — Une école régimentaire. — Avantages de l'instruction obligatoire pour les garçons et pour les filles.

« Vous avez des enfants? Instruisez-les, donnez-leur une bonne éducation, et ils rafraîchiront votre cœur, et ils feront les délices de votre âme. » LA BIBLE.

« L'instruction des femmes n'est guère moins importante que celle des hommes, puisqu'elles ont une maison à régler, un mari à rendre heureux, des enfants à bien élever. » FÉNELON.

Le sergent, avec son bras droit de moins, ne pouvait plus faire partie de l'effectif de l'armée; mais, en attendant que sa situation fût régularisée, on lui laissait sa place, ainsi qu'à Louis, à la chambrée du régiment, avec sa ration de pain et de viande. Au reste, il était libre tout le jour.

Mais Marcel aimait à s'occuper, et tout de suite il chercha à quoi il pourrait bien se rendre utile. On avait créé des *écoles régimentaires* pour nos jeunes soldats, dont beaucoup ne savaient ni lire ni écrire. Le sergent obtint vite qu'on l'occupât à instruire les jeunes recrues, et Louis lui servit de moniteur.

ÉCOLE RÉGIMENTAIRE.

Après la classe, le père et le fils allaient, pour se délasser, faire une courte promenade dans la ville de Berne. Comme le nom de Berne vient du mot allemand *ours*, dans les armoiries de la ville on a représenté partout des ours. Le grand amusement de Louis était de s'arrêter devant les ours en bronze qui ornent les fontaines, ou de voir défiler les oursons en bois à la *Tour de l'Horloge* quand l'heure sonne.

Chemin faisant, on devisait sur les incidents de la classe. Cette occupation nouvelle d'instruire les soldats, que Marcel s'était donnée, plaisait au sergent.

BERNE. — Berne (70000 hab.) est le siège de l'Assemblée fédérale et la capitale du plus important canton de la Suisse.

— Vois-tu, Louis, disait-il un jour à son fils, ce que nous faisons là, c'est de bonne besogne. Et s'il faut tout dire, je suis honteux, depuis que je suis en Suisse, de voir les enfants de cette petite nation plus instruits que ne le sont en ce moment les nôtres. Pour ma part, je ne serai content que le jour où je verrai tous les citoyens français obligés par la loi à faire instruire leurs enfants; et cela ne tardera pas plus de quelques années, bien sûr.

— On peut donc, demanda Louis, obliger les parents à envoyer leurs enfants à l'école ?

— Certainement, Louis, répondit Marcel. Il y a trois grandes obligations que la patrie peut nous forcer à remplir : chaque citoyen doit s'*instruire* et instruire ses enfants; il doit le *service militaire;* enfin il doit *payer les impôts.*

— Je me rappellerai ces trois obligations, dit Louis.

D'ailleurs, il y en a une que je connais bien : c'est le service militaire, et je me réjouis, quand nous serons revenus chez nous, d'apprendre à mon petit frère tout ce qui concerne l'armée. Je lui montrerai déjà à faire l'exercice, ce qui l'amusera beaucoup, et moi aussi.

La tour de l'horloge, où l'on voit défiler des oursons en bois quand l'heure sonne. — L'industrie de l'horlogerie est très répandue dans toute la Suisse, et plusieurs horloges y sont célèbres pour leur mécanisme ingénieux.

— Fort bien, mais l'obligation scolaire, reprit Marcel, est tout aussi importante que l'obligation militaire. Aller à l'école, pour l'enfant, c'est sa façon de faire son service. L'écolier est déjà un petit serviteur de la patrie. En Suisse où nous sommes, en Allemagne, tous les enfants âgés de six à treize ans sont obligés d'aller à l'école, et il y a des peines contre les parents qui oublient cette obligation. Il va en être de même en France.

— Père, est-ce qu'on obligera aussi les petites filles à aller à l'école ?

— Assurément ; l'instruction n'est-elle pas aussi nécessaire aux filles qu'aux garçons ? Une femme instruite peut être aussi utile à son pays qu'un homme. Réfléchis, Louis, est-ce moi seul qui t'ai appris à aimer ta patrie, à faire en tout et partout ton devoir ?

— Oh ! dit Louis, avec tristesse, c'est aussi ma mère. Je n'oublierai jamais combien elle était courageuse, patiente, bonne, et je tâcherai de lui ressembler.

— Tu vois donc, dit Marcel, que les femmes peuvent faire autant que les hommes pour la grandeur et le bonheur d'un pays. C'est par l'instruction donnée à tous, filles ou garçons, que la France se relèvera de ses malheurs. Bientôt, je l'espère, tous les enfants de la France seront aussi instruits que ceux de n'importe quelle autre nation. Et ce sera un grand progrès ; Mirabeau a dit : « Un peuple instruit est un peuple fort ; instruisons donc tous les Français, et la France sera forte. »

XXVI. — Un bienfaiteur qui refuse de se nommer. Trait historique d'un soldat français.

La belle action d'un citoyen français honore la France entière.

Tout en causant, nos amis s'étaient dirigés du côté de la *Plate-forme,* une des plus belles promenades de la ville. C'est une sorte de terrasse plantée de marronniers, d'où l'on a une vue magnifique sur la chaîne des Alpes.

LES ALPES VUES DE BERNE. — Les Alpes s'étendent de la Méditerranée jusqu'au Danube. Les *Alpes bernoises* sont une de leurs *ramifications*. Plusieurs sommets des Alpes bernoises dépassent 4000 mètres.

Nos amis, appuyés sur le mur en pierre de l'extrémité, contemplaient en face d'eux, tout au loin, la longue file des glaciers, sur lesquels la pourpre du soleil couchant avait allumé comme un immense incendie.

A leurs pieds, à trente-cinq mètres au-dessous de la terrasse, ils voyaient couler la verte rivière de l'Aar, affluent du Rhin, qui entoure Berne sur trois côtés. Le jour baissait déjà, car les jours sont encore courts à cette époque de l'année; d'autre part, la bise soufflait avec force et était si froide que tous les promeneurs s'en étaient allés un à un. Seuls, nos deux amis s'étaient oubliés dans la contemplation de ce splendide spectacle.

A ce moment, Louis aperçut de loin, sur la rive opposée de l'Aar, un petit garçon d'une dizaine d'années qui passait, portant dans ses bras un autre enfant de trois à quatre ans. Le petit garçon marchait au bord de la rivière, revenant vite à cause du vent, mais sans regarder à ses pieds. Tout d'un coup son pied heurta une racine d'arbre, et voilà les deux enfants à l'eau, disparaissant sous une masse de bois flottants.

Louis et son père jetèrent un même cri d'effroi.

De la place où ils se trouvaient, il leur était absolument impossible d'aller au secours de ces enfants, puisque la terrasse domine à pic les prairies où coule la rivière, et ils ne voyaient aucun passage qui pût y conduire.

Le petit soldat, levant les bras avec désespoir, poussait des cris perçants et Marcel appelait à l'aide, mais en vain.

Au même moment, ils aperçurent sur la rive un homme vêtu de l'habit militaire, qui courait dans la direction des enfants.

Prestement il déboucle son ceinturon, jette son sabre et sa tunique, puis s'élance à l'eau Louis et Marcel le voient plonger sous la masse de bois, au péril de sa vie, ressaisir les enfants et les ramener au rivage.

— Père, dit Louis en battant des mains, regardez; c'est un soldat français!

Marcel regardait attentivement

— Tu as raison, dit-il; et il me semble même, à sa taille et à sa démarche, que c'est notre lieutenant. Vois, il vient de porter les pauvres petits dans un chalet voisin... Ah! le voilà qui sort du chalet en courant, il remet sa tunique, boucle son sabre et se sauve. Mon Dieu, comme il court! .. Louis, plus je le regarde, plus je crois que c'est le lieutenant Aubry.

— Je ne sais, dit Louis; le jour est si bas et nous sommes si loin! .. Ah! le voilà tout à fait disparu. N'importe! tout se sait vite à la caserne, nous saurons cela.

Nos amis rentrèrent très émus; mais à la caserne ils ne purent rien apprendre : le lieutenant Aubry était le soir à son poste comme d'ordinaire, grave, silencieux, impassible.

Le lendemain, un habitant de Berne se présente au baraquement des soldats français : c'est le père des deux enfants. Il demande à parler au chef, lui raconte comment un soldat français inconnu a sauvé ses deux fils, et il ajoute qu'il désire vivement le connaître pour le remercier.

Ordre fut donné de réunir les hommes et, devant le père des deux enfants, on pria le soldat qui les avait sauvés de vouloir bien se nommer.

Les soldats se regardèrent tous, cherchant des yeux le camarade qui avait accompli cette belle action; mais personne ne s'avança, personne ne se nomma.

— Comment se fait-il, dit le père étonné, que celui qui a agi si courageusement se cache de sa noble action comme d'un crime?

Le lieutenant releva la tête avec une certaine fierté, et regardant le brave Suisse : — Monsieur, lui dit-il, cet homme pense sans doute que chacun de ses camarades eût agi à sa place comme il a agi lui-même. Il juge son action toute simple chez un soldat. Il sait que, parmi ceux auxquels la patrie a remis sa défense, il ne doit pas y en avoir un seul qui ne soit prêt à risquer sa vie pour sauver la vie d'autrui. Vous vouliez, monsieur, garder en votre cœur le nom de cet homme? gardez celui de la France, et, si ce nom y tient la place d'honneur, ce soldat sera content.

En écoutant ces mâles paroles, le Suisse avait les larmes aux yeux :

— Vive la France! s'écria-t-il d'une voix retentissante.

— Vive la France! s'écrièrent avec la même émotion les mille voix du régiment ; et le jeune Louis, le cœur palpitant, disait tout bas à Marcel :

— Père, vous aviez raison, ce doit être le lieutenant Aubry. Oh! ajouta-t-il avec un soupir d'admiration, quel noble exemple il nous donne à tous!..... Si nous le disions aux camarades?

— Non, mon fils, dit gravement Marcel, il faut laisser à ce noble cœur français la récompense qu'il a choisie. Que l'honneur de son dévouement remonte donc entier à la patrie! Et tous, comme le lieutenant, tâchons que notre chère France, quoique momentanément vaincue et meurtrie, reste toujours, par la noblesse de ses enfants, *la grande France!*

XXVII. — Les propositions du lieutenant Aubry et la lettre de Lucie. — L'arrivée sur la terre de France. — Les zouaves et les turcos.

> Un ancien a dit : « Aimer et servir sa patrie, c'est un des moyens d'honorer Dieu. » CICÉRON.

Quelque temps après cet incident, le lieutenant Aubry manda chez lui Marcel et son fils.

— Sergent Marcel, dit-il au soldat, je me suis occupé de vous. Peut-être, aux environs de Bordeaux, où votre famille habite, trouvera-t-on pour vous quelque petit bureau de poste. On vous fera auparavant subir un examen; mais, j'en suis sûr, vous vous en tirerez à votre honneur. J'ai fait valoir tous vos titres : vingt ans de service militaire, dont une partie en Algérie, deux médailles et la croix, quatre enfants et une vieille mère à soutenir. Ce dossier-là aplanira bien des difficultés. Je songerai aussi à vos enfants.

MÉDAILLE MILITAIRE. — Elle donne droit à une rente de 100 francs.
MÉDAILLE COMMÉMORATIVE DE LA CAMPAGNE D'ITALIE. (Victoires de Magenta et de Solférino.)

Comme Marcel allait se retirer :

— Encore un instant, lui dit le lieutenant Aubry; voulez-vous vous approcher de moi?

Marcel s'approcha. Le lieutenant se mit alors à examiner avec attention le bras qui restait au sergent ; il en prit même la mesure et mesura aussi la partie du bras qui lui manquait.

Marcel et Louis étaient fort étonnés; mais le lieutenant, sans faire aucune explication, donna à Marcel une poignée de main en lui disant : — Adieu, et bon courage!

— Mon lieutenant, dit le sergent Marcel avec émotion, vous êtes trop bon de tant vous occuper de moi!

— Je ne fais que mon devoir, Marcel, répondit le lieutenant, en vous faisant profiter des avantages offerts par la patrie à ceux qui ont versé leur sang pour elle.

En rentrant, Marcel trouva une lettre de Lucie à son frère. Louis en fit la lecture à haute voix :

« Comme je suis fière, disait Lucie, de savoir que notre père est décoré! » Puis elle donnait des nouvelles de la famille : grand'mère, Robert et Mariette allaient bien.

« Moi, ajoutait Lucie, je m'efforce de remplir le mieux possible mes devoirs de sœur aînée; je ne suis pas toujours raisonnable, Louis. J'ai souvent regret de ne pas jouer avec les petites filles de mon âge; les jeudis, quand je les entends m'appeler au passage, il me prend des envies folles d'aller faire une grande course en plein air, au lieu de rester là tranquille à la maison. Mais alors, je songe que j'ai promis en mon cœur à notre chère mère de tenir sa place; tout bas, je lui demande de me donner un peu de son courage, elle qui en avait tant!... Et après cela je reste, et le soir je suis contente de ma journée. »

Marcel prit la lettre de sa fille et, en regardant cette petite écriture d'enfant inégale encore, il souriait doucement, comme s'il eût tenu dans ses bras sa fillette même.

Puis, à voix basse, Marcel dit en regardant son fils :

— Comment pourrais-je me plaindre de mon sort? Mes enfants ont dans leur âme un trésor de courage et d'honneur qui vaut mieux que toutes les richesses. Ils comprennent le devoir, et ils le placent avant tout. Ah! me voici calme désormais en face de l'avenir, comme je l'étais autrefois en face d'une bataille quand je savais que chacun, ainsi que moi, était résolu à faire son devoir jusqu'au bout.

Quelques jours après, l'armée de l'Est quittait la Suisse. De toutes parts on ne voyait que défilés de soldats : les uns montaient sur les bateaux à vapeur, d'autres en chemin de fer, quelques-uns accomplissaient leurs étapes à pied. Partout, au départ, la population suisse les acclamait de ses vœux et de ses vivats sympathiques.

CHEMIN DE FER DANS LES MONTAGNES. — Les chemins de fer traversent les montagnes tantôt en passant dessous par des *tunnels*, tantôt en s'élevant sur leurs flancs par des *rampes en zigzags.*

Marcel et Louis, après s'être rendus au lac Léman et l'avoir traversé en bateau à vapeur, arrivèrent à Genève.

De Genève à Annecy, ils devaient faire la route à pied en plusieurs étapes. Le long du chemin, ils avaient droit à un billet de logement. Ils avaient conservé tous les deux leur uniforme, car le soldat, en retournant à son pays, emporte avec lui ses habits militaires.

Au départ, ils se mirent à la file d'un régiment de zouaves et de turcos qui suivaient le même chemin, et ils firent avec lui une partie de la route.

Tous ces hommes se sentaient pleins d'entrain à l'idée de reprendre enfin une vie plus active, et leur pas gymnastique s'allongeait allègrement sur la grande route, d'où l'on apercevait de toutes parts les montagnes aux pics neigeux.

Le lac de Genève ou lac Léman. — Ce lac est entouré par le Jura et par les Alpes. Il a 34 lieues de tour. Dans sa partie sud, il touche à la France. Sur ses bords se trouve *Genève* (70000 habitants). Ville très instruite et très industrieuse.

On marchait depuis plusieurs heures, lorsque tout à coup l'officier qui était à la tête du régiment de turcos s'arrêta et, levant son épée comme pour saluer, s'écria : *France ! France !* On venait en effet de franchir la frontière, on mettait le pied sur le sol de la France.

Alors une joie soudaine passa comme un souffle sur tout le régiment. Marcel, de la seule main qu'il rapportait de l'exil, se découvrit, puis attira Louis sur sa poitrine. Le père et le fils, dans leur cœur, unissaient Dieu et la France.

Pics neigeux des Alpes. — Les *pics* sont des sommets aigus de montagnes, qui se dressent parfois à de grandes hauteurs.

Les turcos, avec une expression presque sauvage, se mirent à pousser de grands cris de joie, puis subitement se jetèrent à genoux. Les uns courbaient jusqu'à terre leur front noir ceint du turban; les autres levaient leurs bras vers le ciel. Sur tous ces visages bronzés que le canon de l'ennemi n'avait point vus tressaillir jadis, on lisait alors une émotion indescriptible. Tous ces enfants adoptifs de la France saluaient cette patrie qu'ils avaient cru ne jamais revoir, et ils s'écriaient : *Allah! Allah!* ce qui est le nom de Dieu dans leur langue.

Pendant ce temps les officiers français, qui ne pouvaient se livrer aux mêmes démonstrations, restaient debout, l'épée droite, l'œil fixé sur cette bien-aimée terre de France qu'ils revoyaient enfin. Ils sentaient leur cœur battre à l'unisson avec celui de ces enfants du désert ; et en leur âme s'élevait un hymne de reconnaissance doux et triste, à ce moment où ils touchaient enfin du pied le sol de la patrie malheureuse.

XXVIII. — Le trésor public. — Le payement des milliards. L'impôt. — L'impôt est proportionnel.

Nous avons tous une dette envers la patrie qui nous protège et nous défend ; cette dette, nous en payons chaque année une faible partie par l'impôt.

Après une courte halte pour le déjeuner, on reprit la route. Le soleil du printemps montait sur l'horizon et faisait étinceler dans le lointain les glaciers du mont Blanc ; la chaleur était assez forte.

Louis, malgré tout son courage, commençait à sentir ses jeunes jambes fatiguées. Pour oublier la route, il faisait mainte réflexion tout en marchant.

LE MONT BLANC (4800 mètres), montagne la plus élevée de l'Europe, est situé en France. Ses *glaciers* ont une longueur de près de 60 kilomètres.

— Père, dit-il, si nous allions ainsi à pied jusqu'à Bordeaux, cela me semblerait bien long... Quand je pense que nous n'avons prévenu ni bonne maman, ni ma sœur Lucie, afin de leur ménager une surprise ! J'ai hâte d'arriver chez nous !...

— Pas plus que moi, mon enfant, reprit Marcel. Heureusement, à partir d'Annecy, nous prendrons le chemin de fer.

ANNECY (15 000 h.), chef-lieu de la Haute-Savoie, sur un joli lac.

— Mais qui payera nos places? demanda Louis.

— L'État, c'est-à-dire la nation tout entière. Tu sais bien que l'État nourrit l'armée et habille le soldat; il lui paye aussi son transport sur les lignes de chemin de fer ou par les voies de navigation. Il paye de même tous les frais de la marine. Il paye les professeurs et les instituteurs qui instruisent la jeunesse française, les tribunaux qui jugent les malfaiteurs, enfin toutes les dépenses nécessaires à la France.

— Mais, père, qui va payer à la Prusse les cinq milliards qu'elle nous demande?

— Toujours l'État.

— L'État est donc bien riche? dit Louis.

— Sans doute ; mais crois-tu que l'État ait de l'argent par lui-même? Point du tout, ce sont tous les citoyens qui lui en apportent en lui payant l'impôt.

— Je comprends, dit Louis; mais alors, père, ce sont tous les citoyens français qui vont payer les cinq milliards aux Prussiens ; combien cela fera-t-il d'argent à donner pour chaque Français?

— Si tu veux le savoir, dit Marcel, faisons le compte. Nous sommes, en cette année 1871, un peu plus de trente-cinq millions de Français, à présent que nous venons de perdre l'Alsace. Eh bien, divisons cinq milliards entre trente-cinq millions, cela fera environ 150 francs par personne.

L'enfant leva les bras avec stupeur :

— 150 francs! dit-il; mais, père, nous qui sommes six à la maison, cela va faire six fois 150 francs, presque un millier de francs. Comment voulez-vous que nous payions cela? Nous aurions beau travailler nuit et jour et ne manger que la moitié de notre faim, nous ne pourrions pas encore y arriver. Et, comme il y a des milliers de gens plus pauvres encore que nous, la France ne pourra jamais payer; et alors, puisque les Prussiens vont rester en France jusqu'à ce qu'ils aient emporté nos milliards, ils y resteront toujours...

L'enfant s'arrêta tout ému. Il revoyait par la pensée tant de maux supportés et qui n'auraient servi à rien; il revoyait les champs de bataille, la neige rougie de sang.

— Louis, dit le sergent, tu sais bien qu'il ne faut jamais se désespérer. La France payera, mais elle en souffrira longtemps. D'ailleurs, mon enfant, l'impôt n'est pas réparti comme tu sembles le croire. Tous les Français ne donnent pas la même somme. L'impôt est *proportionnel*, ce qui veut dire que chacun paye en proportion de sa fortune. Celui qui est très riche paye beaucoup d'impôts, celui qui l'est moins en paye moins, celui qui est très pauvre est déchargé de la plus lourde partie de l'impôt.

Dépôt du TRÉSOR PUBLIC au Ministère des finances.

Louis poussa un soupir de satisfaction.

— Oh! comme tout cela est juste! dit-il. Mon Dieu! je voudrais qu'il y eût beaucoup, beaucoup de gens très riches en France, afin qu'on pût payer plus vite les Prussiens et les voir s'en retourner enfin chez eux.

— Patience, enfant, dit gravement Marcel, tout cela se fera, et les étrangers partiront. Mais ce que nous disons là sur la façon dont l'impôt est réglé de notre temps ne te rappelle-t-il rien sur l'histoire du passé?

— Oh! si, mon père, cela me rappelle les récits de M. Stephen Zurog sur la Révolution. A cette époque, c'était tout le contraire d'à présent. Les riches ne payaient point d'impôts, les pauvres gens seuls en payaient; et je comprends leur désespoir : j'étais si triste tout à l'heure à l'idée que nous, qui ne savons même pas comment nous allons faire pour vivre tous les six, nous aurions une si grosse somme à trouver pour les Prussiens!

XXIX. — Les contributions directes et indirectes.

La patrie, pour faire les grandes choses dont elle est chargée, a besoin tout ensemble des sous du pauvre et de l'or du riche.

Tout en causant, on avait achevé la première étape. Nos voyageurs, pour se reposer, s'assirent dans un vallon à l'ombre des sapins. A leurs pieds coulait un ruisseau d'eau transparente, avec un petit bruit joyeux qui faisait plaisir à entendre.

On atteignit le pain de munition que l'on avait dans le sac, ainsi qu'un morceau de fromage, et l'on se mit à manger le tout à belles dents.

De temps en temps, on se penchait pour puiser à boire au ruisseau, et Marcel disait en emplissant sa gourde :

— Voilà un vin qui ne nous ruinera pas et sur lequel nous n'aurons pas d'impôt à payer.

— Père, répondit en riant Louis, comment donc paye-t-on l'impôt?

Payement des contributions directes chez le percepteur. — Le *percepteur* verse ensuite les sommes qu'il a perçues entre les mains du *receveur*.

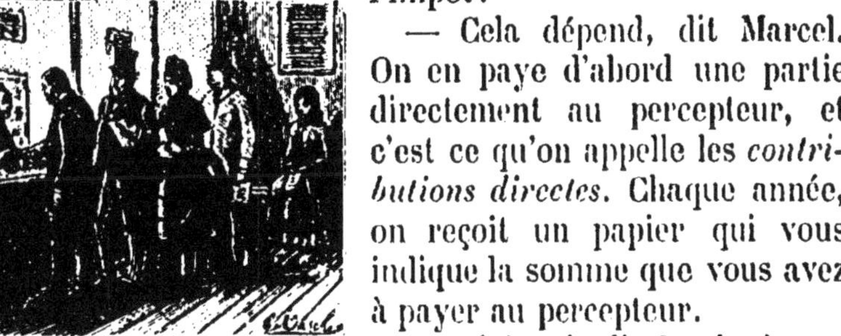

— Cela dépend, dit Marcel. On en paye d'abord une partie directement au percepteur, et c'est ce qu'on appelle les *contributions directes*. Chaque année, on reçoit un papier qui vous indique la somme que vous avez à payer au percepteur.

— Oh! oui, dit Louis, je me rappelle le papier d'avertissement que reçut un jour devant nous ma grand'mère. En voyant ce papier, elle me dit : « Prends garde de le perdre »; et j'allai vite lui chercher ses lunettes, afin qu'elle vît exactement par ses yeux la somme que nous avions à payer.

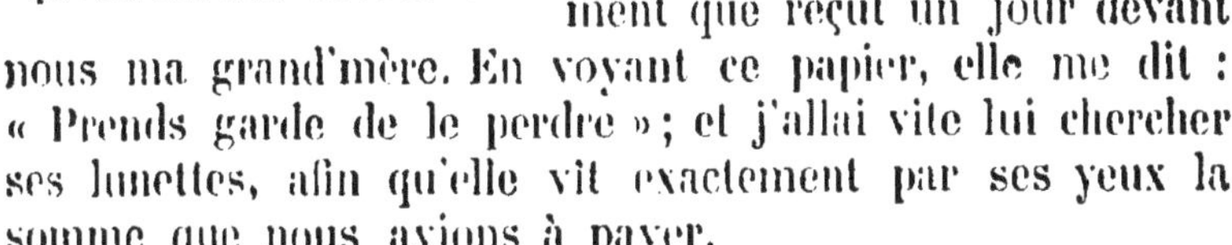

— Eh bien, reprit Marcel, il y a cinq sortes de contributions directes. C'est d'abord la *contribution personnelle*, qui est payée également par tous les Français. Elle est égale à trois journées de travail.

— Alors, dit Louis, je vois que tous les Français travaillent au moins trois jours pour la patrie.

— Oui, mon enfant. Il y a en second lieu la *contribution mobilière*, qu'on paye pour la maison ou l'appartement qu'on habite. Elle a pour base le prix du loyer. Ta grand'-mère, qui a un loyer de cent francs, paye cent fois moins que si elle avait un loyer de dix mille francs, et c'est justice, n'est-ce pas?

CONTRIBUTION MOBILIÈRE. — Un appartement avec son mobilier.

— Je crois bien, que c'est juste! fit le jeune Louis, car il commençait à se préoccuper beaucoup des questions d'argent, à présent qu'il songeait à aider le père pour nourrir toute la petite famille.

Marcel reprit :

— En troisième lieu, il y a la *contribution des portes et fenêtres*, qu'on paye pour les portes et fenêtres des habitations; dans certains pays, elle regarde les locataires; chez nous, c'est notre propriétaire qui la paye.

CONTRIBUTION DES PORTES ET FENÊTRES. — Relevé des portes et fenêtres par l'employé des contributions directes.

— Alors, cela ne nous regardera pas, ajouta Louis.

— Quatrièmement, dit Marcel, il y a la *contribution des patentes*.

— Qu'est-ce que cela veut dire, père?

— Eh bien, suppose que tu veuilles plus tard ouvrir un commerce de draperie dans notre maison, tu serais forcé de payer pour cela une patente de commerçant. De même un tailleur, un chapelier, un médecin, un avocat payent une patente. La patente est proportionnée à la quantité probable d'affaires qu'on fait. Un petit épicier qui n'a qu'une petite boutique paye une petite patente. Un gros épicier qui a beaucoup de commis et une grande boutique paye une grosse patente, et ainsi de suite.

CONTRIBUTION DES PATENTES. Un commerce de draperie.

— Et la cinquième contribution, père?

— C'est la *contribution foncière*, dit Marcel. Celle-là frappe les terres que l'on possède, bâties ou non, les champs, les prairies; elle est encore proportionnée à la valeur des terres. Un terrain fertile, rapportant beaucoup de blé ou de fruits, paye bien plus qu'une lande où l'on fait paître les bêtes. Les bâtiments d'une petite ferme ne payent pas comme les grands bâtiments d'une usine; et ainsi pour toutes choses.

CONTRIBUTION FONCIÈRE. — L'opération du *cadastre* a pour but d'établir *l'étendue* des propriétés foncières et ce qu'elles *rapportent* chaque année.

CONTRIBUTION FONCIÈRE. — La ferme.

CONTRIBUTION FONCIÈRE. — L'usine.

— Tout cela me paraît très bien arrangé, dit Louis, et je suis tout étonné de comprendre les contributions directes. Mais, père, est-ce là tout ce qu'on paye à l'État?

— Non, il y a encore les *contributions indirectes*.

— Qu'est-ce que c'est donc?

— Je vais te le dire. Ce sont celles qu'on paye indirectement et sans même y songer.

Le sergent atteignit sa petite boîte d'allumettes :

— Regarde, Louis, quand j'ai acheté tout à l'heure cette

boîte, j'ai payé indirectement à l'État quelques centimes d'impôt.

— Comment cela? dit Louis avec surprise.

Marcel répondit :

— On a établi récemment un impôt sur les allumettes, pour augmenter les ressources nécessaires au payement des Prussiens. Le marchand, ayant payé l'impôt à l'État, vend ses allumettes un peu plus cher : il se fait ainsi rembourser par l'acheteur ce qu'il a lui-même payé à l'État. Si je puis me passer d'allumettes, ou si j'en dépense peu, je payerai peu d'impôt là-dessus à l'État : cela regarde mon économie.

— Alors, dit Louis, je vois qu'en ce moment, à chaque fois que je brûle une allumette, je paye quelque chose pour les Prussiens! Je ne m'en doutais pas.

— Il y a aussi, dit Marcel, un impôt sur le tabac; moi, je ne fume pas, je m'épargne ainsi cet impôt. L'alcool est frappé d'une contribution élevée : je ne bois pas d'eau-de-vie, je ne payerai donc pas l'impôt sur l'alcool. Les hommes qui, au contraire, s'enivrent avec l'eau-de-vie ou l'absinthe, payent volontairement un fort impôt sur les boissons.

CONTRIBUTIONS INDIRECTES. — Visite de la *cave d'un marchand de vin* par l'employé des contributions indirectes, qui *pèse* les alcools et les vins.

Louis avalait en ce moment même un dernier verre d'eau.

— Vous avez raison, père, dit-il, notre boisson d'aujourd'hui ne nous fera rien payer en fait de contributions, ni directes ni indirectes!

— Mais le pain que nous avons mangé? demanda Marcel.

— Dame! dit Louis, pour avoir le droit de faire cuire le pain, le boulanger a dû payer sa petite patente, n'est-ce pas?

— Oui, dit Marcel; sans compter qu'il a payé l'impôt sur le sel contenu dans le pain. Un tout petit grain d'impôt pour les petits grains de sel!

XXX. — La fraude et la contrebande. — La douane.

Le fraudeur et le contrebandier sont des voleurs : au lieu de voler telle ou telle personne, ils volent tout le monde; voilà la seule différence.

Au moment où nos voyageurs finissaient leur dîner frugal, un homme d'assez mauvaise mine s'approcha d'eux et offrit de vendre du tabac à Marcel.

— Je ne fume pas, dit Marcel.

L'homme chercha alors à engager la conversation.

— Les temps sont durs, disait-il, les impôts sont lourds; les pauvres soldats ont bien souffert à la guerre, on les a laissés manquer de bien des choses; ils ont besoin de dédommagements.

Marcel l'écoutait d'un air froid, sans rien dire.

Tout d'un coup, l'homme tira de dessous son vêtement des boîtes contenant des cigares de luxe.

— Tenez, dit-il à Marcel, voulez-vous gagner quelque chose sans vous donner de peine? Dans un quart d'heure, vous arriverez à la douane, que vous n'avez pas encore passée, car, dans ce département-ci, la douane n'est pas à la frontière même. Achetez-moi ces cigares, remplissez-en vos poches. Vous êtes sergent, vous rentrez au pays, les douaniers ne se défieront pas de vous. Le petit homme que voilà en prendra sa part. Vous revendrez ces cigares trois fois plus cher que vous n'allez me les payer, à une maison d'Annecy dont je vais vous donner l'adresse.

Marcel brusquement releva la tête, et montrant la croix avec les médailles qui ornaient sa poitrine :

— Quoi! dit-il avec indignation, malgré tout cela, vous ne me croyez donc pas un *homme d'honneur*? Vous me jugez capable de voler avec vous mon pays! Vos propositions sont une insulte, et vous mériteriez une bonne correction...

En entendant ces vives paroles, l'homme effrayé, tête basse, tourne aussitôt les talons et disparaît au détour du chemin.

En face de cette fuite rapide, le jeune Louis ne put s'empêcher de rire et, se tournant vers son père :

— C'est donc bien mal, père, de faire la fraude?

— C'est désobéir à la loi, mon enfant, et tout bon citoyen

respecte la loi! C'est tromper, et un honnête homme ne trompe pas. C'est enfin voler l'État, et voler l'État, c'est prendre dans la poche de tout le monde.

LA DOUANE. — Les *postes de douane* sont les endroits des frontières et des côtes où l'on paye des *droits* pour les marchandises qui entrent sur le territoire français ou qui en sortent.

Au moment où Marcel achevait ces paroles, on arriva auprès de la douane. Les douaniers en uniforme, avec leur houppelande bleue, étaient au poste. Des voitures chargées de marchandises stationnaient devant la porte, et on les visitait avec soin. Un troupeau de bœufs attendait aussi, et un douanier comptait les têtes de bétail. D'autres, le fusil au bras, se préparaient à conduire vers la maison d'arrêt d'Annecy un contrebandier qui avait voulu leur faire résistance.

LE CONTREBANDIER. — La *contrebande* est l'introduction secrète de marchandises étrangères, sans payer les droits d'entrée.

— Tu vois, dit Marcel à Louis, un jour ou l'autre, la même chose arrivera à l'homme qui nous parlait tout à l'heure. Quand les fraudeurs sont pris, la loi leur fait payer cher ce qu'ils ont voulu gagner. Leurs marchandises sont confisquées, une forte amende leur est imposée, et, s'ils sont pris les armes à la main, ils sont traînés devant les tribunaux, car la contrebande à main armée est un crime.

A l'instant où Marcel et Louis passaient devant les bureaux, un employé demanda au sergent s'il n'avait rien sur lui qui fût sujet aux droits.

— Non, répondit Marcel de sa voix sincère.

Ils passèrent librement, et Louis était heureux de penser que ce qu'ils venaient de dire était la pure vérité. Dans sa jeune tête, il comparait ceux qui tâchent de s'épargner leur part légitime d'impôt à de lâches soldats qui, au moment du combat, s'efforcent de se mettre à l'abri sans se soucier ni de leurs camarades engagés au feu, ni de la patrie qui a besoin des efforts de tous. Le service militaire, c'est l'impôt du sang ; les contributions à payer, c'est l'impôt de l'argent. Ce dernier est moins dangereux à acquitter ; c'est une raison pour qu'il soit encore plus obligatoire.

XXXI. — La chanson de la mère. — Rôle des mères dans la patrie.

Les mères, enfants, savez-vous,
Font l'avenir de la patrie.

Après un assez long voyage en chemin de fer, nos voyageurs étaient arrivés à la gare de Bordeaux.

UNE GARE DE BORDEAUX. — Bordeaux (255000 hab.) est la quatrième ville de France. Elle a un magnifique port sur la Garonne et plusieurs gares de chemin de fer.

Ils se rendirent ensuite, en quelques heures, au bourg où s'était retirée la grand'mère.

Il était environ quatre heures du soir lorsqu'ils aperçurent de loin le clocher.

— Oh ! père, quelle bonne surprise nous allons faire à tous ! s'écria le jeune Louis.

On hâta le pas et on prit les raccourcis, pour arriver plus vite sans être vus.

Enfin, à l'entrée d'un bois de pins qui s'étend près du bourg, Louis aperçut le haut d'un toit, puis un léger nuage bleuâtre flottant au-dessus.

FLEURS RUSTIQUES : giroflées ou ravenelles, œillets, gueules-de-lion.

— Père, voyez donc, il y a de la fumée. Grand'mère doit être devant le feu. Oh ! comme elle va être contente !

Et l'enfant fit lui-même un saut de joie.

Bientôt la maisonnette apparut tout entière. C'était un simple rez-de-chaussée surmonté d'un grenier ; mais sur les murs lézardés une jolie vigne courait tout à l'entour, et les premiers bourgeons verts qui commençaient à se montrer réjouissaient la muraille. Des ravenelles d'or, des gueules-de-lion, des œillets fleurissaient devant la maison, le jardin était planté de légumes et les haies d'églantiers qui l'entouraient étaient toutes blanches de fleurs.

ÉGLANTIER.

A quelques pas de la porte, et tournant le dos au chemin, une fillette de treize ans était assise. Elle tenait sa jeune sœur sur ses genoux, une petite fille de deux ans à peine, et doucement elle chantait pour l'endormir.

— C'est Lucie, dit le père à voix basse, elle ne nous a pas entendus; chut ! ne bougeons pas.

Pendant ce temps, la petite voix chantait, et Louis reconnut la berceuse que sa mère avait jadis chantée si souvent.

LE CHANT DE LA MÈRE

Vous qui n'avez pas de soucis,
Endormez-vous, petite fille ;
Fermez en paix votre œil qui brille :
Je vous berce et je vous souris ;
Aux jours lointains je réfléchis...
Endormez-vous, petite fille.

Peut-être, enfant, un jour viendra
Où, comme moi, vous serez mère :
Sur vos bras une tête chère,
Fardeau sacré, reposera.
Le long souci pour vous naîtra...
Peut-être un jour vous serez mère !

Les mères, enfants, savez-vous,
Font l'avenir de la patrie.
Elles ont la tâche hardie
De rendre vos cœurs forts et doux;
Vous qui dormez sur leurs genoux,
Demain vous serez la patrie !...

Donne à ma fille, ô Dieu puissant,
Une âme fière et si vaillante
Que, près d'elle, chacun se sente
Plus près de toi, meilleur, plus grand!
Qu'on aille au bien en la suivant!
Dieu, bénis ma fille innocente.

A la France, ô Dieu d'équité,
Donne la paix dans la puissance.
Elle a mis haut son espérance :
Pour le droit, pour la vérité
La France a souffert, a lutté!...
Dieu des justes, soutiens la France!...

Louis se pencha vers son père et, à demi-voix :

— Elle ressemble à une vraie petite mère, ma bonne sœur Lucie!

Et de fait, l'enfant était touchante à regarder dans cette attitude maternelle. Elle souriait à demi à la petite fille qui s'endormait, et il y avait dans ses yeux bruns quelque chose de doux, de lumineux, qui attendrissait et charmait tout ensemble.

Marcel, en regardant le visage de sa fille, se sentait comme réconforté.

Pendant ce temps, la petite voix douce avait repris les derniers couplets de la berceuse; et à cette voix d'enfant aux notes cristallines, une voix plus grave, tremblante, voilée par les années, mais belle encore, était venue se mêler. Du coin du feu, la grand'mère faisait sa partie avec sa petite-fille. A peine eurent-elles fini de dire les derniers vers que, derrière la haie, Marcel et son fils reprirent en écho :

Pour le droit, pour la liberté
La France a souffert, a lutté :
Dieu des justes, soutiens la France!

Lucie brusquement releva la tête; de son côté la bonne grand'mère, qui avait reconnu ses chers enfants, poussa un cri de joie.

Au moment où nos voyageurs s'élançaient vers elle, ils se sentirent tirés tous les deux par derrière. Se retournant, ils aperçurent la tête blonde d'un petit garçon qui s'écriait :

— Lucie! voilà notre père, voilà Louis qui arrivent! Ils étaient cachés derrière la haie.

C'était le petit Robert qui revenait de l'école. A l'uniforme, il avait reconnu son père et son grand frère, qui ne pouvaient plus tarder beaucoup à revenir, car sa grand'mère l'avait dit le matin même.

Cette chère grand'mère, elle était près de la cheminée, ainsi que l'avait deviné Louis. Son fauteuil fut vite entouré ! On pleurait, on riait tout en s'embrassant, tristes au souvenir des misères passées, joyeux à la pensée de ne plus se quitter. La maison de la famille est si douce à qui revient de l'exil !

XXXII. — Le fils doit suivre les bons exemples du père.

Le meilleur héritage qu'un père puisse transmettre à ses enfants, c'est un nom honoré.

Quelques heures après, toute la famille était assise autour de la table pour souper. La bonne grand'mère, dont les jambes étaient parfois presque paralysées par les rhumatismes, n'avait point quitté ce jour-là son large fauteuil à roulettes. Mais il suffisait de pousser doucement le fauteuil : elle se trouvait transportée ainsi soit à table pour les repas, soit au seuil de la porte pour se réchauffer au soleil, soit à la fenêtre pour y voir clair en travaillant.

Car elle travaillait encore, la bonne mère Marcel, et même merveilleusement bien. — Si mes jambes sont engourdies par moment, disait-elle, mes bras et mes doigts ne le sont pas, ma vue non plus, grâce à Dieu ! Tant que cela durera, je ne serai pas à plaindre. Ici-bas, mes enfants, ce qu'il y a de meilleur, c'est le travail, c'est l'activité !

LE TRAVAIL DE LA PASSEMENTERIE consiste à faire des galons, glands, houppes, franges, cordonnets et autres ornements pour habits, meubles, rideaux.

Et la grand'mère, en effet, ne perdait pas une minute. Elle faisait des ouvrages de passementerie : des glands ornés de perles, des houppes de laine ou de soie, des embrasses de rideaux brodés. Elle gagnait souvent ainsi ses vingt à trente sous par jour, en dépit des années.

Ce soir-là, elle semblait toute rajeunie par le bonheur. Du haut de son grand fauteuil elle présidait le repas ; et c'était plaisir de voir ses mains ridées, mais si alertes, distribuer dans les assiettes de ses enfants la soupe aux pommes de terre et les tranches de lard qu'on avait ajoutées pour fêter les arrivants.

Parfois, ses yeux devenaient humides en s'arrêtant sur le bras mutilé de son cher fils, et en voyant Marcel obligé de recourir à Louis pour trancher sa viande; mais aussitôt elle dissimulait son émotion sous un sourire, et les soupirs qui lui échappaient ressemblaient tous à des soupirs de bonheur.

Le petit Robert, lui, ouvrait de grands yeux : cela l'étonnait beaucoup de voir son frère aîné Louis couper les morceaux de viande au père comme à un enfant. Robert n'allait pas tarder, sans doute, à faire quelque question inopportune sur l'infirmité paternelle, lorsque la grand'mère, qui devinait l'enfant, alla au-devant de ses questions.

— Robert, dit-elle, sais-tu ce que veulent dire les médailles et la croix qui sont attachées sur la poitrine de ton père?

L'enfant, aussitôt, porta les yeux avec admiration sur toutes ces choses brillantes qui lui paraissaient très belles; mais, comme il ne trouvait pas de réponse, il se tourna vers sa sœur Lucie, attendant qu'elle lui soufflât quelque chose.

— Réponds pour lui, ma bonne fille, dit la grand'mère.

La fillette était un peu embarrassée; mais son bon petit cœur, d'instinct, la tira d'affaire.

— Oh! dit-elle avec vivacité, cela veut dire, Robert, que nous devons être bien fiers d'avoir un père comme le nôtre. Son sang a coulé souvent pour la France, pour la patrie, ajouta-t-elle d'une voix plus attendrie, plus douce. Vois-tu, mon petit Robert, tout dernièrement encore il a perdu son bras droit sur le champ de bataille, il a failli mourir de ses blessures et, comme sa belle conduite faisait honneur au régiment, son nom a été mis à l'ordre du jour; et ce n'était pas la première fois. Comme il avait déjà reçu la médaille militaire et d'autres médailles en souvenir de ses campagnes, on y a ajouté la *croix d'honneur*.

Les yeux de Robert brillaient en entendant tout cela; la bonne grand'mère ajouta :

— Quand Robert sera grand, il tâchera d'être aussi brave que son père; en attendant, il faut qu'il aille le remercier de donner en héritage à ses enfants le nom d'un brave, le nom d'un chevalier de la Légion d'honneur!

L'enfant n'avait pas attendu la fin pour sauter au cou de

son père; Lucie avait pris la petite Mariette et présentait au père le gai sourire de son dernier-né; Louis entourait le sergent de ses bras émus, et tous les quatre, unis sur le cœur paternel, s'écriaient :

— Merci! père, nous sommes fiers de porter ton nom, nous tâcherons d'être dignes de toi!

XXXIII. — La petite mère de famille. — L'ordre et le soin.

Le dévouement peut trouver place dans la vie de chaque jour : il s'assied souvent sans bruit à notre foyer, sous les traits d'une mère, d'une fille, d'une sœur.

Louis trouva son lit fait dans un petit cabinet attenant à la cuisine. Le lendemain matin, vers six heures, il ouvrit les yeux, car il avait des habitudes matinales. A travers la porte vitrée du cabinet, il aperçut Lucie qui entrait avec précaution dans la cuisine. Elle venait de la chambre de sa grand'mère, où elle avait dormi ainsi que les autres enfants.

LE FEU BIEN PRÉPARÉ. — C'est un art de faire le feu: il faut que l'air circule facilement sous le bois.

Lucie tenait ses sabots à la main, pour n'éveiller personne. Avec une adresse merveilleuse, elle se mit à préparer le déjeuner sans faire le plus léger bruit. Mais, à travers les rideaux de mousseline qui tombaient sur la vitre, Louis voyait sa sœur sans qu'elle le vît, et il ne perdait pas un seul de ses mouvements. Il put admirer comme elle savait déjà faire les choses avec méthode et intelligence.

Il s'aperçut ainsi que, dès la veille, elle avait songé à tout préparer pour faire vite et bien. Elle avait si grand soin, le soir, de ranger toutes ses petites affaires, que du premier coup d'œil elle les trouvait sous sa main : grâce à cette bonne habitude, jamais elle ne perdait à chercher les choses un temps précieux. Elle avait dans un coin un petit paquet de brindilles taillées à l'avance, et aussi une poignée de copeaux; elle arrangea si habilement son menu bois et ses copeaux sous les tisons de la veille, en ménageant de l'air, qu'avec une allumette le feu brilla aussitôt et une belle flamme égaya la chambre.

La marmite était bien posée, quoique assez basse, afin de chauffer plus vite; aussi elle ne tarda pas à chanter doucement, faisant plus de bruit que la discrète petite ménagère, qui, pendant ce temps, préparait le pain dans les écuelles de faïence.

— Comme elle travaille bien, ma petite sœur! pensa tout seul Louis. Je vais me lever vite, moi aussi.

Bientôt il entendit deux voix d'enfants, qui partaient de la chambre du fond :

— Lucie, Lucie!

C'étaient la petite Mariette et Robert qui, réveillés par leur grand'mère, appelaient leur sœur pour qu'elle les aidât à s'habiller, comme le faisait jadis leur mère.

Ce fut vite fait, car à peine Louis était-il habillé lui-même qu'il vit Lucie revenir avec les deux enfants s'asseoir devant la table.

Tout en servant dans les assiettes la soupe fumante, elle s'efforçait de graver leurs devoirs dans l'esprit des deux enfants :

— Oui, nous allons faire une bonne journée, disait-elle à demi-voix, nous irons sauter au cou de notre père, dès qu'il rentrera, n'est-ce pas?... Notre frère va bientôt venir; j'entends du bruit dans le cabinet... Quel bonheur d'avoir enfin notre père et notre frère auprès de nous!... Puis, comme nous travaillerons bien!

Et, tandis que Robert mangeait de grand appétit, Lucie avait pris sur ses genoux la petite Mariette, et doucement, patiemment, par menues bouchées, elle lui faisait manger la bonne soupe au lait.

C'était plaisir de la voir souriante en face de l'enfant. Elle était bien un peu fluette, un peu petite pour son âge, comme elle le disait parfois en se désolant; mais, en revanche, sur sa physionomie expressive on lisait qu'elle avait un esprit vif pour apprendre et un cœur courageux pour exécuter ce qu'elle avait compris. Et avec cela patiente, persévérante, facile à contenter, bonne avec tous! On ne pouvait s'empêcher, en la regardant, de se dire qu'elle était bien nommée : Lucie, d'un nom qui rappelle la lumière! Elle avait, en effet, la gaieté d'un vif rayon de soleil; son bon petit cœur en avait la chaleur saine et forte, et elle communiquait cette chaleur aux deux orphelins ainsi qu'à sa vieille grand'mère. En un mot, c'était une vraie fille de France, active, joyeuse et vaillante.

L'ALIMENTATION DES ENFANTS. — On doit faire manger les enfants à des *heures régulières*, ordinairement quatre repas par jour. Leur donner surtout des aliments où entre le lait; des bouillies très cuites, des œufs. Ne pas leur donner de vin trop tôt et ne leur en donner qu'avec beaucoup d'eau.

Louis, en la regardant, se sentait ému.

— Elle est tout le portrait de notre mère! songeait-il.

Et, ouvrant doucement la porte vitrée, il vint embrasser sa sœur et les autres enfants.

— Bonne Lucie, lui dit-il, comme tu t'occupes bien! Tu es devenue sage et soigneuse comme une grande personne. Je te regardais, sais-tu, à travers la vitre, et il me semblait voir notre mère en te regardant. Quand nous étions petits comme ces deux enfants, elle avait pour nous les mêmes soins que tu as pour Robert et pour Mariette.

Les yeux de Lucie brillèrent d'une joie pure :

— Alors, dit-elle, tu penses que l'âme de notre chère mère doit être contente de sa fille?

— Oh! oui, Lucie; et je veux qu'elle soit aussi contente de moi. Vois-tu, nous allons être deux, maintenant, à nous occuper de Mariette et de Robert, de notre grand'mère et de notre père; tu me rappelleras tout ce que j'oublierai.

— Nous nous aiderons tous deux, dit Lucie avec gaieté. Je ne suis pas plus sage que toi, puisque j'ai le même âge : nous sommes jumeaux, tu sais bien; il faut que nous devenions aussi raisonnables l'un que l'autre.

XXXIV. — Les causeries avec l'instituteur. — Une surprise faite à Marcel.

Une bonne instruction est un trésor, « celui qu'on emporte partout avec soi », comme disait un sage de l'antiquité. Montrons-nous donc reconnaissants envers l'homme qui nous donne ce trésor, envers notre maître.

Marcel, une fois installé, se mit à la préparation de ses examens.

Le petit Robert, en voyant son père travailler comme un écolier, ouvrait des yeux curieux; mais Lucie lui avait dit tout bas d'être sage et de se taire. Toutefois, pour faire comme son père, il voulut s'essayer, lui aussi, à écrire de la main gauche. N'ayant réussi qu'à faire une grosse tache d'encre sur sa page d'écriture, il en conclut sagement que c'était trop difficile.

Louis travaillait courageusement avec son père, auquel il devait plus tard servir d'aide quand Marcel aurait obtenu un bureau de poste.

L'instituteur du bourg, qui avait pour Marcel et Louis une grande estime, leur prêta des livres, leur donna des conseils et des leçons. Souvent, après le souper, il venait passer une heure chez la famille de Marcel. Ce dernier lui faisait alors les honneurs de sa maison. On roulait le fauteuil de la grand'mère, qui travaillait avec Lucie tout en se mêlant à l'entretien. Marcel racontait ses campagnes, surtout celle de la dernière guerre, et, après ses récits de bataille, il aimait à répéter :

— Monsieur l'instituteur, nous sommes soldats tous les deux, tous les deux nous servons la patrie, avec des armes différentes : vous êtes le soldat de la paix, mais, pour la grandeur d'un pays et même pour sa défense, le livre vaut le fusil.

Marcel racontait encore son passage en Suisse, ses conversations avec Stephen Zurog, son séjour à Berne.

— Moi aussi, disait-il, j'ai fait l'école aux jeunes soldats de mon régiment. Je suis bien moins savant que vous, monsieur l'instituteur, mais je pouvais encore enseigner bien des choses à ces braves recrues, et j'en étais fier.

Puis la conversation s'engageait sur toute sorte de questions intéressantes et instructives. Le petit Robert, quoique bien jeune, ne perdait pas un mot de ce qu'il entendait, pas plus que Louis et Lucie. Tous apprenaient ainsi bien des choses. Aussi, à l'école, Robert savait souvent répondre lorsque toute la classe restait muette.

A quelque temps de là, un employé du chemin de fer arriva dans le bureau de Marcel, avec une caisse venant de Paris.

— C'est à votre adresse, dit-il.

— Qu'est-ce que cela peut être? pensait Marcel.

Mariette regardait d'un œil curieux. Lucie et Louis étaient étonnés.

— Allons, enfants, ouvrez cette caisse, dit la grand'mère.

Louis prit un marteau, enleva les pointes, souleva le couvercle. Lucie tira de la boîte un paquet bien enveloppé, sur lequel on lisait :

Offert au sergent Marcel par ses anciens camarades et élèves de l'école régimentaire.

Une fois le papier déployé, on aperçut, avec une nouvelle surprise, un bras mécanique ayant la grandeur du bras que Marcel avait perdu.

Marcel se souvint alors des mesures que le lieutenant avait prises la dernière fois qu'il l'avait vu.

— Le lieutenant doit être encore l'auteur de ce présent, dit-il avec un sentiment de reconnaissance.

LE BRAS MÉCANIQUE.

Et, en effet, le courrier suivant apporta une lettre du lieutenant Aubry.

« Marcel, disait le lieutenant, êtes-vous toujours l'homme persévérant que je connais? Vous avez appris à vous servir de votre main gauche, revenons maintenant à la droite... Je vous envoie, au nom de vos anciens élèves, une main et un bras dont il faut faire l'éducation... Oui, un bras mécanique!

» Je vous assure, Marcel, qu'il vous sera possible d'user

de ce délicat mécanisme; pour vous en convaincre, lisez l'instruction détaillée qui accompagne mon envoi.

» Un officier de mes amis, qui comme vous a perdu un bras à la guerre de 1870, se sert à merveille d'un bras pareil à celui-ci. J'en ai vu aussi plus d'un à l'hôtel des Invalides. »

L'Hôtel des Invalides. — Il a été créé par Louvois, sous Louis XIV. Les soldats vieux ou infirmes y sont entretenus aux frais de l'État.

Marcel n'en pouvait croire ses yeux.

— Quoi! pensait-il, il dépend de moi de remplacer le bras que j'ai perdu! Ah! quel service m'aura rendu le lieutenant!

Il lut attentivement l'instruction, puis, avec l'aide de Lucie et de Louis, adapta le mécanisme à son bras. Au bout d'un certain temps d'exercice, il pouvait déjà ouvrir et refermer la main, sans bien savoir encore diriger les doigts.

Quand Robert revint de l'école pour dîner, Marcel alla à sa rencontre; sans rien dire, il étendit vers lui le bras droit et le bras gauche. Robert, stupéfait, ouvrit de grands yeux en voyant que son père avait deux bras.

Le Jardin des Invalides.

— Eh bien! lui dit Marcel, qu'attends-tu? Tu ne donnes pas une poignée de main à ton père!

Robert tendit la main aussitôt, et Marcel réussit à la serrer un peu. Qui fut surpris et joyeux? ce fut Robert.

Après de patients exercices, Marcel apprit à mouvoir le pouce et l'index, à faire des mouvements plus compliqués. En combinant les deux mains, il arriva à exécuter de vrais petits tours de force.

— Le courage et la persévérance, disait-il, viennent à bout de choses qui semblaient d'abord impossibles.

XXXV. — La poste aux lettres.

Il est aussi facile et moins coûteux aujourd'hui d'envoyer une lettre au bout du monde qu'autrefois de Paris à Versailles. Une des marques du progrès, c'est de supprimer la distance entre les hommes.

Nous ne raconterons pas les examens que subit plus tard le sergent Marcel; disons seulement qu'il les subit avec honneur.

Le receveur du bureau de poste, qui avait plus de soixante ans, demandait avec instance sa retraite ; ce fut une bonne chance pour Marcel. Après un surnumérariat assez court, l'ancien sergent, en raison de ses titres tout exceptionnels, de sa croix et de ses médailles, eut la joie d'être nommé au bureau de poste du bourg qu'il habitait.

Louis et Lucie furent agréés par l'administration comme aides de leur père. Il ne restait plus qu'à faire le déménagement pour s'installer dans la maison de la poste.

Dès le lendemain Marcel, assis au bureau, vit avec surprise son mobilier qui arrivait devant sa maison nouvelle. Les meubles étaient sur une charrette traînée par Louis et par un voisin, Valentin le carrier, ami d'enfance du sergent. Valentin. qui possédait la petite charrette, avait proposé de faire cette surprise à son ami. Son fils Bernard s'était joint à Louis et à Lucie pour faire ce déménagement économique.

Le sergent, touché de cette attention, serra affectueusement la main de son vieux camarade Valentin.

La nouvelle demeure de Marcel n'était point un palais, tant s'en faut, et la commune se proposait même de la réparer ; mais, si on comparait cette demeure à l'ancienne, il y avait grand progrès. D'autre part, Marcel n'avait plus de logement à payer, ce qui était un notable allégement pour le ménage.

Bientôt chacun, dans la famille, fut au courant de ce qui concerne les postes et put au besoin se rendre utile. Fallait-il vendre des timbres-poste, affranchir des lettres ou paquets, des journaux ou imprimés, Louis et Lucie pouvaient aider leur père facilement, étant instruits, intelligents et attentifs.

AFFRANCHISSEMENT D'UN PAQUET.

— Je suis responsable devant l'administration des postes de tout ce que vous faites, leur avait dit leur père ; songez donc à ce qui arriverait si vous commettiez des erreurs, des indiscrétions ! J'ai prêté le serment de respecter en tout le secret des correspondances.

Louis apprit à *recommander* ou à *charger* une lettre, à rédiger un *mandat sur la poste* pour les personnes désireuses d'envoyer au loin quelque somme d'argent.

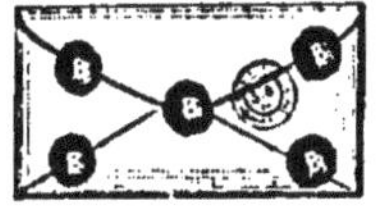

LETTRE CHARGÉE.

Le petit Robert lui-même apprenait bien des choses en regardant et en écoutant. Il devint plus fort en géographie que tous ses camarades d'école, car il s'intéressait aux destinations des lettres et, quand il entendait parler de quelque ville de France, il cherchait tout de suite à se rappeler le département.

MANDAT SUR LA POSTE.

Puis, quand il voyait des lettres qui venaient de l'étranger avec des timbres inconnus, c'étaient des questions sans fin que faisait

FRANCE.

ALLEMAGNE.

ANGLETERRE.

RUSSIE.

AUTRICHE.

ITALIE.

TIMBRES-POSTE.

Robert, soit à Louis, soit à Lucie. On lui répondait volontiers, car c'est une tâche des aînés que d'instruire les plus jeunes : le frère et la sœur rivalisaient de zèle à remplir cette tâche.

XXXVI.— Caisse d'épargne et Caisse des retraites.

Conseils de Franklin. — « Mettez chaque jour un ou deux sous de côté, et vous serez sûr d'avoir toujours de l'argent dans votre poche.

» Prenez garde aux menues dépenses. Une fente dans la cale d'un vaisseau fait une voie d'eau, et cette voie d'eau fait sombrer un navire.

» Un vice coûte plus cher à nourrir que deux enfants.

» Le débiteur s'expose à rougir devant son créancier. »

On vivait avec la plus grande économie dans la famille de Marcel, car on ne voulait ni emprunter, ni acheter à crédit.

— Une fois qu'on a commencé à faire des dettes, disait la bonne grand'mère, on n'arrive plus à se tirer d'affaire. Une dette est pire qu'un trou à un tonneau.

Lucie, qui était chargée des achats du ménage, se donnait donc bien de la peine pour dépenser le moins possible. On ne perdait pas un petit morceau de pain, et on faisait durer longtemps l'huile de la lampe.

Marcel avait à droite pour voisin le carrier Valentin, toute une famille également économe et laborieuse, dont l'aîné, Bernard, se lia vite d'amitié avec Louis. En face se trouvait une jolie maison, celle du docteur Rémy, ancien chirurgien-major de l'armée d'Afrique, homme excellent, bien connu dans le pays. Il avait tout de suite regardé avec attention Marcel, à cause de sa croix d'honneur et de son bras perdu, car le docteur avait un faible pour les vieux soldats. Il avait même donné à Marcel de bons conseils pour se servir de son bras mécanique.

Les temps qui suivirent la nomination de Marcel furent pénibles. A la fin du premier mois Marcel ne toucha rien, car l'État retient à ses fonctionnaires leur premier mois de traitement ou d'augmentation.

Robert n'en revenait pas de surprise :

— Pourquoi ne paye-t-on pas à notre père son premier mois? demandait-il à Lucie; nous avons si grand besoin d'argent en ce moment !

— Mais, Robert, répondit Lucie, c'est pour assurer à notre père une pension de retraite. On lui retiendra encore pour cela, tous les mois, cinq francs sur chaque cent francs d'appointements. Que deviendrait notre père, lorsqu'il sera vieux, si l'État ne lui faisait pas une pension? Ne sommes-nous pas, dès à présent, bien heureux qu'il touche deux cent cinquante francs par an comme membre de la Légion d'honneur?

— C'est vrai! dit Robert. Alors il aura plus tard une autre pension plus forte?

— Certainement. L'État fait des pensions de retraite à ses fonctionnaires et à ses soldats.

— Oh! dit Robert, les fonctionnaires sont bien plus heureux que les autres, puisqu'on leur fait une pension!

— Mais, Robert, répondit Lucie en souriant, on peut très bien, sans être fonctionnaire, s'assurer une pension pour ses vieux jours.

— Comment cela, Lucie?

— En versant un peu d'argent à la Caisse des retraites. As-tu remarqué, Robert, la grande affiche qu'on nous a envoyée récemment pour la coller dans le bureau de poste? Tiens, regarde-la.

Et Lucie, ouvrant la porte du bureau, montra dans le vestibule destiné au public une affiche blanche, qu'elle avait collée depuis quelques jours avec des pains à cacheter.

— Ah! dit Robert, c'est l'affiche que notre voisin, M. Valentin, a lue l'autre jour en revenant de sa carrière.

— Eh bien, Robert, dit Lucie, n'es-tu pas curieux, toi aussi, de savoir ce que contient cette affiche? Il faut la lire, et tu le sauras.

Robert lut à haute voix :

CAISSE NATIONALE DES RETRAITES POUR LA VIEILLESSE

Instruction pratique.

« La Caisse nationale des retraites a la même administration centrale que la Caisse d'épargne.

» Son but est de fournir aux travailleurs le moyen de s'assurer une retraite pour leurs vieux jours ou d'en assurer une aux personnes de leur famille.

» Supposons qu'un père de famille donne en une seule fois 100 francs, pour son fils âgé de trois ans; ce fils aura, à soixante ans, 158 francs de pension par an; s'il veut attendre soixante-cinq ans, il aura 267 francs de revenu.»

— Mais, Lucie, dit Robert, c'est beaucoup d'avoir 267 francs de rente, quand on n'a donné que cent francs une fois pour toutes!

— Continue de lire, dit Lucie.

Caisse nationale d'épargne et Caisse de retraite a Paris.

« Dans plusieurs communes, on donne en prix au meilleur écolier un livret de la Caisse des retraites. Si ce livret est de 50 francs, cet écolier aura, à 60 ans, une rente de 58 francs; s'il attend 65 ans, il aura une rente de près de 100 francs. »

— Voilà un fameux prix! s'écria Robert, et, quoique ce soit moins amusant qu'un livre à lire, je voudrais bien en gagner un comme celui-là.

— Lis encore l'affiche, dit Lucie.

« Si, à 18 ans, vous commencez d'épargner 10 centimes chaque jour (36 fr. 50 par an), pour les placer à une Caisse d'épargne, à trois et demi pour cent, vous y trouverez, à 60 ans révolus, une somme de 3120 francs, qui vous rapportera plus de 100 francs de rente par an. A la Caisse nationale, qui donne trois pour cent, vous aurez environ 2700 francs.

» Si vous abandonnez 30 francs par an à la Caisse des retraites, vous aurez, à 60 ans, une rente de 457 francs. »

— Eh bien, dit Lucie, c'est précisément cet article qui a intéressé le plus M. Valentin, à cause de son fils Bernard. « Il y a des gens, a-t-il dit, qui fument chaque jour dix ou quinze centimes de tabac; je veux que mon fils, lui, les économise et les donne à la Caisse des retraites; ne sera-t-il pas plus heureux d'être un petit rentier sur ses vieux jours, avec 457 francs de rente, que de voir son argent s'en aller en fumée dans les airs? »

Tandis que Robert et la sage petite Lucie causaient ainsi comme des personnes raisonnables devant l'affiche blanche du bureau, la grand'mère les écoutait avec plaisir, du fond de son fauteuil.

— M. Valentin a bien raison, dit-elle. Pour moi, si j'ai un regret, c'est que la Caisse des retraites n'existât point dans mon jeune temps. Je n'ai pu profiter que de la Caisse d'épargne. En ce moment même, mes enfants, nous sommes bien heureux que j'aie réussi à épargner autrefois quelques sous tous les jours, car nous vivons avec l'argent que j'avais placé à la Caisse d'épargne. J'ai dû le retirer en grande partie, mais, dès que votre père aura touché son traitement, je reporterai vite à la Caisse ce que nous y avons pris. Vous voyez comme toutes ces institutions de prévoyance, Caisses d'épargne et Caisse des retraites, sont utiles pour les travailleurs.

CAISSE D'ÉPARGNE DE PARIS — DIX-NEUVIÈME SÉRIE
LIVRET N° 52,155
Visé par l'Agent général — Visé par le Directeur
TITULAIRE DU LIVRET
Nom Mme Veuve Marcel
Prénom Alice

DATES	OPÉRATIONS	SOMMES

Livret de la Caisse d'épargne. — La Caisse d'épargne remet aux déposants un livret où sont inscrites les sommes versées. La *poste* reçoit aussi les dépôts. Enfin, on reçoit dans les *écoles* les dépôts des écoliers.

XXXVII. — Les assurances.

La prévoyance est comme une longue-vue qui permet d'apercevoir de loin ce que les autres ne voient pas.

Un soir, tout le monde était très occupé dans le bureau. Marcel plaçait dans un paquet spécial les lettres chargées; Lucie et Louis timbraient et classaient les lettres ordinaires, après avoir fait la levée de la boîte.

Levée de la boîte et timbrage des lettres.

Tout à coup, Lucie s'écria :

— Encore une lettre jetée à la boîte avec une adresse incomplète : *M. Tuillier, rue du Bois.* Où est cette *rue du Bois?* Est-ce à Paris ou à Marseille ? On a oublié le nom de la ville.

— Nous ne pourrons pas envoyer la lettre, dit Louis, et il faudra la mettre au rebut. Voilà déjà plusieurs fois que je trouve ainsi des lettres sans adresse; on dirait que c'est la même personne qui commet cette étourderie.

— Non, probablement, répondit Marcel; mais ces oublis-là sont réguliers dans les postes. On a calculé le nombre exact de lettres jetées ainsi aux boîtes sans adresse; c'est à peu près le même nombre chaque année.

— Moi, dit Lucie, j'avais déjà remarqué que tout est régulier dans notre besogne. Par semaine, nous avons à peu près un nombre égal de lettres à prendre dans la boîte et à timbrer.

— Eh bien, dit Marcel, qui venait d'achever son travail, presque tout ce qui se passe dans la société humaine et autour de nous offre ainsi une certaine régularité et donne prise au calcul : par exemple le nombre des naissances, des mariages, des morts, les accidents de toute sorte, depuis les tuiles reçues sur la tête jusqu'à la grêle, aux naufrages, aux incendies. Ainsi on a calculé que, sur dix mille maisons, il y en a presque toujours une d'incendiée par an. On calcule tout dans notre siècle, et c'est l'objet d'une science qui s'appelle la *statistique*.

— Mais pourquoi s'amuse-t-on à faire tous ces calculs? demanda Robert, qui jouait sans bruit dans un coin et qui avait écouté sans en avoir l'air.

— Ce n'est pas du tout pour s'amuser qu'on les fait, Robert, répondit Marcel; on en tire des applications très utiles. Tiens, lève le rideau de la fenêtre et regarde sur la porte d'en face. Ne vois-tu pas une plaque dorée avec une inscription?

— Oui, père, il y a dessus : *Assurances contre l'incendie*, avec deux mains qui se serrent.

LES ASSURANCES : I. MAISON INCENDIÉE. — Les incendies sont presque toujours l'effet de quelque *imprudence*. *L'incendie volontaire* est puni des peines les plus graves.

— Eh bien, Robert, cela veut dire que cette maison est assurée; si elle brûlait, on viendrait en aide au propriétaire et on lui rembourserait le prix de sa maison. Il y a ainsi des assurances non seulement contre l'incendie, mais contre la *grêle*, les *nau-*

frages, les *épidémies* du bétail, les *accidents* dans les usines, dans les mines et carrières, les *accidents en chemin de fer*, presque tous les sinistres et malheurs qui peuvent arriver aux hommes. Maintenant, petit Robert, devines-tu pourquoi il a été utile de calculer tout ce qui arrive? Vois, par exemple, combien il a été profitable de savoir que chaque année, en moyenne, une maison sur dix mille est incendiée. On a fait ce raisonnement : « Si dix mille propriétaires se réunissent pour donner chacun quelques francs par an, cela fera la valeur d'une maison. Si donc la maison de l'un d'entre eux vient à brûler, on aura assez d'argent pour lui en rembourser le prix. »

LES ASSURANCES : II. LA GRÊLE. — Les grêlons, qui pèsent parfois jusqu'à 200 gr., peuvent détruire les fruits de la terre.

LES ASSURANCES : III. LES ÉPIDÉMIES DU BÉTAIL. — Elles sont le plus souvent causées par la malpropreté et le manque de soin. Ensuite elles se propagent très vite par contagion si on ne prend pas de précautions pour isoler les animaux malades.

— Je comprends, dit Robert, et je suis bien content de savoir cela.

Puis il réfléchit un moment :

— Et la maison de la poste, que nous habitons, dit-il, est-elle assurée ?

— Oui, oui, dit Marcel en riant. La maison de la poste est assurée par l'administration.

— C'est égal, dit Robert, je ferai bien attention de ne pas mettre le feu et je ne jouerai pas avec les allumettes, car nous pourrions être brûlés, et il n'y aurait pas de remède.

— Certes, dit Marcel, aucune compagnie d'assurances ne pourrait nous ressusciter. Il y a seulement des *Assurances sur la vie* qui, en cas de mort, donnent une somme à la veuve et aux enfants. Un jour viendra où les institutions de prévoyance, telles que les Caisses d'épargne, les Caisses de retraites, les Assurances, seront devenues tellement nombreuses, qu'une foule de maux seront prévus et conjurés d'avance. Comme dit le proverbe : mieux vaut prévenir que guérir.

XXXVIII. — La carrière. — La présence d'esprit dans le danger.

Perdre la tête dans le danger, c'est souvent perdre la vie : le sang-froid est le commencement du salut.

Bernard, le fils de Valentin, allait souvent porter le déjeuner à son père, dans la carrière où il travaillait. Ce jeune garçon, d'un caractère très doux, aimait beaucoup la compagnie de Louis; en passant, il entr'ouvrait d'habitude la porte du bureau de poste pour crier d'une voix joyeuse :

— Louis, as-tu le temps de venir là-haut avec moi ?

Un matin, il faisait un clair soleil, et le sergent permit à Louis d'accompagner Bernard avec Robert et Mariette.

Comme on avait de bonnes jambes et une heure devant soi, les enfants décidèrent qu'on irait par la crête de la colline, pour voir à ses pieds la carrière et le creux profond du rocher. Louis et Robert regarderaient les carriers, pendant que Bernard descendrait le dîner à son père par un raccourci qu'il connaissait.

LA CARRIÈRE. — Il y a des carrières de pierre, de marbre, de plâtre, de sable, d'ardoises.

Louis prit la petite Mariette sur son bras, pour aller plus vite. On partit gaiement, sans se douter des tristes événements qui devaient achever la journée.

Bientôt on arriva au-dessus de la carrière : Robert et Mariette s'amusèrent à regarder, d'en haut, les ouvriers qui travaillaient bien au-dessous d'eux. Les deux enfants auraient même voulu s'approcher jusqu'au bord de la tranchée, pour mieux voir. Mais Louis, en frère aîné attentif, les ramena un peu en arrière, leur fixant comme limite un arbre au pied duquel il s'assit lui-même.

— Voyez-vous ce beau tilleul tout en fleurs ? leur dit-il. Ne le dépassons point; un seul pas nous ferait rouler jusqu'au fond.

On était là depuis un certain temps, et les enfants ne se lassaient pas de regarder.

En bas, des voitures étaient arrêtées, qu'on chargeait de pierres. Les fouets claquaient, les chevaux hennissaient, et par-dessus tous ces bruits retentissaient les coups de pic des ouvriers frappant le roc.

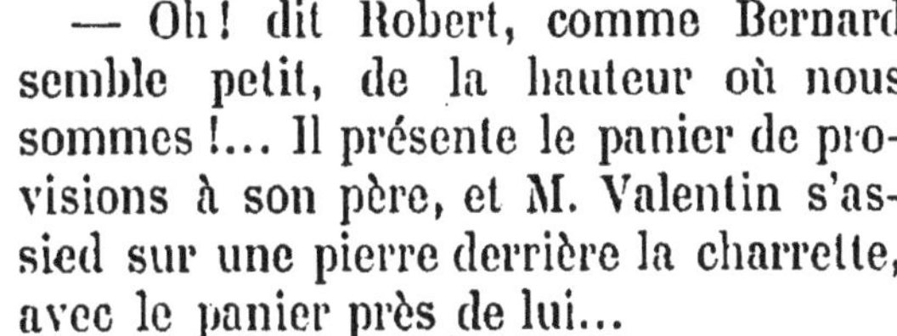

Le pic.

— Oh! dit Robert, comme Bernard semble petit, de la hauteur où nous sommes!... Il présente le panier de provisions à son père, et M. Valentin s'assied sur une pierre derrière la charrette, avec le panier près de lui...

Tout en disant cela, Robert faisait des signes à Bernard en l'appelant par son nom.

— Tiens, Louis, voici que Bernard lève la tête et nous voit!

La pioche.

Mais Louis avait cessé d'écouter le babil de l'enfant. Il sentait un léger tremblement du sol sous lui. Tout d'un coup un grondement sourd se fit entendre. Louis, instinctivement, se rappela le bruit du canon, qu'il avait si souvent entendu autrefois, et le choc des boulets s'enfonçant dans le sol des collines. Il sauta sur ses pieds, attira contre lui de la main gauche son petit frère et sa petite sœur, tandis que de ses deux jambes et de sa main droite il se cramponnait au tronc du tilleul. Avant même qu'il eût eu le temps de réfléchir, il fut étourdi par un grand fracas et aveuglé par un nuage de poussière. Tout un pan de la carrière venait de s'écrouler au-dessous des enfants, couvrant les ouvriers de ses débris.

Éboulement d'une carrière.

Heureusement, l'arbre auquel Louis s'était retenu avait de robustes racines. Le tilleul se pencha au-dessus du gouffre ouvert, oscilla un instant, puis resta immobile, tandis qu'à l'entour la terre et les pierres continuaient de s'écrouler en une avalanche sans fin.

Des cris d'épouvante inexprimable s'étaient fait entendre au début de l'éboulement. C'étaient les cris des ouvriers surpris par les pierres. Mais maintenant régnait un silence plus effrayant encore. Tous étaient ensevelis, écrasés peut-être, et on n'entendait plus que le roulement des dernières pierres qui bondissaient encore depuis le haut jusqu'au bas.

Robert et Mariette, sans savoir ce qu'ils faisaient, s'étaient accrochés aux habits de leur frère Louis. Mariette, trop petite pour comprendre, ouvrait de grands yeux épouvantés, et Robert poussait des cris. Mais Louis ne perdit pas sa présence d'esprit : — N'aie pas peur, dit-il, mon petit Robert ; tiens-toi bien à moi.

L'arbre se trouvait incliné au-dessus de l'abîme, et pouvait tomber d'un moment à l'autre. Louis, d'un grand effort, réussit à se rejeter en arrière, attirant avec lui son frère et sa sœur. Puis, tenant Mariette sur son bras et donnant la main à Robert, il parvint à escalader la pente de l'éboulis. Grâce à sa présence d'esprit et à son sang-froid, ils étaient maintenant tous les trois hors de danger.

XXXIX. — Louis improvise une ambulance. Soins aux blessés.

Dans les sinistres, aussi bien qu'à la guerre, il faut à la fois du courage, du sang-froid et de la réflexion.

Les enfants, le cœur serré par l'émotion, coururent aussitôt pour appeler à l'aide. Ils rencontrèrent des artisans, des paysans, le garde champêtre et un cantonnier :

— Venez, venez, disait Louis, toute la carrière s'est écroulée sur les ouvriers ; Bernard et son père sont sous les décombres. Il faut aller chercher le docteur Rémy.

— Le docteur n'est pas là, dit le cantonnier. Je l'ai rencontré qui se rendait à un village voisin, mais on l'enverra chercher à cheval.

Le maire n'était pas non plus au bourg, et on envoya quelqu'un le prévenir.

Bientôt ce furent de nouveaux cris de terreur et d'angoisse. Plusieurs femmes et enfants des ouvriers, qui étaient venus pour leur apporter des provisions, essayaient, en sanglotant, de soulever avec leurs mains les pierres qui cachaient leurs maris ou leurs pères.

LE GARDE CHAMPÊTRE, LE POMPIER, LE CANTONNIER doivent rendre tous les services nécessaires en cas de sinistre. — Le *garde champêtre* surveille les délits et dégâts dans la commune; il aide à l'arrestation des malfaiteurs. — Les *sapeurs-pompiers* sont spécialement chargés d'éteindre les incendies. — Le *cantonnier* entretient les routes; il secourt les voyageurs en cas d'accident.

L'alarme fut vite répandue. Des hommes accoururent et commencèrent à déblayer. Les uns enlevaient les pierres et la terre, d'autres les rejetaient ou les emportaient à mesure.

L'ancien enfant de troupe songea alors à tout ce qui allait manquer pour soigner les blessés, si on avait le bonheur de retirer des hommes vivants.

— Quand le médecin va arriver, pensa Louis, s'il n'a rien sous la main, que pourra-t-il faire? Une demi-heure de retard peut causer la mort d'un homme.

Et Louis, se rappelant les ambulances de l'armée, s'avança vers les femmes et les enfants :

— Si vous vouliez, leur dit-il, nous préparerions tout ce qu'il faudra pour les blessés, au lieu de nous désoler inutilement. Vous savez que le docteur est à un village voisin ; quoiqu'on soit allé le chercher à cheval, il n'est pas près d'arriver.

Montrant alors un bouquet d'arbres qui garantissait du soleil :

— Tenez, dit-il, si nous étions à l'armée, c'est ici qu'on installerait les blessés. Avez-vous des matelas pour les y étendre et pour les transporter plus doucement ?

— Mon Dieu, mon Dieu ! dit une des femmes ; je n'y pensais seulement pas ! Je vais aller chercher chez nous tout ce que nous avons.

— Il faudrait aussi des échelles, dit Louis. Quand on n'a pas de brancards à l'armée, on se sert d'échelles pour transporter les blessés.

On vit bientôt arriver Marcel, tout ému à la pensée de l'accident qui pouvait lui avoir enlevé ses enfants. Lucie était avec lui, ainsi que Mme Valentin.

Louis dit aussitôt à sa sœur :

— Va chercher du linge pour les pansements, Lucie. Tu sais bien la provision de charpie que notre grand' mère a faite en cas de besoin, et qui est dans le haut de l'armoire? Apporte-la vite, ce sera le plus tôt fait.

Louis employa aussi le petit Robert. Se souvenant que l'eau est absolument nécessaire au chirurgien pour laver les plaies avant de les panser, il lui dit :

— Cours à la fontaine qui est à l'entrée du bourg, et tu rapporteras de l'eau à l'avance pour le médecin.

— Cet enfant a raison, s'écria-t-on de tous côtés; il faut préparer ce qui est nécessaire.

Et chacun se mit en quête pour dresser à la hâte une petite ambulance sur le lieu même du sinistre.

Pendant que Louis occupait ainsi les bras demeurés inutiles, Marcel travaillait, comme tout le monde, au sauvetage des ouvriers. Plus que jamais il regrettait la perte de son bras droit. Néanmoins l'ancien sergent se rendait utile en donnant de sages conseils pour le déblaiement. A la guerre, il avait vu souvent creuser des retranchements, et il savait une foule de choses.

Après une demi-heure, pendant laquelle les hommes n'avaient pas repris haleine un seul instant, une tranchée commença à s'ouvrir dans le grand amas de décombres. Tout en continuant leur travail, les hommes se penchaient de temps en temps aux endroits indiqués par Louis, seul témoin du désastre, pour écouter s'ils n'entendraient point des appels ou des gémissements partis de dessous les pierres. Mais on ne distinguait toujours rien.

Enfin, au bout d'un nouveau quart d'heure d'angoisse, on commença à entendre de faibles cris.

— Ils vivent encore! cria l'un des cantonniers.

— Ils vivent, répéta Marcel de sa forte voix habituée au commandement.

Et à cette parole répondirent les cris de joie ou d'espérance des femmes et des enfants qui se trouvaient par derrière.

On ne tarda pas, en effet, à découvrir les corps de six premiers ouvriers, parmi lesquels on reconnut Valentin. Ils avaient été protégés, dans l'éboulement, par les voitures qu'ils étaient en train de charger de pierres, et derrière lesquelles ils s'étaient réfugiés comme sous un toit. Quoique blessés grièvement, ils respiraient encore.

Malheureusement, Bernard n'était pas retrouvé. En apercevant ses camarades au haut du rocher, il avait sans doute voulu retourner vers eux et s'était écarté de quelques mètres; il devait être un peu plus loin, sous le plus gros tas de décombres.

Soins aux blessés.

Marcel, avec son fils, s'était approché des blessés, auxquels chacun s'empressait de donner les premiers soins. Valentin avait une jambe fracturée et une large blessure à la tête, par laquelle il perdait trop de sang pour ne pas être en danger de mort. Mme Valentin, paralysée par l'émotion, ne faisait que se désoler. Louis proposa de laver la plaie et de tâcher immédiatement d'arrêter le sang, qui coulait abondamment.

— Oui, dit Marcel, il n'y a pas un instant à perdre. Laissez faire Louis : il m'a soigné autrefois et il te soignera de même, mon brave Valentin.

D'une main douce et ferme tout ensemble, Louis lava la blessure remplie de terre et de fragments de pierre collés aux cheveux.

A ce moment, Lucie arrivait, portant un gros paquet de charpie; Louis en prit un tampon, que Lucie imbiba d'eau; il l'appliqua sur les bords de la plaie, puis maintint le tout avec des compresses mouillées et des bandes de toile. En un clin d'œil, il eut posé ainsi une sorte de bandage analogue à celui qu'il avait vu faire souvent pour le bras de son père.

— Oh! dit Lucie, le sang cesse de couler!

— Oui! s'écria Mme Valentin; et, se tournant vers Louis, elle répétait : — Merci, oh! merci, mon brave enfant.

XL. — L'exemple donné par le maire. -- Soins aux asphyxiés.

Toutes les fois qu'un sinistre a lieu, le maire et les autres autorités de la commune ou même du département, ainsi que les principaux fonctionnaires, doivent organiser les secours. Tous les bons citoyens ont le devoir de les aider dans leur tâche.

Valentin était sensiblement mieux, mais il ne songeait point à lui-même.

— Bernard, Bernard !... demandait-il avec angoisse.

On cherchait toujours le corps du pauvre enfant et ceux de plusieurs ouvriers ensevelis avec lui.

Le travail était en bonne voie, lorsqu'un nouvel éboulement se produisit. Les travailleurs n'eurent que le temps de se reculer.

Alors un sentiment de découragement se répandit parmi la foule.

— Nous avons fait tout ce qu'il est possible de faire, dit l'un des travailleurs ; nous allons risquer nos vies pour ne retirer probablement que des morts.

Mais, à ce moment même, le maire venait d'arriver. En voyant la panique, il s'élança en avant et, se mettant au premier rang :

— Que ceux qui ont peur s'en aillent, dit-il ; quand je serais seul à travailler, je n'abandonnerai pas ces braves gens et cet enfant qui sont là près de nous : un quart d'heure de retard peut causer leur mort. En avant ! que les hommes de bonne volonté me suivent : ils ne manqueront pas.

Auprès du maire se rangèrent aussitôt, sans la moindre hésitation, et Marcel et tous ceux des fonctionnaires qui avaient eu le temps d'arriver. Tout le monde fut entraîné par leur exemple : en les voyant, les moins braves eurent honte d'avoir reculé et le travail recommença.

On ne tarda pas à retrouver deux nouveaux blessés, presque sans vie. Mais on n'avait pu encore découvrir le corps de Bernard.

La besogne n'avançait pas très vite, tant était grand l'amas de pierres et de sable. D'autre part on craignait, par un coup de pioche maladroit, de blesser l'enfant enseveli.

Marcel, que son bras rendait impropre à manier la pioche, se penchait derrière les travailleurs, fouillant de l'œil les décombres, lorsqu'il aperçut la forme d'un pied qui se dessinait sous le sable.

— Prenez garde, dit-il, le voilà !

On enleva la terre avec précaution et on parvint à découvrir entièrement le corps du jeune garçon, pâle et immobile comme un mort.

— Le pauvre enfant ! dit Marcel, en hochant la tête ; je crains bien qu'il ne soit asphyxié. Il n'y a pas une minute à perdre. En attendant le docteur, essayons de le faire respirer. J'ai vu ramener ainsi à la vie des soldats qu'un éboulement avait ensevelis sous une tranchée.

On porta Bernard près du bouquet d'arbres.

— Du sang-froid, madame Valentin, dit Marcel ; vous allez voir que nous ranimerons cet enfant. Et d'abord, placez-le sur le dos ; dégagez son cou et soutenez ses épaules avec un paquet de vêtements... C'est cela. A présent, il s'agit de le faire respirer.

De sa main gauche, Marcel entr'ouvrit la bouche du malade et, saisissant doucement la langue, la maintint en dehors des lèvres pour que l'air pût entrer.

— Toi, Louis, dit-il, il faut que tu forces sa poitrine à s'ouvrir aussi. Pour cela, élève ses bras des deux côtés de sa tête... C'est bien, l'air entre jusque dans la poitrine. A présent, rabaisse ses deux bras et presse-les fermement contre ses côtes, pour forcer l'air à ressortir..... Bon, recommence à présent : relève lentement ses deux bras, abaisse-les lentement ; une, deux. Cela fait comme une respiration artificielle. Pendant ce temps, madame Valentin, frictionnez les pieds pour faire circuler le sang.

LA RESPIRATION ARTIFICIELLE s'emploie pour ramener la respiration chez les asphyxiés, noyés, etc.

Durant dix minutes, Bernard ne donna pas signe de vie ; mais Louis continuait avec persévérance à lui lever et à lui abaisser successivement les bras.

— Lucie, dit Marcel, jette avec la main un peu d'eau froide sur le visage de Bernard.

En ce moment, un imperceptible tressaillement agita les paupières du blessé, il poussa une faible plainte, et bientôt on vit ses yeux s'entr'ouvrir. Il aperçut, comme dans un rêve, sa mère agenouillée, Louis devant lui; puis, soulevant tout à fait les paupières, il vit, penché sur son front, le visage doux et compatissant de Lucie. Mais ce ne fut qu'un éclair de vie, et il perdit de nouveau connaissance.

Au même instant, le galop d'un cheval se fit entendre sur la grande route.

— C'est le docteur, s'écria-t-on, c'est le docteur!

Et chacun se rangea pour lui faire place.

Le docteur Rémy arrivait en effet; il détacha de la selle une boîte de pharmacie, qu'il avait apportée avec lui, et un paquet de linge pour pansements.

Il jeta d'abord un regard scrutateur tout autour de lui et, en apercevant l'installation provisoire des blessés, il fit un geste de satisfaction. Puis il s'approcha de Bernard et lui tâta le cœur.

— Ce ne sera rien, dit-il; celui-là est tiré d'affaire : il n'a besoin que d'un cordial.

Le docteur atteignit ensuite un petit réchaud à esprit-de-vin, l'enflamma avec une allumette et, prenant dans sa boîte de pharmacie un flacon de bonne eau-de-vie, il en fit chauffer un peu. Il en introduisit une cuillerée à café bien chaude dans la bouche de Bernard, ce qui acheva de ranimer l'enfant. On l'enveloppa ensuite dans deux couvertures de laine que Mme Marcel avait eu l'heureuse pensée de faire apporter par Lucie, et qui le réchauffèrent.

Le docteur, passant en revue les divers blessés, s'approcha bientôt après du malheureux Valentin, qui avait la tête bandée. Il défit le bandage pour examiner la blessure, et s'adressant à Mme Valentin :

— Qui donc a pansé votre mari? demanda-t-il de son ton d'autorité.

Louis s'approcha fort intimidé, craignant d'avoir mal fait :

— C'est moi, monsieur, répondit-il anxieux.

Le docteur Rémy regarda l'enfant :

— Quoi! dit-il, c'est toi, mon petit homme, qui as si bien commencé ce pansement!... Il n'y a pas grand'chose à y changer.

Et, pendant que le docteur faisait cette fois un pansement plus complet, Louis lui présentait ses outils de chirurgie, Lucie lui donnait la charpie et les bandes.

Les deux enfants avaient une attention, un sang-froid qui plaisaient au docteur : en sa qualité d'ancien major en retraite, il pouvait apprécier mieux que personne l'adresse de ses deux jeunes aides; il préférait leur calme à l'agitation désordonnée et trop bruyante des femmes d'ouvriers qui se lamentaient sur les blessures de leurs maris.

Grâce à la persévérance du maire, grâce à l'activité des pompiers, des cantonniers et des autres travailleurs, aucun des carriers ne manquait plus à l'appel. Le docteur Rémy soigna les blessés l'un après l'autre, lavant les plaies, ayant bien soin de ne pas les faire saigner, les bandant ensuite. Il coupait les vêtements autour des membres fracturés, pour éviter des secousses au malade, et il les couvrait de compresses d'eau froide. Il distribuait à tous des paroles d'encouragement et s'efforçait de les rassurer.

Les pansements terminés, on déposa les blessés avec précaution sur des brancards improvisés au moyen d'échelles. On les ramena doucement au bourg, au moment où le soleil se couchait.

Brancard improvisé au moyen d'échelles.

Marcel, avec ses enfants, accompagna Valentin et Bernard jusqu'à leur porte. Louis et Lucie, brisés par l'émotion et la fatigue, étaient heureux pourtant d'avoir contribué pour leur part à sauver leurs amis.

XLI. — Une attention de Lucie. — Prévoyance de Valentin. La société de secours mutuels.

S'entr'aider fait la force des faibles; se cotiser fait la richesse des pauvres.

Dès que Valentin et son fils Bernard eurent été ramenés dans leur maison, la bonne petite Lucie pensa que les deux malades devaient avoir grand besoin de repos et de silence. Elle vint chercher le plus jeune des enfants de Valentin, une grosse fille de deux ans fort peu sage, qui était trop petite pour être déjà raisonnable.

— Je l'emmène! dit Lucie à la mère; je la coucherai ce soir auprès de Mariette, et je prendrai soin des deux à la fois. Soyez bien tranquille, madame Valentin, elle ne manquera de rien. Demain, je vous la ramènerai.

La petite fille, qui criait de toutes ses forces en voyant le visage bouleversé de sa mère, se calma comme par enchantement sur les bras de Lucie, qui lui souriait; en compagnie de Mariette, elle redevint tout à fait tranquille.

Dès lors Mme Valentin, n'étant plus embarrassée de l'enfant grâce à l'attention de Lucie, put s'occuper de ses deux malades.

Marcel, dans la soirée, revint voir Mme Valentin et, d'une façon délicate, il s'inquiéta auprès d'elle si elle ne manquait pas d'argent :

— Pour le moment, non, monsieur Marcel, lui dit-elle; j'ai encore l'argent de la dernière quinzaine de mon mari. De plus, il s'est mis membre d'une société de secours mutuels pour les ouvriers en cas de maladie. Je vous confesse, monsieur Marcel, qu'il a d'abord fait cela malgré moi, qui suis un peu routinière. Chaque mois, il donne bien régulièrement sa petite cotisation : c'est peu de chose, et pourtant j'ai souvent regretté ce qu'il donnait. Je vois bien aujourd'hui que j'avais tort. En effet, à cette heure, la société nous devra deux francs par jour, les visites du médecin et les remèdes du pharmacien, tant que durera la maladie. Si elle ne dure pas trop longtemps, nous pourrons nous suffire. Si cela se prolonge, nous serons peut-être gênés, et je songerai alors à vous, monsieur Marcel. Pourvu que tous les deux se guérissent, le père et l'enfant, je ne demande que cela; tout le reste ne sera rien.

PHARMACIE. — Les remèdes du pharmacien sont distribués gratuitement aux membres des sociétés de secours mutuels.

Marcel lui serra la main, en lui disant de bonnes paroles

pour l'encourager; et lui-même s'en alla un peu tranquillisé par la sage prévoyance de Valentin.

— Il a songé au lendemain, pensait-il; il ne s'est pas contenté, comme tant d'autres, de dire : « A chaque jour suffit sa peine, chaque matin amène son pain. » Il a pris de la peine pour les jours qui devaient venir, il a gardé pour le lendemain du pain de la veille. Il a fait ce que tout travailleur devrait faire, et sa prévoyance sera récompensée.

XLII. — La commune et les biens communaux.

Chacun de nous jouit souvent, sans y penser, d'une foule de richesses qui lui sont communes avec tous.

Quelques jours après, le jeune Bernard commençait déjà à pouvoir se tenir sur les jambes, et il espérait retourner bientôt au travail chez le maraîcher où il faisait son apprentissage.

Valentin, après avoir eu un long délire causé par sa blessure à la tête, se trouvait mieux aussi; mais sa jambe démise ne pouvait se remettre que lentement. Et Valentin se désolait en songeant à la gêne que cette grande perte de travail allait amener dans sa maison.

Sa femme était très inquiète, quoiqu'elle n'en fît rien voir pour ne pas augmenter les soucis de son mari. Marcel devinait ces inquiétudes et faisait de son mieux pour réconforter la pauvre femme.

Ce jour-là, il avait envoyé Louis avec Robert chez Valentin, pour lui porter, de la part de sa grand'mère, les premières cerises de son jardin. « C'est un fruit rafraîchissant, disait Mme Marcel; peut-être plaira-t-il aux pauvres malades. »

CERISIER.

Pendant que les deux enfants se trouvaient là, on frappa à la porte : c'était le maire qui venait lui-même demander des nouvelles du blessé.

Il s'approcha du lit de Valentin; comme celui-ci tournait vers lui des yeux tristes, le maire lui dit :

— J'ai une bonne nouvelle à vous annoncer, mon ami. Aujourd'hui même le conseil municipal de la commune s'est réuni à la mairie, sous ma présidence, et j'y ai parlé de vous ainsi que des autres blessés. M. le docteur Rémy, qui est conseiller municipal, a appuyé mes propositions, et le conseil a décidé qu'une somme de mille francs serait distribuée pour secourir les familles des victimes : cela fera une centaine de francs qui vont vous arriver.

— Oh ! que vous êtes bon, monsieur le maire ! s'écria la femme de Valentin, que vous êtes bon d'avoir pensé à nous !

— Mais, reprit le maire, je n'ai fait que mon devoir. A qui penserais-je, sinon à vous et à tous les autres membres de la commune qu'on m'a chargé d'administrer ? Est-ce qu'une commune n'est pas une famille ?

Tandis que le maire disait encore quelques paroles d'encouragement au blessé, Louis se leva pour sortir en prenant par la main son petit frère Robert ; le maire, qui ne l'avait pas remarqué d'abord, le reconnut.

— C'est toi, mon garçon, dit-il, qui t'es conduit comme un homme au moment de l'accident ? Et voilà ton petit frère, sans doute ? ajouta-t-il en donnant une tape amicale sur la joue de Robert. Qu'il tâche de te ressembler comme tu ressembles à ton père, qui est un des plus braves cœurs que je connaisse.

Les deux frères sortirent tout confus, mais bien fiers de voir combien tout le monde estimait leur père.

Robert n'avait jamais vu le maire d'aussi près. Tout rouge encore, il dit à son frère :

— C'est donc un homme bien riche et bien puissant que M. le maire, puisqu'il peut donner comme cela mille francs aux blessés ?

— Mais, reprit Louis, tu vois bien qu'il n'a pas donné cet argent à lui tout seul : cet argent n'est pas au maire : c'est la commune tout entière qui le donne.

— La commune, dit Robert, est-ce que ce n'est pas notre bourg ?

— Oui, et il y a en France trente-six mille communes comme la nôtre, plus ou moins grandes : des villes comme Paris ou Lyon, des bourgs, des villages.

— Mais alors, Louis, dit le petit Robert, les communes ont donc de l'argent, puisqu'elles font des dons ?

— Je le crois bien ! Et non seulement elles ont de l'argent, mais encore elles ont des propriétés de toutes sortes.

VUE DE PARIS : CHAMPS ELYSÉES ET ARC DE TRIOMPHE. — Paris (2 millions et demi d'hab.); est divisé en 20 arrondissements. La capitale de la France est une des plus belles villes du monde par ses monuments, ses places, ses promenades, ses jardins; elle est aussi l'une des plus commerçantes, des plus industrieuses et des plus riches.

Regarde autour de toi, tu verras des biens qui appartiennent à la commune. Nous sommes dans une rue, n'est-ce pas? Cette rue pavée et bien entretenue est à la commune. Qu'y a-t-il ici, juste au-dessus de notre tête?

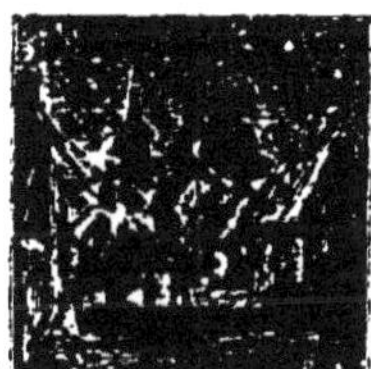

LES BIENS DE LA COMMUNE : I. LA RUE ET LE RÉVERBÈRE.

L'enfant leva les yeux :

— Un réverbère, répondit-il. On l'allume le soir pour éclairer la rue.

— Eh bien, dit Louis, il est à la commune. Et ici, au coin, qu'y a-t-il?

— La fontaine, où Lucie va chercher tous les matins l'eau que nous buvons.

LES BIENS DE LA COMMUNE : II. FONTAINE, LAVOIR, ABREUVOIR.

— Et quelques pas plus loin, reprit le grand frère, tu vois encore le lavoir, où toutes les ménagères vont laver leur linge, l'abreuvoir où viennent boire les chevaux.

— Oui, dit Robert, je vois tout cela. Est-ce que c'est à la commune?

— Précisément. Mais ce n'est pas tout ; notre commune

a aussi ses monuments. Regarde par-dessus le toit de cette maison : voici le clocher de notre église, qu'on a réparé il y a dix mois parce qu'il menaçait de tomber. A côté de l'église, il y a le presbytère, et aussi le cimetière. Cherche encore en toi-même, Robert, des maisons qui te paraissent appartenir à la commune : tu vas voir que tu en trouveras, car tu en connais.

LES BIENS DE LA COMMUNE :
III. ÉGLISE, PRESBYTÈRE, CIMETIÈRE.

Le petit garçon sourit.

— Oui, oui, dit-il, j'en trouve : il y a l'école où je vais matin et soir.

— Et le bureau de poste que tu oublies ! Tu sais bien qu'il appartient à la commune.

— C'est vrai !

— Et tout à l'entrée du bourg, n'y a-t-il pas un autre bureau ?

— Oui, répondit Robert, c'est le bureau d'octroi, où l'on paye pour entrer les volailles, les bœufs, les moutons, le vin.

LES BIENS DE LA COMMUNE :
IV. L'OCTROI.

— L'octroi, reprit Louis, est une des grandes ressources de la commune. Depuis que nous sommes tous installés ici, nous profitons de l'éclairage, du lavoir, de la fontaine, de l'école, du marché et de tout le reste. Mais aussi, comme tous les habitants du bourg, nous payerons chaque année quelque chose pour que la commune puisse faire les dépenses qui sont nécessaires. Tu vois, Robert, l'argent qui va être donné à Valentin et aux autres ouvriers, tout le monde en aura fourni sa part.

— Nous aussi, alors ?

— Certainement, Robert, sur les mille francs dont M. le maire a parlé, il y aura quelques centimes que nous aurons donnés. Les riches payent plus, les pauvres payent moins ; mais tout le monde donne quelque chose.

— Oh! dit Robert, cet argent-là sera bien employé, et personne ne le regrettera.

— Tu comprends donc maintenant, reprit Louis, que la commune est une vraie famille, comme tu l'as entendu dire tout à l'heure à M. le maire.

XLIII — La mairie et le conseil municipal. — L'état civil.

Ceux qui sont chargés des affaires de la commune doivent s'en occuper avec le même soin que de leurs propres affaires.

Tout en causant ainsi, les deux enfants étaient allés de l'autre côté du bourg faire une commission dont on les avait chargés.

Le petit Robert roulait dans sa tête tout ce que son grand frère venait de lui dire, et il tâchait de comprendre.

Comme les enfants passaient devant la mairie, Robert la regarda avec plus de curiosité que d'ordinaire.

— Tiens, dit-il, suis-je étourdi! J'ai justement oublié de nommer la mairie parmi les bâtiments de la commune, et pourtant je sais qu'on l'appelle la *maison commune.*

— C'est vrai, dit Louis; dans les villes, la mairie s'appelle encore l'*hôtel de ville.*

Un hôtel de ville monumental : Hôtel de ville de Paris.

Louis montra ensuite du doigt à Robert une grande salle dont les fenêtres étaient ouvertes :

— Vois, dit-il, c'est là que se réunissent les conseillers municipaux avec le maire; c'est là qu'ils ont voté des secours pour les blessés.

— Est-ce que le maire n'a pas dit que le docteur Rémy est du conseil municipal?

— Oui, dit Louis. Le docteur a été nommé justement il y a six mois.

— Et qui donc nomme ainsi les conseillers municipaux?

— Ce sont les habitants de la commune. Ils choisissent pour quatre ans les hommes en qui ils ont le plus de confiance. Le maire est choisi ensuite parmi les conseillers municipaux.

LA MAIRIE. — Le *maire* est le chef de la commune. Il est assisté d'un ou de plusieurs *adjoints*. C'est le *conseil municipal* qui élit le maire pour quatre ans.

Les deux enfants continuaient de regarder la mairie, qui était le plus beau monument de la commune. Au-dessus de la porte flottait le drapeau tricolore. Robert, curieusement, fit quelques pas dans le vestibule et aperçut un grand cadre de bois garni d'un grillage en fer. Il y avait par derrière des papiers affichés, et Robert lut : « *Publications de mariage.* »

— Qu'est-ce que cela veut dire? demanda-t-il.

— Ce sont les nom, prénoms, âge, domicile de ceux qui veulent se marier. Personne ne peut se marier sans faire ainsi annoncer son mariage par deux publications.

Pendant que les enfants lisaient les papiers affichés dans le cadre, ils virent entrer un homme du bourg qui semblait tout joyeux; il était accompagné de deux de ses amis. Tous causaient gaiement, et l'un des amis disait :

« C'est un beau garçon qui vous est né là! M. le maire n'en inscrit pas tous les jours sur son registre d'aussi gaillards et bien portants. »

Les trois hommes entrèrent alors dans un bureau au-dessus duquel étaient écrits les mots : ÉTAT CIVIL.

— Tu vois, dit Louis à Robert, cet homme est père d'un garçon, et il va, avec deux témoins, déclarer la naissance de son fils, pour qu'on l'inscrive sur les registres de l'état civil.

— Qu'appelle-t-on les registres de l'état civil? dit Robert, bien fier d'apprendre tant de choses ce jour-là.

— Ce sont de grands registres où l'on inscrit les noms des enfants qui naissent, des personnes qui meurent, des personnes qui se marient.

— Quoi! dit Robert, tout cela est écrit à la mairie!

— Certainement, on est obligé de faire inscrire toutes ces choses et de les déclarer devant témoins. Quand tu es né, Robert, notre père a déclaré à la mairie que tu étais son fils, que tu t'appellerais Robert, que tu étais né tel jour, à telle heure. Il a déclaré aussi les nom et prénoms de notre mère. On a alors rédigé ton *acte de naissance*. Quand quelqu'un meurt, le médecin constate son décès; on le déclare à la mairie avec deux témoins, et le maire fait rédiger l'*acte de décès*. Quand Lucie se mariera, on fera les publications sous le grillage que tu viens de voir, et on rédigera à la mairie l'*acte de mariage*, devant quatre témoins.

— Mais pourquoi fait-on cela? demanda le petit garçon.

— Afin, dit Louis, que chacun puisse toujours établir par des preuves certaines qui il est, quels sont ses nom et prénoms, ses parents, quel est son âge, s'il est marié ou non.

Robert écoutait son frère avec attention, car il s'intéressait maintenant à tout ce qui concerne la commune. Non loin du tableau des publications, il aperçut une affiche signée par le maire.

— Qu'est-ce encore que cela? dit-il.

Il se dressa sur la pointe des pieds, car l'affiche était un peu haute pour sa petite tête; mais, comme il avait de bons yeux et que l'écriture était grosse, il lut assez couramment :

AVIS. — *Par ordre de M. le maire, il est défendu, jusqu'à nouvel ordre, d'exploiter la carrière de pierres où s'est produit l'éboulement, et, par mesure de prudence, il est interdit au public d'en approcher.*

— Voilà, dit Louis, une *ordonnance de police*. C'est encore le maire qui est à la tête de la police municipale, de même qu'il administre les biens de la commune et s'occupe de l'état civil.

— Je vois, dit Robert, que M. le maire a bien des choses à penser et à faire. Il doit être payé cher pour tout cela !

— Point du tout, Robert. Il ne touche pas pour cela un centime. Les fonctions des maires sont absolument gratuites, comme celles des conseillers municipaux. Chacun d'eux ne travaille que pour l'honneur et ne doit avoir en vue que le bien de la commune.

XLIV. — Les communes héroïques de la France.

Capituler, pour une ville qui a encore des moyens de résistance, est aussi honteux qu'il l'est pour un soldat de prendre la fuite.

Quand on fut rentré à la maison, le petit Robert, qui n'oubliait pas son devoir, s'assit à un coin de la table et se mit à copier une page d'histoire. Il lut ce titre au haut de la page que l'instituteur avait dictée : *Les communes héroïques de la France.*

— Je sais maintenant, se dit-il à lui-même, ce que c'est qu'une commune et combien il y a de communes en France : je vais mieux comprendre, et cela va m'intéresser.

Après quoi, il se mit à écrire, en tâchant de ne point faire de fautes d'orthographe ni de taches d'encre sur sa page.

I. — Elles sont nombreuses les communes de France qui, par leur héroïsme, ont mérité une place d'honneur dans notre histoire. Nous ne pouvons ici que citer quelques noms, mais ils doivent être gravés dans toutes les mémoires.

C'est d'abord Paris, qui, pendant la dernière guerre, subit sans faiblir un siège de cinq mois, un bombardement et la famine. Aux souffrances de la faim s'ajoutèrent celles d'un froid si rigoureux que l'eau gelait à table dans les verres et l'encre même dans l'encrier des écoliers. N'importe ; les Parisiens ne se découragèrent pas. Jamais on n'avait vu une ville de deux millions d'habitants ainsi investie par l'ennemi, coupée du reste du monde, souffrant courageusement pour la patrie sans que personne parlât de se rendre.

Avant l'aube, sous un brouillard glacé, les femmes se levaient pour courir à la porte du boulanger et du boucher, où il fallait faire queue pendant de longues heures sans être sûr d'obtenir un morceau de viande ou de pain.

Épisode du siège de Paris.

Dans certains quartiers où pleuvaient les obus, les enfants et les vieillards étaient aussi exposés que le sont les soldats à l'avant-garde d'une armée; mais tous, se sentant en effet enrôlés dans la grande armée de la France, voulaient lutter jusqu'au bout, et l'on tint aussi longtemps qu'il resta un morceau de pain noir pour chaque bouche affamée.

La ville industrieuse de Saint-Quentin, située sur la Somme, à 150 kilomètres de Paris, avait déjà arrêté autrefois une armée espagnole, mais, en 1870, elle n'avait plus de remparts; elle ne s'en défendit pas moins contre les troupes allemandes.

Saint-Quentin, sous-préfecture de l'Aisne, 48 000 hab., grande cité manufacturière. Filatures et fabriques de tissus.

On coupa le pont et, en avant du pont, on éleva une immense barricade derrière laquelle les habitants, le préfet en tête, firent le coup de fusil comme des soldats.

Ils réussirent à repousser les Prussiens et ne cédèrent qu'après une nouvelle attaque par tout un corps d'armée, douze jours après.

Quelques semaines plus tard, la petite ville de CHATEAUDUN, sous-préfecture du département d'Eure-et-Loir, donnait un non moins bel exemple. Bien que Châteaudun ne fût pas fortifié, ses habitants avaient résolu de se défendre jusqu'à la mort.

SIÈGE DE CHÂTEAUDUN. — Châteaudun (Eure-et-Loir). 10 000 hab. Commerce de grains et de farines.

Le matin du 18 octobre 1870, des guetteurs placés sur le clocher de la ville virent les villages voisins s'enflammer : c'étaient les Prussiens qui arrivaient, mettant le feu partout où ils rencontraient de la résistance.

Quoique les habitants de Châteaudun ne dussent être dans le combat qu'un contre douze, ils attaquèrent bravement les Prussiens et réussirent à leur prendre deux canons.

Depuis le matin jusqu'à huit heures du soir, ils se battirent sans repos. L'un d'eux, un plâtrier nommé Alkan, combattait avec son fils ; son fils tomba mort à ses côtés ; lui continua de se battre jusqu'à ce qu'il tombât lui-même blessé. Ses camarades le rapportèrent dans la ville en l'acclamant.

Une jeune fille, Léontine Roussel, courait au milieu des balles secourir les blessés.

Les Prussiens, furieux, bombardèrent la ville, même l'hôpital et les ambulances ; mais les habitants de Châteaudun n'en continuaient pas moins le combat et ne cédaient que pied à pied.

C'est seulement à huit heures du soir que les habitants furent refoulés jusqu'à la grande place.

Deux cent trente-cinq maisons avaient été brûlées. Châteaudun n'était plus qu'un monceau de ruines : mais cette commune héroïque avait bien mérité de la patrie et avait rendu son nom glorieux à l'égal du nom des plus grandes cités.

Si BELFORT appartient encore à la France, c'est grâce à son courage et à l'énergie de son défenseur Denfert-Rochereau.

BELFORT, chef-lieu du territoire de Belfort, 26000 hab. — Tanneries, forges, horlogerie. LE LION DE BELFORT a été sculpté en mémoire de la défense contre les Allemands.

Pendant le bombardement, les femmes, les enfants et les vieillards durent habiter dans les caves.

Le canon de la ville ne se tut que sur l'ordre exprès du gouvernement français, qui venait de conclure à Versailles les préliminaires de la paix.

La garnison défila alors fièrement entre les rangs pressés des Allemands, qui la saluaient au passage.

Dans plusieurs petites communes, ce furent des instituteurs qui organisèrent la défense, s'exposant ainsi à la vengeance des Prussiens. Tout le monde connaît la belle et triste histoire des trois instituteurs de l'Aisne, fusillés par l'armée allemande.

II. — En des temps plus reculés, bien d'autres cités de la France ont montré que leurs enfants étaient de vrais Français.

En 1792, au moment où les nations ennemies envahissaient la France, une des villes qui firent de leurs murs un rempart imprenable à la patrie fut la courageuse cité de LILLE, aussi vaillante dans la guerre que laborieuse dans la paix.

A l'envoyé ennemi qui la sommait de se rendre, la municipalité de Lille avait répondu :

« Nous avons fait » serment d'être fi- » dèles à la Nation ou » de mourir ! Nous ne » sommes pas des » parjures ! »

UN ÉPISODE DU SIÈGE DE LILLE. — Lille, chef-lieu du Nord, 202000 habitants, grande ville industrielle. Commerce de toiles considérable.

Un bombardement terrible commença, sans pouvoir troubler ni l'intrépidité ni même la gaieté des habitants. Un canonnier, averti que sa maison brûle, répond : « *Feu pour feu !* » et il allume sa pièce. Une bombe éclate à deux pas d'un perruquier qui rasait en plein air; il ramasse le plus bel éclat et s'en sert comme de plat à barbe.

Les ennemis furent forcés de lever le siège, et l'Assemblée française envoya à Lille une magnifique bannière portant cette inscription :

A la cité de Lille, la patrie reconnaissante.

La ville de SAINT-OMER, chef-lieu d'arrondissement du Pas-de-Calais, conserve encore le souvenir du blocus qu'elle subit en 1710, et de l'héroïsme d'une femme, Jacqueline Robins, qui sauva la ville.

Les habitants affamés allaient être obligés de se rendre, lorsque Jacqueline offrit d'aller à Dunkerque chercher des munitions et des vivres. Deux fois surprise et arrêtée par les Autrichiens, elle réussit cependant, au péril de sa vie, à faire entrer plusieurs fois des vivres dans la ville : les habitants purent continuer la résistance et l'ennemi finit par lever le siège.

La ville de BEAUVAIS, elle aussi, s'enorgueillit d'avoir

combattu avec une femme, Jeanne Hachette, et ORLÉANS, d'avoir combattu avec Jeanne Darc.

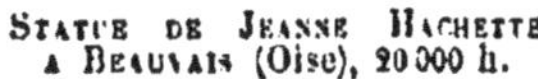

STATUE DE JEANNE HACHETTE
A BEAUVAIS (Oise), 20 000 h.

STATUE DE JEANNE DARC
A ORLÉANS (Loiret), 64 000 h.

MÉZIÈRES, le chef-lieu des Ardennes, célèbre encore tous les ans, par une procession où l'on porte l'étendard de Bayard, le siège de six semaines pendant lequel ce dernier arrêta toute l'armée de Charles-Quint et la força de battre en retraite.

SAINT-MALO. — Chef-lieu d'arrondissement (Ille et-Vilaine). 12000 hab. Port de mer important.

SAINT-MALO, patrie des Duguay-Trouin et des La Bourdonnais, trois fois bombardée par les Anglais, offrait cependant à Louis XIV trente millions pour continuer la guerre.

BAYONNE, assiégée trois fois par les Anglais et par les Espagnols, n'a jamais été prise.

La petite ville de BRIANÇON, dans les montagnes des Alpes, n'a jamais non plus été foulée en temps de guerre par un ennemi de la France. Dans les grandes invasions qui ont marqué la fin du règne de Napoléon Ier, elle fut sommée de

BAYONNE (Basses-Pyrénées), chef-lieu d'arrondissement, à l'embouchure de l'Adour, 30 000 habitants.

se rendre par les troupes alliées, alors qu'elle n'avait plus de garnison dans ses murs; mais les braves habitants s'armèrent

BRIANÇON, chef-lieu d'arrondissement (Hautes-Alpes), 6000 hab. C'est la ville la plus haute de France.

eux-mêmes, fermèrent leurs portes et lassèrent l'ennemi par

leur résistance. Une inscription sur une des portes de la ville rappelle ce fait mémorable.

C'est que chaque cité de la France, comme chaque citoyen, a son honneur qu'elle doit garder intact ; elle a ses devoirs à remplir dans la guerre et dans la paix, et doit savoir au besoin tout sacrifier pour la patrie.

XLV. — Les dangers de l'alcool.

On perd son argent dans les cabarets; on y perd aussi sa santé. On peut y être entraîné au vice et même au crime. On a calculé que, sur dix meurtres, il y en a un commis dans les cabarets.

Un soir que Louis et Robert étaient retournés auprès de Valentin et de son fils, le docteur lui-même vint faire sa visite quotidienne. Il avait l'air un peu triste ce soir-là, et on voyait sur son front un pli d'inquiétude.

Quand il eut examiné avec le plus grand soin la tête et la jambe du carrier, son visage se rasséréna :

— Allons, dit-il, tout va bien. Les plaies se cicatrisent même très vite : je suis content de vous, Valentin, et vous êtes sûr de guérir. Ah ! vous n'avez pas à vous plaindre ! Un de vos camarades, bien moins grièvement blessé que vous, a été moins heureux; je veux parler de celui qu'on avait trouvé à côté de vous sous les décombres. Il est mort aujourd'hui : on vient de déclarer son décès à la mairie.

— Est-ce possible? dit Mme Valentin effrayée. Ses blessures étaient bien moins profondes que celles de mon mari.

— Oui, mais il avait dans son jeu, comme on dit, un mauvais atout. Savez-vous lequel? Son habitude d'ivrognerie.

Louis et Robert regardèrent le docteur avec non moins de surprise que Valentin et sa femme.

— Cela vous étonne, mes enfants? dit le docteur. C'est cependant la pure vérité. L'abus de l'alcool vicie le sang; aussi, chez les ivrognes d'alcool, chez les « alcooliques », les plaies et blessures acquièrent un caractère de gravité qu'elles n'auraient pas chez d'autres; elles s'enveniment très facilement, les chairs deviennent verdâtres et se détachent des os : c'est la gangrène qui enlève le malade. Tous les chirurgiens connaissent le fait, et c'est ce qui vient d'arriver au malheureux carrier.

— Oh! docteur, dit Mme Valentin, je dois donc être doublement heureuse que mon mari ne soit pas un buveur.

— Pauvre camarade! ajouta Valentin; en le voyant faire de si longues visites au cabaret voisin de la carrière, je pensais bien qu'il y vidait sa bourse; mais je n'aurais pas cru qu'il y ruinât à ce point sa santé.

— Mes amis, dit le docteur, la sobriété est le plus souvent un brevet de longue vie. Tenez, madame Valentin, votre mari, étant sobre et rangé, a un certain nombre de chances de plus qu'un autre de devenir vieux; cela a été encore démontré par la statistique.

— La statistique! pensa Robert tout bas, on m'en a déjà parlé l'autre jour à propos des assurances, et je me rappelle que c'est une science très utile. Mais, monsieur le docteur, ajouta-t-il tout haut, comment a-t-on pu s'apercevoir que les buveurs vivent moins longtemps?

— Je vais te le dire, mon enfant; j'ai vu tous mes malades, j'ai fini ma journée et j'ai le temps de causer un peu. Ecoute donc, c'est assez curieux.

En Angleterre, il existe beaucoup de sociétés de tempérance, dont les membres jurent de s'abstenir de vin et d'alcool. Il y a ainsi en Angleterre le chiffre énorme de quatre millions et demi d'hommes qui ne boivent pas d'alcool. Eh bien, on a remarqué d'abord que ces hommes, ne faisant jamais le lundi, travaillent plus régulièrement; aussi les patrons les emploient-ils de préférence. En outre, comme ces ouvriers ont des habitudes d'épargne, beaucoup se sont assurés contre les accidents ou sur la vie. Bientôt les compagnies d'assurances sur la vie ont observé un fait surprenant : c'est que ces travailleurs toujours sobres ont une vie moyenne plus longue. Les compagnies d'assurances ont alors diminué pour eux le prix qu'elles font payer à ceux qui veulent, en cas de mort, assurer une somme à leur veuve et à leurs enfants. Les chiffres sont les chiffres, mes amis. Vous voyez que la nature même punit l'ivrognerie.

L'usage continuel et exagéré de l'alcool engendre une foule de maladies, depuis les maladies d'estomac et de poitrine jusqu'au terrible *delirium tremens*. Quand l'ivrogne n'est pas lui-même atteint, il arrive presque toujours que ses enfants naissent avec des dispositions maladives : les uns sont épileptiques, les autres deviennent fous ou phtisiques. Sur quatre-vingt-trois enfants épileptiques soignés à l'hôpital de la Salpêtrière, soixante sont nés de parents alcooliques. Les enfants souffrent ainsi et souvent meurent par la faute des pères.

HOSPICE DE LA SALPÊTRIÈRE, à Paris, pour les femmes âgées et pour les enfants atteints de certaines maladies.

Ces tristes résultats, loin de diminuer de nos jours, vont sans cesse s'aggravant, parce que, plus on va, plus l'alcool et le vin sont falsifiés.

— Tenez, ajouta le docteur en tirant un flacon de sa poche; voici un échantillon de vin dont on m'a donné à faire l'analyse, parce qu'on soupçonnait le marchand d'avoir falsifié son vin. J'y ai trouvé, en effet, outre bon nombre de substances étrangères, une forte quantité d'alcool de pommes de terre. Or, les alcools de mauvaise qualité, faits avec les pommes de terre, le grain, les betteraves, sont le plus souvent de véritables poisons, qui tuent les animaux et peuvent également tuer les hommes. N'oublions pas que l'eau-de-vie, apportée en Océanie par les Européens, a détruit peu à peu les races océaniennes. Ces sauvages l'appelaient *eau-de-feu*, et c'est en effet un feu qui vous consume petit à petit.

SAUVAGES OCÉANIENS abrutis par l'*eau-de-feu*.

— En vérité, conclut le docteur, les animaux ont souvent plus d'esprit que l'homme. J'ai eu chez moi un singe, que m'avait rapporté un armateur de Bordeaux. Je lui fis boire un jour des liqueurs jusqu'à l'enivrer. Il s'y laissa prendre la première fois, mais j'eus beau lui offrir de nouveau le « petit verre », il le refusa avec des cris de colère. L'homme qui se laisse entraîner à boire par l'exemple d'un camarade est vraiment plus singe que mon singe.

XLVI. — Le préfet, le conseil général et le département.

Nous devons respect et déférence aux autorités, à tous ceux qui représentent le gouvernement de la France.

Un jour Robert était en classe près du tableau, en train de résoudre un problème d'arithmétique, lorsqu'une voiture s'arrêta à la porte de l'école. La porte s'ouvrit : on vit entrer le maire, qui introduisait le préfet du département avec l'inspecteur d'académie et plusieurs autres hauts fonctionnaires.

Après avoir visité la carrière où s'était produite la catastrophe, le préfet venait pour visiter le bâtiment de l'école. Ce bâtiment, en effet, était très vieux, très incommode; le maire proposait de le faire reconstruire. En même temps on réparerait le bureau de poste, auquel on devait joindre un bureau télégraphique.

LE PRÉFET, EN COSTUME OFFICIEL. — Le préfet, comme *représentant de l'État*, est chargé de faire exécuter les lois; comme *administrateur du département*, il veille aux intérêts du département, fait exécuter les décisions du conseil général, contrôle les délibérations des conseils municipaux.

L'instituteur se leva et s'avança au-devant du préfet. Tous les enfants se levèrent également avec respect, et Robert, un peu embarrassé, resta debout près du tableau, son morceau de craie à la main.

Le préfet, après avoir salué l'instituteur, s'adressa aux écoliers, et leur faisant signe de la main :

— N'interrompez pas votre travail, dit-il. Et vous, jeune garçon, continuez votre problème.

Robert était bien ému et sa main tremblait un peu en posant les chiffres avec la craie;

cependant il ne perdit pas son sang-froid et résolut avec justesse un problème assez difficile, qui lui avait été posé sur les règles d'intérêt et sur la Caisse d'épargne.

— C'est très bien, mon ami, lui dit l'inspecteur d'académie. Monsieur l'instituteur, voilà un bon élève dont je vous fais compliment.

— A présent que la leçon est achevée, ajouta le préfet, je prie monsieur l'instituteur de nous faire visiter les bâtiments de son école.

Tout en parlant ainsi, le préfet examinait la classe trop petite et encombrée d'élèves : les plafonds trop bas, les fenêtres trop étroites. Il visita du haut en bas l'école pour les garçons, l'école pour les filles, et on l'entendit dire :

— Décidément, monsieur le maire, vous avez bien raison. Il faut que cette école soit rebâtie ; pour cela, le département et l'État viendront en aide à votre commune. J'en parlerai au Conseil général.

LE PRÉFET ASSISTANT AU CONSEIL GÉNÉRAL. — Le conseil général se compose d'autant de membres qu'il y a de cantons dans le département. Chaque canton élit son conseiller.

Quand Robert revint de l'école, il raconta avec animation à sa grand'mère et à Lucie la visite du préfet.

— J'ai appris bien des choses aujourd'hui, leur disait-il, car, après le départ du préfet, M. l'instituteur nous a fait toute une leçon sur le préfet et le département. Je sais que le préfet est le premier magistrat du département : il s'occupe des affaires du département comme le maire s'occupe des affaires de la commune; il habite au chef-lieu, dans un hôtel qui est souvent un des plus beaux édifices de la ville : il est nommé par le gouvernement et, au besoin, il peut exiger l'aide des gendarmes ou des soldats pour faire exécuter les lois.

UNE PRÉFECTURE MONUMENTALE : PRÉFECTURE DE MARSEILLE.

Robert avait parlé tout d'une haleine. La grand'mère

et Lucie l'écoutaient en souriant; elles aussi avaient vu le préfet, car il était venu visiter le bureau de poste. Marcel lui avait fait les honneurs de la maison, et cette visite du préfet avait été pour tout le monde un grand événement; mais, dans l'active demeure de Marcel, chacun avait vite repris son travail. Robert, lui aussi, ne tarda pas à se calmer; il remit de l'ordre dans ses idées, et alors il s'aperçut qu'il avait encore bien des choses à apprendre.

— Lucie, demanda-t-il, j'ai entendu le préfet dire tout haut à M. le maire : « Je soumettrai la question au Conseil général. » Qu'est-ce donc que le Conseil général? Bien sûr, ce doit être une assemblée comme le Conseil municipal, mais plus importante.

ROUTE DÉPARTEMENTALE. — Les *chemins vicinaux* sont entretenus aux frais de la commune; les *routes départementales*, aux frais du département; les *routes nationales*, aux frais de l'Etat.

— Précisément. Le Conseil général est composé d'autant de membres qu'il y a de cantons dans le département. Le préfet est obligé de le consulter comme notre maire consulte nos conseillers municipaux, et c'est le Conseil général qui gère les biens du département.

— Alors, dit Robert, le département a donc une fortune à lui, comme la commune?

— Je le crois bien, dit la grand'mère. Il possède des routes, des canaux, des hospices, des prisons. Il a des revenus de toute sorte et beaucoup de dépenses à faire; mais rien ne peut être dépensé sans l'approbation du Conseil général. Tu vois, Robert, de quelles garanties on entoure l'argent des citoyens et leurs droits.

CANAL DÉPARTEMENTAL. — Les canaux sont très utiles pour le transport à bas prix des marchandises. Il y a des canaux entretenus par les départements, d'autres par l'Etat.

Le maire ne peut rien faire d'important sans l'approbation du Conseil municipal ; le préfet, sans l'approbation du Conseil général. Il en est ainsi partout en France : là où il y a quelqu'un qui agit et exécute, il y en a d'autres qui le surveillent et qu'il est obligé de consulter.

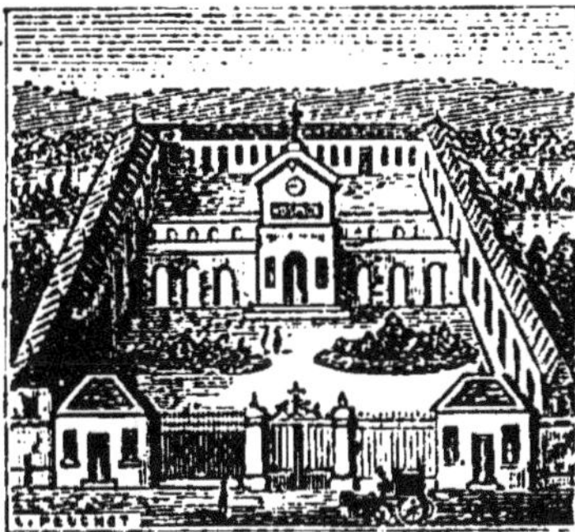

HOSPICE DÉPARTEMENTAL. — Les hospices sont des maisons de charité où l'on soigne et nourrit des pauvres, des vieillards, des orphelins, des infirmes. Il y a des hospices qui appartiennent à la commune, d'autres au département.

— Je trouve que c'est bien sage, dit Robert.

Tout en écoutant ce que lui disait sa grand'mère, il avait déjà préparé sur sa table son encrier avec son cahier de dictées, et il s'assit pour travailler. Le maître lui avait précédemment donné à copier un récit relatif aux préfets et à leurs devoirs. Ce récit intéressait beaucoup Robert à cause des événements de la journée ; il se mit à le copier d'une écriture bien régulière et bien correcte. On voyait, en lisant ses pages d'écriture, qu'il avait compris ce qu'il écrivait.

XLVII. — Le dévouement au devoir professionnel. Histoire de plusieurs préfets français.

Autrefois on disait : « Noblesse oblige; » on en peut dire autant des dignités publiques : « Dignité oblige. »

— « Toute haute fonction impose des devoirs souvent périlleux à remplir. Un magistrat de la France doit donner à ceux qu'il administre l'exemple du patriotisme, du courage devant le danger, du dévouement et de la fraternité : plus l'exemple vient de haut, plus il entraîne les cœurs.

Pendant la guerre de 1870, plus d'un préfet s'est illustré par son courage civique. Outre la résistance à l'ennemi organisée par le préfet de Saint-Quentin, nous devons rappeler l'histoire bien connue de M. Valentin, nommé en 1870 préfet du Bas-Rhin au moment où Strasbourg était assiégé par l'armée prussienne. Comment faire pour pénétrer dans la ville ? Valentin se déguisa et se procura le passeport d'un

Américain qui lui ressemblait de visage. Il tâcha de se rapprocher des murailles de Strasbourg; il fut pris par les Prussiens, fut relâché, repris, relâché encore avec ordre de quitter le pays dans douze heures; puis il se cacha dans le quartier même du général allemand, au risque d'être fusillé.

Un soir, il se dirigea vers Strasbourg, franchit une tranchée, rampa dans un champ de maïs. Par malheur, le mouvement des tiges trahit sa présence : balles et obus commencèrent à pleuvoir autour de lui.

Il arriva cependant au bord de la rivière, la traversa à la nage et, transi par le froid, cria aux sentinelles françaises de Strasbourg : *France! France!*

On n'entendit pas, et il eut encore à subir des coups de fusil français. On le fit prisonnier et on le conduisit devant le général Uhrich. Valentin tira alors de sa manche, où il l'avait cousu, le décret qui le nommait préfet du Bas-Rhin.

C'est à travers tous ces périls que le représentant du gouvernement français parvint à prendre possession de son poste.

Ce n'est pas seulement en face des ennemis que le préfet doit donner l'exemple du courage. Il doit aussi être présent lorsque quelque sinistre survient. Il doit organiser la lutte contre les incendies, les inondations, les tremblements de terre, toutes les catastrophes publiques.

TREMBLEMENT DE TERRE. — Visite du préfet pour l'organisation des secours.

Félix Lecoulteux était préfet à Dijon en 1812. Des blessés de la guerre avaient été amenés dans la ville, et il avait installé un hôpital pour les recevoir.

Un matin, le feu prend à la maison voisine de l'hôpital; il gagne de proche en proche : la salle des malades est enveloppée par les flammes.

DIJON. — 66 000 hab. Chef-lieu de la Côte-d'Or, patrie de Bossuet. — Grand commerce de vins de Bourgogne très renommés.

Félix Lecoulteux accourt, car le préfet doit être là, s'il le peut, toutes les fois qu'un grand danger menace les citoyens dans sa ville ou même dans son département.

— Il faut sauver ces malades, s'écrie-t-il! Qui veut risquer sa vie?

Personne ne s'offre. Même les infirmiers, qui soignaient les malades, reculent.

— J'irai tout seul, dit le préfet.

Son secrétaire général veut toutefois l'accompagner. Tous deux disparaissent au milieu des flammes, puis reviennent portant chacun un malade sur les épaules. Ils retournent pour revenir encore. Ils font dix fois le voyage et sauvent tous les malades.

Ces malades n'étaient pourtant pas des Français; c'étaient des prisonniers espagnols. De plus, à leurs blessures s'était ajoutée une terrible maladie contagieuse, le typhus.

Le soir même, Lecoulteux fut atteint du typhus, et il mourut six jours après, heureux pourtant, dans la mort même, d'avoir fait jusqu'au bout son devoir d'homme et d'administrateur. »

XLVIII. — Le courage à l'étude. — Le petit bataillon.

La défense de la patrie est un devoir que tout citoyen ne saurait de trop bonne heure apprendre à remplir.

Quelques semaines s'étaient écoulées depuis l'accident de la carrière, et toutes les familles avaient repris leur tranquillité. Valentin marchait à présent et pouvait même tailler des pierres quelques heures par jour.

Chez Marcel, on travaillait beaucoup. Le sergent, à force d'habitude et d'intelligence, en était venu à se servir de son bras mécanique presque comme d'un bras ordinaire, et il suffisait le plus souvent à la besogne du bureau de poste. Par cela même, Lucie et Louis avaient plus de temps à eux. Comme ils étaient aussi courageux au travail qu'intelligents, ils se gardèrent de perdre un moment de ce temps précieux.

— Grand'mère, dit un jour Lucie, c'est dans six mois seulement qu'on va joindre un bureau télégraphique à notre bureau de poste; si je pouvais passer l'examen nécessaire pour être employée à la télégraphie, je serais bien heureuse de gagner ainsi quelque chose et d'être utile à tous. L'institutrice m'aime beaucoup, elle est très bonne et ne demandera pas mieux que de m'aider.

— Excellente pensée, ma Lucie! répondit la grand'mère; il est utile qu'une jeune fille, comme un jeune homme, ait son gagne-pain sous la main. Nous parlerons toutes les deux à l'institutrice.

Louis, de son côté, s'était mis à étudier les sciences avec ardeur, et l'instituteur lui donnait des conseils. En même temps Louis apprenait l'allemand avec sa grand'mère, qui était Alsacienne, car il savait que cette langue est considérée comme nécessaire pour les hauts grades de l'armée.

Toutefois, la grand'mère s'aperçut qu'on allait dépasser la mesure et que Louis travaillait trop.

— Mon ami, lui dit-elle, il n'est pas moins nécessaire de conserver sa santé et sa vigueur que d'apprendre beaucoup de choses. J'ai laissé à Lucie les soins du ménage, qui la forcent à l'exercice et lui procurent une distraction nécessaire. Toi qui n'as pas cette ressource, il faut prendre volontairement des heures de récréation.

— Qu'à cela ne tienne, grand'mère! s'écria Louis, je m'en vais trouver une récréation très utile. J'apprendrai à mon petit frère Robert les principaux exercices qui préparent au métier du soldat. Nous choisirons le moment où Bernard est libre, et le plaisir sera triplé.

BATAILLON SCOLAIRE.

Bientôt les compagnons d'école de Robert vinrent eux-mêmes prendre part aux exercices. L'instituteur les approuvait et les encourageait. Il se forma ainsi un petit bataillon analogue aux bataillons scolaires qui existent aujourd'hui.

Les enfants étaient tout heureux de manœuvrer comme de vrais soldats, et ils se dressaient fièrement avec leurs bâtons au bras en guise de fusils.

— Par le flanc droit! par le flanc gauche! halte! disait Louis.

Et le petit bataillon manœuvrait de son mieux.

Louis leur apprenait aussi comment l'armée française est organisée.

— Il y a d'abord, disait-il, l'*infanterie*, à pied, le sac sur

L'ARMÉE. — Les diverses *armes* sont l'infanterie, la cavalerie, l'artillerie, le génie.

l'épaule; puis la cavalerie, à cheval. l'*artillerie*, traînant les lourds canons ou les chariots de munitions; enfin le *génie*, qui construit nos places fortes et au besoin attaquerait celles

CAPORAL. SERGENT. LIEUTENANT. CAPITAINE. COLONEL.

LES GRADES DE L'ARMÉE. — Après six mois de service, le simple soldat peut être promu au grade de *caporal* (*brigadier* dans la cavalerie); après six autres mois, il peut être nommé *sergent* (*maréchal des logis* dans la cavalerie): il est alors *sous-officier*. Au-dessus des sous-officiers viennent les *officiers : sous-lieutenant, lieutenant, capitaine, chef de bataillon* ou *commandant* (*chef d'escadron* dans la cavalerie), *lieutenant-colonel, colonel, général de brigade, général de division*.

des ennemis. Nous qui allons à pied, nous sommes dans l'infanterie.

LES GRADES DE L'ARMÉE (*Suite*). — LE GÉNÉRAL.
Le *maréchalat* est une dignité, non un grade.

Bernard, grand et beau garçon de quinze ans, devint bientôt plus habile que ses camarades. Il mérita le grade de caporal.

Quand, avec l'aide de Bernard, le bataillon fut plus instruit, Louis lui fit faire des évolutions plus savantes. Le dimanche même, par les beaux temps, on exécutait de longues marches. Un jour qu'on traversait un bois, Louis commanda une halte et, s'adressant à ses camarades :

— Comment feriez-vous, leur dit-il, pour retrouver votre chemin ici, par un temps de brouillard? Bordeaux est au nord-ouest ; comment trouveriez-vous le nord?

— Par le brouillard !... dit Bernard embarrassé ; ce serait difficile : il faudrait une boussole.

— Le soldat n'a de boussole que dans sa tête, répondit Louis.

Bernard, comme Robert et ses camarades, demeura fort embarrassé.

— Voyons, jardinier, dit Louis à Bernard, n'as-tu pas remarqué que, dans les bois, les arbres ont souvent de la mousse? Vois tous ceux qui nous entourent.

— Certainement, dit Bernard, mais qu'importe?

— Cela importe beaucoup. Regarde : il y a un côté où la mousse est plus abondante et plus fréquente ; c'est le côté le plus froid et le plus humide.

— Ah ! je devine, dit Bernard; la mousse et les moisissures doivent se trouver plus au nord qu'au midi.

— Tu vois donc bien, dit Louis, qu'il faut regarder ou tâter les arbres pour voir où sont les mousses; il y a dix à parier contre un que le nord est de ce côté. Mon père m'a appris cela dans le Jura, pendant nos longues marches dans la brume des montagnes. On n'a jamais trop de connaissances pour se tirer d'affaire dans les mauvais pas.

XLIX. — La gymnastique. — Histoire du général de Béthencourt.

Exerçons nos forces, non pour la vanité d'être forts, mais pour l'utilité qu'en peuvent retirer les autres comme nous-mêmes.

En même temps que les exercices militaires, le petit bataillon commandé par Louis ne négligeait point les exercices gymnastiques. Outre le gymnase de l'école, on en avait un dans le jardin du docteur Rémy, en face du bureau de poste, et le docteur venait souvent regarder les jeunes garçons qui s'exerçaient avec agilité sur le trapèze, la barre fixe et les échelles.

GYMNASE.

— Très bien, très bien ! disait l'ancien chirurgien-major. Oh ! prends garde, Robert, tu sautes maladroitement sans fléchir les jambes en touchant le sol. Tu pourrais te faire mal... Allons, Bernard, du courage !... Voyez-vous, mes enfants, la gymnastique est utile pour tous, et pour le soldat elle est indispensable. Il faut que le soldat sache sauter des fossés, grimper à un arbre pour se cacher ou pour observer l'ennemi, marcher sur une poutre, monter ou descendre à la corde, traverser l'espace à l'aide d'un câble tendu ou d'une perche.

Le petit bataillon était tout oreilles, heureux de manœuvrer sous les yeux du docteur. Du bourg, on venait souvent chercher ce dernier, mais, quand il avait un moment, l'ancien chirurgien militaire retournait volontiers auprès des apprentis soldats.

— Savez-vous, leur dit-il un jour, comment le général de brigade Béthencourt parvint à traverser les Alpes en 1800 pour se rendre en Italie ? C'est une histoire que je vais vous conter. Elle vous montrera combien la force des bras et de tous les muscles peut être utile dans certains moments.

Le général de Béthencourt marchait à la tête de ses hommes dans un sentier de la montagne, lorsque tout d'un coup le sentier s'interrompt au bord d'un abîme.

Une avalanche de neige et de pierres avait emporté le pont qui se trouvait en cet endroit : au fond de l'abîme grondait un torrent, si profond qu'on ne pouvait le voir.

Vous auriez été bien embarrassés alors, vous, pour passer de l'autre côté !

Le général se penche sur l'abîme, regarde :

« Il faut pourtant que nous passions, dit-il. La gymnastique viendra à notre aide. »

LE PASSAGE D'UN RÉGIMENT AU-DESSUS D'UN PRÉCIPICE, EN 1800.

Sur son ordre, on lance adroitement de l'autre côté du gouffre une corde munie d'un nœud coulant, et on réussit à l'attacher à un tronc d'arbre.

Cette corde, tendue d'un bord à l'autre au-dessus de l'abîme sombre, est le seul pont possible.

« En avant ! dit le général, c'est à moi de voir si la corde est solide. »

Il saisit la corde avec ses bras musculeux, s'y suspend et passe ainsi d'un bord à l'autre.

Ses soldats l'imitent, et un millier d'hommes franchissent le précipice.

Bientôt il ne reste plus sur l'autre bord que les chiens du régiment, qui ne pouvaient passer à quatre pattes sur la corde.

Les pauvres bêtes hurlent un moment sur le bord où on les abandonnait ; enfin, prenant leur décision, elles essayent bravement de descendre le rocher à pic, roulent de roc en roc, tombent dans le torrent, le remontent à la nage et parviennent presque toutes à rejoindre les mille soldats. Vous pensez si on leur fit fête ! Les chiens mêmes avaient été braves à leur façon, comme leurs maîtres.

L. — La désobéissance.

Savoir obéir est une qualité non pas seulement pour l'enfant, mais encore pour l'homme et surtout pour le soldat.

Robert, avec toute sorte de bonnes qualités, avait un grand défaut, celui de ne pas réfléchir assez avant d'agir : dans un de ces moments d'étourderie, il faillit causer un grave accident.

Il était bien fier de faire l'exercice sous la direction de son frère Louis, mais son désespoir, c'était d'avoir un bâton en guise de fusil. Aussi, toutes les fois qu'il revenait de l'exercice, son œil se portait avec envie sur l'ancien fusil du sergent Marcel, suspendu à la muraille. — « Que ce serait amusant, disait-il, de faire *portez armes* avec ce fusil-là ! » Mais son père lui avait bien défendu d'y toucher, et d'ailleurs le fusil était hors de sa portée, au-dessus du lit du sergent.

Un jour, pourtant, la tentation fut trop forte. Marcel était au bureau, Mariette dormait, enveloppée dans les rideaux bleus de son petit lit. Il n'y avait point de bruit dans la maison, et Robert, enhardi par la solitude, se dit :

— Si je pouvais arriver jusqu'au fusil !... Je le soulèverais un peu pour voir s'il est bien lourd... Quel mal cela ferait-il?

Justement le fusil était hors de son étui, car Marcel l'avait prêté la veille à un chasseur du bourg, qui avait le sien à raccommoder chez l'armurier. Ce chasseur avait rapporté le fusil en l'absence de Marcel et l'avait remis au clou en disant : « Si M. Marcel le permet, je reviendrai encore chercher demain son fusil. »

Sans plus réfléchir à la défense de son père, Robert prend une petite table, monte sur le lit de Marcel, place la table sur le lit, se dresse sur la pointe des pieds jusqu'au fusil, le soulève. — Oh ! comme il est lourd ! se dit-il. C'est égal, je crois que je pourrais le porter.

Et voilà Robert décrochant tout à fait le fusil du sergent pour le mettre sur son épaule.

A ce moment, il entend du bruit dans la pièce voisine : c'est Lucie qui arrive. Robert veut remettre le fusil en place ; mais le fusil est trop lourd, le chien s'embarrasse dans la manche de Robert.

Tout d'un coup, l'enfant ressent une forte secousse. Une détonation lui emplit les oreilles, la chambre s'obscurcit de fumée, et la petite Mariette, réveillée en sursaut, pousse des cris perçants.

Lucie accourt toute tremblante, et jette elle-même un cri en voyant le rideau du lit de sa petite sœur percé d'un large trou de balle. Elle prend Mariette dans ses bras, la tâte, défait ses vêtements.

Heureusement l'enfant n'avait rien, et la balle, passant par-dessus sa tête, était allée s'enfoncer dans la muraille.

Tandis que Lucie consolait de son mieux Mariette, tous les habitants de la maison étaient accourus dans la chambre. Marcel était monté de son bureau, la grand'mère avait hâté ses vieilles jambes. — « Qu'y a-t-il? Qu'y a-t-il ? »

Marcel, d'un coup d'œil, comprit tout : d'une part, la négligence du chasseur à qui il avait prêté le fusil; d'autre part, la désobéissance de Robert qui, pâle, terrifié, tenait encore l'arme entre ses mains.

Marcel la lui arracha :

— Malheureux enfant, tu as failli tuer ta petite sœur! La balle a passé à deux doigts de sa tête. Vois! il n'a dépendu que d'un hasard que tu aies un crime à te reprocher.

Puis, sachant que la plus grande punition pour Robert serait de l'abandonner à son chagrin, il l'enferma dans la chambre et redescendit, le front sévère, sans ajouter un mot.

Resté seul, Robert sanglota longtemps. Quand il relevait les yeux, il voyait encore le trou noir de la balle et se rappelait le visage épouvanté de sa chère petite sœur.

A un moment, il entendit ouvrir doucement la porte. C'était Lucie qui entrait. Entendant les sanglots de son frère, la bonne Lucie avait voulu venir le consoler.

Elle lui prit la main, lui parla longtemps d'un ton sérieux et affectueux tout ensemble, et elle lui donna de bons conseils.

Le soir, Marcel remonta et rouvrit la porte. Robert se jeta dans ses bras en pleurant, avec toute sorte de promesses, et il était facile de voir que son repentir était sincère. Il demanda aussi son pardon à la grand'mère, et il embrassa Lucie, Louis, Mariette, surtout Mariette, qu'il ne pouvait regarder sans pleurer encore.

Marcel, voyant combien il se repentait, recommença à lui parler d'un ton moins sévère.

— Comment! disait-il, tu veux être soldat, Robert; tu serais bien fier de tenir un fusil, et tu ne sais pas que la première chose à apprendre pour un soldat, c'est l'obéissance! Ce n'est pas le fusil qui fait le soldat, c'est la discipline et le respect de la règle. Ecoute, Robert, tu mérites une punition.

— Oui, oui, père, punissez-moi.

— Eh bien, je vais t'imposer la punition qui te causera le plus de regrets et te fera le mieux réfléchir. On met les soldats aux arrêts ; toi, je t'interdis pendant quinze jours de prendre part aux exercices de tes camarades. En ce moment, tu n'es pas même digne de jouer au soldat.

LI. — L'inspection du petit bataillon. — Les devoirs du soldat : fidélité au drapeau. — Les drapeaux de Metz.

« La force d'une armée n'est pas seulement dans le nombre de ceux qui entourent le drapeau, mais dans leur énergie à le défendre. » HOCHE.

Un mois s'était passé, Robert avait repris ses exercices dans le petit bataillon.

Un dimanche, Marcel dit : — Je vais vous passer en revue ; nous verrons ce que vous savez faire.

Sur la porte la grand'mère, avec Lucie à côté d'elle et Mariette, assistait à la manœuvre, ainsi que Valentin, qui avait étendu sa jambe sur une chaise pour ne pas trop la fatiguer. Le bataillon défila en bon ordre et, au commandement de Marcel, exécuta diverses évolutions, fit l'exercice, marcha au pas gymnastique.

Marcel distribua des éloges et aussi des critiques :

— Il n'y a pas encore assez d'ensemble, disait-il, ni de précision. Enfin, vous n'êtes pas des vétérans. N'importe, je suis content de vous.

A ce moment, le docteur arriva. Il tenait à la main un drapeau qu'il avait acheté :

— C'est pour le jeune bataillon, dit-il. Il faut que ces enfants s'habituent de bonne heure à aimer le drapeau de la France. Tiens, Robert, c'est toi qui porteras le drapeau.

La joie illuminait le visage de tous les enfants.

— Merci en leur nom, dit Marcel. Et vous, enfants, souvenez-vous que le drapeau est l'emblème de la patrie : on le porte en avant comme un signe de ralliement; le soldat ne doit, en aucun cas, ni déserter le drapeau ni l'abandonner à l'ennemi.

— Oui, ajouta le docteur, la fidélité au drapeau est la première vertu du soldat. Pour un régiment, perdre son drapeau, c'est presque perdre l'honneur. Ah ! mes amis, nos soldats ont eu bien des humiliations à subir dans la dernière guerre, mais la plus dure a été celle de remettre à l'ennemi les drapeaux, après les honteuses capitulations de Sedan et de Metz. J'étais à Metz comme chirurgien-major, lorsque la ville fut livrée aux Allemands. Quand arriva à notre régiment l'ordre de remettre les drapeaux aux Prussiens, j'ai vu de vieux officiers pleurer de honte. Alors notre général nous réunit tous et nous dit.

LES DRAPEAUX DE METZ. Au lieu de les livrer à l'ennemi, plusieurs officiers, après avoir brûlé les hampes, distribuèrent les morceaux d'étoffe à leurs soldats.

« Je ne veux pas que notre brigade, elle, subisse une pareille infamie. Allumons un grand feu. »

Les soldats obéirent, puis, dans la flamme qui s'élevait, le général fit jeter toutes les hampes des drapeaux. L'étoffe de soie avait été mise de côté, cette étoffe où de brillants faits d'armes étaient inscrits en lettres d'or. Le général la fit diviser en autant de morceaux qu'il y avait d'officiers, de sous-officiers et de soldats.

« Gardez à jamais ce souvenir de l'armée et de la patrie, nous dit-il; gardez-le surtout dans l'exil, où vous devez aller maintenant. »

Nous fûmes, en effet, emmenés prisonniers en Allemagne, puis nous revînmes dans nos foyers.

Ce fragment du glorieux drapeau de la France, que j'ai emporté de Metz, je l'ai toujours conservé, je le conserverai jusqu'à la mort comme une relique sainte. Le voici, mes enfants, j'ai voulu vous le montrer.

Et les enfants virent le vieux chirurgien tirer de sa poitrine un morceau d'étoffe flétri, presque méconnaissable, mais glorieux encore, qu'il leva au-dessus de sa tête d'une main ferme. — Enfants, dit-il, ne l'oublions jamais : chacun de nous ne peut pas avoir sur son cœur un morceau du drapeau de la patrie; mais nous tous, et aussi nos mères, et aussi nos sœurs, nous portons dans notre cœur même quelque chose de la patrie, de son honneur, de sa gloire. Plus nos cœurs seront généreux et vaillants, plus la France sera grande.

LII. — L'armée. — Le conseil de revision. — Armée active et réserve de l'armée active; armée territoriale et réserve de l'armée territoriale.

Le service militaire n'est pas seulement un devoir, c'est un honneur. Aussi exclut-on de l'armée, comme indignes, ceux qui ont été condamnés à la prison pour crimes ou délits graves.

A quelque temps de là, une grande animation régnait dans le bourg. Par toutes les routes arrivaient des jeunes gens de vingt ans, à pied ou dans des carrioles, portant des numéros à leurs casquettes. Le tirage au sort avait eu lieu précédemment. Tous les jeunes gens des environs se rendaient en effet au bourg, qui était le chef-lieu du canton, pour paraître devant le conseil de revision. Robert regardait tout ce mouvement avec admiration. Il vit aussi arriver en voiture des officiers, dont Louis lui désignait les grades d'après leurs épaulettes.

LE TIRAGE AU SORT. — On ne retient pas tous les soldats au régiment en service actif pendant les trois années de service. On renvoie dans leurs foyers, après une année, ceux qui ont amené au tirage les numéros les plus élevés; mais, si l'on avait besoin d'eux, on les rappellerait immédiatement.

Dans une des voitures, Robert aperçut un visage qu'il avait déjà vu : — Oh ! dit-il, c'est le préfet. Je le reconnais bien ; seulement il a aujourd'hui son costume de cérémonie.

— Oui, dit Louis ; il va présider le conseil de revision, qui siège aujourd'hui dans notre canton et qui siégera successivement dans les chefs-lieux de canton de tout le département.

— C'est donc bien important, le conseil de revision ? demanda Robert. Qu'est-ce qu'on y fait ?

— D'abord, répondit Louis, on voit si les conscrits sont assez forts et assez grands pour être soldats. On mesure leur taille, et un chirurgien examine s'ils n'ont point quelque infirmité grave.

— Moi, dit Robert, je suis très grand pour mon âge, et j'espère bien qu'à vingt ans j'aurai la taille voulue. Mais, quand j'aurai passé le conseil de revision, que fera-t-on de moi ?

LE CONSEIL DE REVISION : *Examen des yeux.* — Le conseil de revision prononce : 1° des *exemptions* pour infirmités graves ; 2° des *dispenses* de deux ans pour les soutiens de famille (aîné d'orphelins de père et de mère, fils unique de veuve, etc.) ; 3° des *exclusions* pour indignité.

— On t'enverra dans un régiment, dit Louis ; on t'instruira et tu feras partie de l'*armée active*, c'est-à-dire de celle qui est toujours en activité, toujours sous les armes. Tu en feras partie jusqu'à vingt-trois ans.

— Et à vingt-trois ans ? demanda Robert.

— Tu passeras, pour sept années, de l'armée active dans la *réserve* de l'armée active. Tu seras alors un *réserviste*. Il y a plusieurs de nos voisins du bourg qui sont réservistes. Récemment même, te rappelles-tu, ils sont partis pendant vingt-huit jours pour faire des manœuvres militaires. On empêche ainsi qu'ils n'oublient ce qu'ils ont appris.

— Oh ! s'écria Robert, comme je serai âgé quand je serai réserviste !

— A ce moment-là, dit Louis en riant, tu auras une belle barbe au menton, mais tu ne seras encore qu'un jeune homme, et il te restera bien des années à passer dans une autre partie de l'armée, l'*armée territoriale*.

— Territoriale, dit Robert, cela doit venir de *territoire ?*

— Oui, parce que les hommes de l'armée territoriale restent sur le territoire de la patrie ; ils sont spécialement chargés de défendre le sol du pays, les côtes, les ports, les places fortes. A trente-six ans, ils entrent dans la *réserve de l'armée territoriale* et ils y passent neuf ans. Quel âge ont-ils au bout de ce temps-là, Robert ?

— Quarante-cinq ans.

— Alors seulement, dit Louis, ils cessent de faire partie de l'armée. Tu vois que, de vingt ans à quarante-cinq ans, tout citoyen valide doit à la France le service militaire. Aussi, en temps de guerre, la France pourrait mettre sur pied deux millions d'hommes.

— Quelle belle armée! dit Robert.

— Oui, répondit Louis; mais les autres grands pays ont des armées aussi nombreuses. Ce qui fait une bonne armée, ce n'est pas tant la multitude des soldats que leur courage, surtout leur discipline. L'obéissance aux chefs les tient tous unis et les fait marcher comme un seul homme.

En entendant son frère parler ainsi de l'obéissance, Robert ne put s'empêcher de rougir : il se rappelait sa faute récente et les reproches de son père. Louis, le voyant tout ému, n'insista pas davantage. Il prit un livre dans lequel il étudiait, et dit : — Tiens, Robert; je vais te donner à lire des pages de mon histoire de France où on parle de la discipline qui doit régner dans l'armée.

LIII. — Les devoirs du soldat. — Le courage et la discipline.

« C'est ma mère qui, dès l'enfance, m'a enseigné l'obéissance et le courage. » La Tour d'Auvergne.

« Une armée sans discipline est une armée vaincue d'avance. » Turenne.

Robert prit avec respect le livre où son grand frère étudiait l'histoire de France.

Jamais les armées françaises n'ont manqué de courage, mais elles ont trop souvent manqué de discipline, et ce fut l'origine de la plupart de nos revers.

Le vrai courage ne consiste pas seulement à se jeter sur l'ennemi avec la *furie française*; il consiste encore et surtout à savoir obéir aux ordres des chefs, à endurer les privations, les veilles, les jeûnes, les fatigues et les revers. Le plus grand capitaine de notre siècle, Napoléon, a dit : « La discipline et le courage à supporter les privations sont les premières qualités du soldat; la valeur n'est que la seconde. » Un homme qui donna toujours l'exemple de toutes les vertus militaires, le général Kléber, les a résumées dans ces belles paroles :« Etre soldat, disait-il, c'est, quand on a faim, ne pas manger; quand on a soif, ne pas boire; quand on est épuisé de fatigue, marcher; quand on ne peut plus se porter soi-même, porter ses camarades blessés : voilà ce que doit être le soldat. »

En tout et partout, dans les petites choses comme dans les grandes, le bon soldat est esclave de la discipline, esclave de la règle; il n'a pas à discuter ni à apprécier ; il n'a qu'à obéir.

Tels étaient, au temps de la République, les soldats du célèbre régiment de la Tour d'Auvergne. La Tour d'Auvergne, qui reçut plus tard le titre de *premier grenadier de France*, aimait à répéter qu'il avait appris auprès de sa mère le courage et le respect de la règle.

— C'est à ma mère que je dois tout, disait-il, même ces premières qualités du soldat.

L'obéissance aux chefs que montra toujours la Tour d'Auvergne, il l'exigeait sévèrement de ses hommes. Un jour, après une longue marche au soleil dans les montagnes de la Biscaye, sa troupe de grenadiers était venue se reposer à l'ombre de jolis arbres aux troncs élancés.

KLÉBER, né à Strasbourg (1753-1800).

Ces arbres étaient des cerisiers : des milliers de fruits rouges riaient sous les feuilles. Mais on avait sévèrement défendu aux soldats de mettre la main sur ce qui appartenait aux paysans, car nous combattions les soldats et non les gens du pays, dont il importait de conserver l'amitié.

LA TOUR D'AUVERGNE, né en Bretagne, en 1743.

Un jeune soldat regardait les cerises qui pendaient au-dessus de sa tête. Le capitaine la Tour d'Auvergne vint à passer :

— Capitaine, il fait bien chaud, soupira le conscrit : on a soif, par ce temps-là.

— Certes, dit la Tour d'Auvergne. Il y a justement là tout près un ruisseau dont l'eau est très claire. Vas-y.

Le capitaine passa. Le jeune soldat regardait toujours les cerises. Il s'adressa à un sergent à barbe grise qui raccommodait ses souliers percés. — Sergent, dit-il, le capitaine défend qu'on touche au bien des paysans; mais une cerise, par cette chaleur!...

Le sergent fronça le sourcil, et il eut un regard si terrible que le soldat, dont la main se soulevait déjà vers une branche, la ramena vite à son côté.

— Qui prend une cerise, dit le sergent, peut prendre un bœuf. Ce qui n'est pas à nous, n'est pas à nous.

Et il ajouta : — Les Espagnols t'en enverront demain plus que tu ne voudras, des cerises, et des cerises noires encore!

Le conscrit ne souffla mot; il alla boire à longs traits l'eau du ruisseau clair.

Et c'est ainsi que deux mille soldats français campèrent, en 1794, dans une vallée espagnole plantée de cerisiers, sans dérober un fruit. Le fait est historique.

LIV. — La douceur envers les animaux. — Le premier argent gagné.

Loi Grammont : « Sont punis d'une amende de 5 francs à 15 francs, et peuvent être punis d'un à cinq jours d'emprisonnement, ceux qui ont exercé publiquement et abusivement des mauvais traitements envers les animaux domestiques. »

Des *Sociétés protectrices des animaux* se sont formées pour veiller à l'exécution de la loi Grammont. Les membres de ces sociétés dénoncent à la justice ceux qui ont publiquement maltraité un cheval, un bœuf, un âne, un chien, etc.

Le docteur Rémy avait un joli cheval brun, d'origine arabe. En souvenir de son séjour en Algérie il l'avait nommé Ali, et, quand il fallait trotter vite pour aller visiter quelque malade gravement atteint, Ali était infatigable. Le docteur, comme on pense, aimait beaucoup son cheval. Depuis six mois, pour soigner Ali et pour servir dans la maison, M. Rémy avait pris un garçon appelé Dominique, qu'il ne pouvait guère surveiller, étant souvent absent. Dominique avait une assez mauvaise réputation dans le pays.

Un matin, le docteur Rémy entre au bureau de poste :

— Je suis encore tout indigné, dit-il à Marcel; je viens de renvoyer Dominique. Ce garçon n'était pas seulement un paresseux et un joueur, il était brutal envers les animaux. Je l'ai surpris en train de frapper jusqu'au sang mon brave Ali, et je l'ai congédié séance tenante.

— Je comprends cela, dit Marcel. J'ai eu, moi aussi, un cheval, qui ne valait pas le vôtre, mais je m'étais attaché à lui et je n'aurais pas souffert qu'on le maltraitât. C'est lui qui conduisait la voiture de cantine de ma femme. C'était tantôt Louis, tantôt moi qui en prenions soin. Le pauvre animal est mort de froid pendant la retraite de l'armée.

— Alors, reprit le docteur, votre jeune Louis saurait bien soigner un cheval?

— Certes, docteur; il a fallu qu'il l'apprît de bonne heure.

M. Rémy réfléchit un instant.

— Voici, dit-il. Je n'ai pas envie de remplacer Dominique. Après tout, sa seule besogne importante consistait à soigner mon cheval. Eh bien, votre jeune Louis ne pourrait-il s'en charger? C'est l'affaire de quelques heures et cela ne lui ferait pas perdre beaucoup de temps. D'ailleurs, nous sommes proches voisins. Si vous aviez besoin de Louis quand il sera chez moi, vous n'auriez qu'à l'appeler; vous savez qu'on s'entend facilement d'une maison à l'autre. Il va de soi que je dédommagerai de mon mieux votre jeune Louis.

SOINS AUX CHEVAUX. — Le cheval doit être étrillé et brossé avec soin. Un cheval tenu malproprement ne tarde pas à perdre sa santé et sa vigueur.

Dès le lendemain, Louis se leva encore de meilleure heure que d'habitude. A cinq heures il était à l'écurie du docteur, étrillant Ali avec soin, faisant sa litière, le conduisant à l'abreuvoir. L'ouvrage fini, Louis se lava, et remit pour s'en aller ses habits propres. Grâce à ce soin, il revint au bureau sans y rapporter l'odeur de l'écurie.

— Bravo! dit le docteur Rémy, qui avait voulu le premier jour assister au travail de Louis. On voit que tu as les bonnes habitudes de propreté d'un soldat, mon enfant. Je n'ai rien à te dire de plus, sinon de continuer. Seulement, comme tu viens de bonne heure et que notre vieille cuisinière Justine serait obligée de se lever trop matin pour t'ouvrir la porte, voici une clef; prends garde de la perdre, tu entreras sans déranger personne.

Le soir, Louis trouva encore moyen d'arroser les légumes du potager et les fleurs du parterre, auxquelles tenait beaucoup Mme Rémy. Les jours suivants, il lava aussi le cabriolet avec soin; il entretenait les harnais d'Ali avec autant de zèle qu'un équipement de soldat. Bref, il déploya tant d'activité qu'il réussit à faire presque tout ce que Dominique faisait, sans pour cela négliger ses propres études.

— A la bonne heure! lui disait M. Rémy. Voilà comme devraient être tous nos travailleurs. Le temps est de l'argent, et l'art est de le bien employer.

Louis put même rendre maint service à la vieille servante Justine; à ses moments perdus, il allait pour elle puiser de l'eau à la fontaine voisine.

— Merci, disait Justine; vous êtes un garçon complaisant, vous, et certes vous valez cent fois mieux que Dominique... C'est égal, ajoutait-elle en grommelant, je trouve que M. le docteur a tort de ne plus avoir d'homme pour coucher chez lui. Quand il va soigner des malades la nuit, est-ce gai de rester deux femmes seulement dans la maison?... C'est à tenter quelqu'un qui voudrait faire un mauvais coup.

Louis, un peu étonné d'abord des craintes de la vieille Justine, jugea en y réfléchissant qu'après tout elle n'avait peut-être pas tout à fait tort. Mais le docteur, quand il se trouvait là, fermait la bouche à la servante :

— Bah! lui disait-il, je t'ai toujours vue trembler à tout propos; ce n'est plus à ton âge qu'on peut changer.

Du reste, tout le monde ne tarda pas à avoir de l'attachement pour Louis. Ali même, que Louis traitait avec douceur, le connaissait si bien, que le matin, en entendant de loin ses pas, il hennissait de plaisir dans son écurie.

Au bout du premier mois, M. Rémy enchanté dit à Louis :

— Je ne puis pas t'employer ainsi sans te dédommager, mon ami. Voici trente francs.

— Oh! monsieur Rémy, c'est trop pour moi.

— Non, prends cet argent sans crainte : il t'est bien dû, et je sais que, dans ta famille, on n'a pas trop de ressources.

Louis rougit de plaisir en recevant ce premier argent qu'il avait gagné. Il courut, tremblant d'émotion, l'apporter à sa grand'mère. — Embrassez-moi, lui dit-il avec transport, et toi aussi, ma petite Lucie, embrasse-moi. Et désormais ne vous fatiguez plus autant toutes les deux.

Et il fit sonner les six pièces de cinq francs, disant :

— Chaque mois je vous en apporterai autant... Oh! me voici plus heureux que je n'ai jamais été, puisque je me sens utile presque comme un homme.

LV. — La comptabilité. — L'ordre et le scrupule. Les inquiétudes de Justine.

Un commerçant est obligé par la loi d'avoir une comptabilité régulière; les fonctionnaires qui tiendraient mal leur comptabilité seraient punis encore plus sévèrement.

C'était la fin du mois, et Marcel avait à régulariser ses comptes. Ayant eu beaucoup de monde au bureau pendant la journée, il n'avait pu s'en occuper encore. Le soir, peu de temps après son dîner, il alluma la lampe du bureau pour s'installer devant ses registres. Marcel était scrupuleux sur la comptabilité, comme doit l'être non seulement tout fonctionnaire, mais tout homme qui dirige une maison.

Pendant que le père vérifiait ses livres, Louis, de l'autre côté de la rue, arrosait les fleurs de Mme Rémy.

En l'apercevant, la vieille servante sortit de sa cuisine et vint à lui, ayant encore à la main une casserole de cuivre qu'elle nettoyait.

— Louis, dit-elle, vous savez que M. Rémy est parti ce matin pour la session du Conseil général. Nous voilà encore pour plusieurs jours toutes seules, Mme Rémy et moi, et justement les fermiers ont apporté hier leurs fermages : il y a gros d'argent à la maison. Le docteur Rémy rit toujours quand je lui dis que j'ai peur; mais que voulez-vous, je suis poltronne, et je vous serai bien obligée, Louis, d'avoir pendant deux nuits l'oreille au guet pour accourir au moindre appel. Je vous assure que, moi aussi, je ne vais dormir que d'un œil.

Louis promit ce que lui demandait Justine; il la rassura de son mieux et, comme la nuit tombait, il rentra au bureau.

Le sergent y travaillait toujours, car une erreur de compte le préoccupait : il trouvait du moins à sa caisse.

— Est-ce donc une grosse somme, père? demanda Louis.

— Qu'importe? répondit Marcel; quand il s'agit de comptabilité, il n'y a pas de petites erreurs, il faut la balance exacte. Assieds-toi là et aide-moi, Louis.

Tous deux se mirent à vérifier minutieusement les livres.

Il y avait eu beaucoup d'argent à payer et à recevoir, la

vérification fut longue. A onze heures du soir, l'erreur n'était pas encore retrouvée.

— Recommençons notre travail, dit Marcel; tant que je ne saurai pas d'où vient l'erreur, je ne pourrai me coucher. Si un inspecteur passait demain, il me faudrait supporter la honte de voir vérifier des livres mal tenus.

VÉRIFICATION DES COMPTES. — On nomme *agents comptables* les fonctionnaires qui doivent *tenir et rendre des comptes*, parce qu'ils manient l'argent de l'État, du département ou de la commune. — La bonne tenue des livres est également obligatoire pour le commerçant. Un commerçant doit avoir trois registres : un *livre-journal*, où il inscrit *jour par jour* ses ventes ou achats, un *copie de lettres* où il copie toutes ses lettres de commerce, un *registre d'inventaire*, où il évalue exactement ce qu'il *a* et ce qu'il *doit*.

On recommença donc. Louis, malgré sa bonne volonté, tombait de sommeil; car il se levait de bien bonne heure chaque jour.

Tout le bourg était endormi : à la campagne, on veille peu.

Onze heures un quart sonnèrent, puis onze heures et demie : le père et le fils étaient toujours assis en face des registres.

Enfin ils réussirent à trouver l'erreur qu'ils cherchaient et se préparaient à s'aller coucher, lorsqu'un bruit de pas se fit entendre le long du mur.

Les pas s'arrêtèrent près de la boîte aux lettres, et le silence était si complet au dehors que Marcel et Louis entendirent une lettre tomber dans la boîte. « C'est singulier, pensa Marcel, qu'on apporte des lettres à pareille heure! »

Et il écouta. Les pas recommencèrent alors. Au bout d'un instant ils s'arrêtèrent, et un petit bruit comme celui d'une clef dans une serrure se fit entendre.

— Tiens, dit Louis, on dirait que c'est M. Rémy qui revient. Comment cela se fait-il? Il me semble que c'est bien chez lui qu'on entre. Veux-tu, père, que j'aille voir s'il n'a besoin de rien?

— Va, dit Marcel; s'il n'a pas besoin de toi, tu reviendras vite, nous nous coucherons, et nous dormirons tranquilles, car nous aurons rempli jusqu'au bout notre tâche.

LVI. — L'aide aux voisins. — La lutte contre les malfaiteurs. Le commissaire de police et la constatation judiciaire.

La société a des ennemis non seulement au dehors, mais au dedans. Le soldat lutte contre les premiers; les magistrats et les agents de la force publique luttent contre les seconds. Nous devons les aider dans leur tâche, souvent périlleuse, et au besoin les remplacer.

Louis traversa la rue pour aller chez le docteur. La porte du jardin était refermée. Il regarda à travers la grille, et, comme la nuit était épaisse, il n'aperçut rien d'abord.

Puis, au bout d'un instant, il entendit la porte de la maison, située au fond du jardin, tourner doucement sur ses gonds, et il distingua deux ombres qui entraient. L'une de ces deux ombres était-elle le docteur, il n'en pouvait rien savoir.

Il appela : « docteur Rémy ! » mais sa voix se perdit sans doute dans les massifs de plantes, et on ne l'entendit pas; d'ailleurs il n'osait pas faire trop de bruit pour ne pas causer une sotte alerte.

Il réfléchit un moment, puis, les inquiétudes de Justine lui revenant à l'esprit, il prit rapidement son parti, rentra au bureau : — Père, dit-il d'une voix émue, il se passe quelque chose de singulier chez le docteur Rémy : deux hommes viennent d'y entrer sans bruit, et je n'ai pu reconnaître si l'un d'eux est le docteur.

— Allons voir tous deux, dit Marcel. Nous devons aide à nos voisins. Je pense d'ailleurs que tu t'es alarmé sans raison. Prends la clef de la porte et viens.

Ils sortirent rapidement, sans emporter d'arme : la seule qu'il y eût dans la maison était le fusil du sergent et, depuis l'aventure de Robert, on le tenait soigneusement déchargé, enveloppé dans son étui.

Une minute après, ils ouvraient la porte du jardin, suivaient l'allée, arrivaient devant la maison. Là ils éprouvèrent un saisissement : la porte de la maison était entr'ouverte et deux paires de souliers étaient sur le seuil.

A ce moment, un cri déchirant se fit entendre. — Mon Dieu ! s'écria Louis, c'est la voix de Mme Rémy.

Nos amis montèrent l'escalier quatre à quatre : la porte de la chambre à coucher était grande ouverte. Un homme vidait les tiroirs; un autre, penché sur le lit de Mme Rémy, luttait avec elle en lui mettant la main sur la bouche.

Louis, dont les excellents yeux s'étaient faits plus vite à la demi-obscurité de la chambre, s'élança au secours de Mme Rémy, sans plus d'hésitation qu'il n'en eût eu à la guerre pour marcher en avant.

Le voleur qui vidait les tiroirs, et dont la figure était cachée sous l'ombre d'un grand chapeau, en voyant cette arrivée inattendue, ne songea qu'à se sauver. Mais l'autre, qui était d'une force peu commune, lâchant Mme Rémy à demi étouffée, se jeta sur le courageux garçon et le terrassa d'un effort. La situation devenait périlleuse, lorsque le sergent aperçut un superbe poignard algérien qui traînait sur le bureau du docteur. Il le saisit et, de sa main gauche devenue aussi sûre qu'une main droite, il en frappa le malfaiteur avec une précision toute militaire. L'homme lâcha prise aussitôt, recula en chancelant et tomba évanoui; mais sa chute fut amortie par quelque chose de sourd, et, en regardant de ce côté, les deux défenseurs de Mme Rémy virent avec effroi Justine étendue sur le carreau. C'était sur elle que le malfaiteur venait de s'affaisser.

Nos deux amis venaient de risquer leur vie, comme c'était leur devoir, pour la défense de Mme Rémy. Ils semblaient avoir la victoire lorsque, en se retournant, ils entrevirent dans l'ombre du corridor l'homme au chapeau, qui sans doute était revenu pour voir le résultat de la lutte; mais, en apercevant son camarade par terre, il tourna le dos de nouveau. Marcel et son fils le poursuivirent jusqu'au jardin, mais le voleur paraissait connaître parfaitement la maison et le jardin même : il se sauva par une porte de derrière dont il avait la clef, et disparut dans les champs.

Quand Marcel et Louis revinrent dans la chambre pour soigner Mme Rémy et Justine, ils furent bien surpris de n'y plus trouver le malfaiteur qu'ils avaient laissé étendu sur le parquet. Il avait dû revenir à lui, bander sa plaie avec son mouchoir, et il avait trouvé assez de force, grâce à la vigueur de son tempérament, pour s'enfuir sans même laisser dans le corridor des traces de sang.

Soigner Mme Rémy et Justine était plus pressant que de le poursuivre. Tandis que Louis ouvrait les fenêtres et appelait à grands cris les voisins, Marcel enlevait à Mme Rémy un bâillon que le voleur avait placé dans sa bouche et qui l'eût étouffée. Aux appels de Louis, Lucie accourut et aida son père dans les premiers soins aux deux malades. Puis vinrent Valentin et Bernard, qui alla immédiatement requérir la force publique. Il ramena en toute hâte les gendarmes et le commissaire de police.

Le commissaire constata que Justine vivait encore, mais elle était sans connaissance et ne pouvait parler. On la porta sur un lit, et elle était si mal que Lucie s'établit à son chevet pour la veiller.

Mme Rémy était fortement contusionnée, mais elle reprit bientôt ses sens. Nos amis étaient arrivés assez vite à son secours pour la sauver. Aussi, quoique bien faible et bien émue, elle put répondre aux interrogations du commissaire.

— Veuillez, madame, lui dit le commissaire, me raconter avec la plus grande fidélité ce qui s'est passé : j'écrirai votre déposition.

Mais Mme Rémy n'avait rien vu et ne pouvait donner aucun renseignement précis.

— Je dormais profondément, dit-elle, lorsque j'ai été réveillée par la voix de Justine criant : « Madame ! madame ! au secours ! » Justine, en l'absence de mon mari, couchait dans la même chambre que moi, car nous n'étions rassurées ni l'une ni l'autre. Au moment même où j'ouvrais les yeux, j'ai été prise à la gorge et je n'ai pu jeter qu'un seul cri. Puis, je me suis trouvée mal, et je n'ai plus rien vu ni entendu.

Le commissaire, avec l'aide des gendarmes, chercha minutieusement par toute la maison ; mais il fut impossible de mettre la main sur l'assassin que Marcel déclarait avoir frappé. Le plus étonnant, c'est que le commissaire avait retrouvé le poignard algérien dans les vêtements de Justine, qui en avait elle-même reçu un coup à l'épaule. Les deux paires de souliers que nos amis avaient vues au bas de l'escalier avaient également disparu. Mme Rémy déclara au commissaire de police qu'elle avait enfermé dans le secrétaire dix mille francs en or ; cette somme ne s'y trouvait plus.

Cette affaire paraissait si étrange que Marcel lui-même demeura confondu en face de ce qu'il voyait. Néanmoins il fit sa déposition avec la plus minutieuse exactitude sans se préoccuper des commentaires auxquels elle pourrait donner lieu. Il était heureux malgré tout, puisqu'il avait conscience d'avoir rempli son devoir.

LVII. — La lettre anonyme. — Les précautions du commissaire de police.

Autrefois, tout accusé était présumé coupable, traité comme tel et parfois soumis à la torture. Depuis 1789, tout accusé est présumé innocent.

M. Rémy, avisé par dépêche télégraphique, arriva le matin et se mit à soigner ses deux malades, que n'avaient point quittées la jeune Lucie et Mme Valentin.

Vers neuf heures, le docteur reçut la visite du commissaire de police. Celui-ci lui tendit la lettre suivante, qu'il venait de recevoir le matin même de la main du facteur :

Monsieur,

Puisse cette lettre arriver à temps pour vous permettre d'empêcher un vol important que doit commettre prochainement le directeur du bureau de poste chez le docteur Rémy. A l'aide d'une clef qui a été donnée au fils pour entrer le matin et soigner le cheval, on doit s'introduire la nuit, en l'absence du docteur, pour soustraire une somme importante qu'il a reçue de ses fermiers.

J'ai surpris, par hasard, quelques mots qui m'ont mis au courant de cette entreprise, et je vous en fais part sans oser me nommer. Faites poster quelqu'un ; vous prendrez les voleurs et vous verrez que je ne vous trompe pas.

M. Rémy, après avoir lu cette lettre, la repoussa avec indignation.

— C'est une odieuse calomnie ! s'écria-t-il ; Marcel et son fils sont les gens que j'estime le plus au monde. D'ailleurs cette lettre n'est pas signée ; chacun sait le cas qu'il faut faire des lettres anonymes ; la loi les punit, les honnêtes gens les méprisent.

— Je pense comme vous, monsieur Rémy, dit le commissaire de police... Mais l'affaire est si étrange que ma responsabilité de magistrat me force à prendre quelques précautions. L'homme que M. Marcel dit avoir poignardé disparaît dix minutes après, sans laisser de trace, et c'est la servante qui se trouve avoir reçu le coup de poignard ! N'est-ce pas chose étonnante ? Quoique je ne connaisse point vos amis, n'étant ici que depuis quinze jours, je pense qu'ils sont innocents; mais leur intérêt même est que cette innocence se prouve. Pour cela, il ne faut pas qu'on puisse les soupçonner de s'être concertés tous deux avant l'interrogatoire du juge d'instruction. Celui-ci ne peut venir que demain. Je vais dire à M. Marcel que le juge d'instruction désire recevoir immédiatement la déposition d'un des deux témoins et que je vais lui conduire Louis. De cette façon Louis va se trouver éloigné de son père, et ce dernier ne pourra être accusé de lui avoir fait la leçon.

M. Rémy poussa un soupir.

— Vous avez raison, dit-il; faites votre devoir : c'est le meilleur moyen de montrer que nos amis sont innocents.

— D'ailleurs, ajouta le commissaire, personne ne connaîtra rien de l'accusation anonyme. Vous savez bien, docteur, que la justice a le devoir de respecter même les criminels tant que leur crime n'est pas démontré, à plus forte raison des hommes qui jouissent de l'estime publique.

— Et qui ont risqué leur vie pour sauver leurs voisins! ajouta le docteur Rémy.

Ce qui venait de se décider fut exécuté aussitôt. Louis et le commissaire partirent immédiatement en voiture pour Bordeaux.

Le commissaire avait parlé avec beaucoup de courtoisie à Marcel et l'avait félicité de son courage; mais, sans que Marcel pût se rendre compte de ce qui se passait autour de lui, il sentait vaguement qu'un malheur le menaçait.

Par un moment M. Rémy lui avait dit : — Vous connaissez-vous des ennemis ici ou ailleurs, Marcel?

Et Marcel, surpris, avait répondu :

— Mais non, docteur, je n'ai jamais fait tort à personne, et j'ai rendu à tout le monde tous les services qu'il m'a été possible de rendre; personne ne peut donc me vouloir du mal.

Quand le soir arriva et que Marcel se retrouva seul à son bureau, prêt à aller se coucher, ces paroles lui revinrent brusquement à l'esprit. Alors une sorte de clarté se fit soudain en lui. La façon étrange dont les coupables avaient disparu, sans laisser de traces ni de preuves contre eux, le saisit. Que pourrait-il alléguer si quelqu'un l'accusait, lui, de s'être introduit avec la clef que Louis possédait et d'avoir pris les dix mille francs?...

Il se mit à retourner cette pensée avec horreur dans son cerveau; et il ne trouvait rien à répondre, sinon qu'il était un honnête homme, et que toute sa vie l'avait prouvé.

Alors une angoisse insurmontable l'envahit. Il lui parut que jamais il n'avait souffert une souffrance pareille, et il se mit à sangloter comme un enfant, la tête cachée dans sa main unique, songeant à son bien-aimé Louis qui peut-être lui aussi, à cette heure, loin de son père, se sentait accusé ou tout au moins soupçonné.

Marcel était là depuis longtemps dans la solitude du bureau, lorsqu'un pas léger se fit entendre, et les deux bras de sa petite Lucie, se nouant à son cou, l'entourèrent :

— Père, dit-elle, ne pleurez pas ainsi. C'est un moment dur à passer; mais vous êtes si brave, père!

Et les mains de la fillette se posèrent sur la croix d'honneur et sur les médailles du sergent.

— Que veux-tu dire? s'écria-t-il brusquement et d'une voix presque dure; on me calomnie donc?

Elle, calme, avec un beau sourire :

— Je n'ai pas dit cela... J'ai dit que mon père est brave.

Et elle se rapprocha, l'embrassant encore doucement, et, avec une tendresse d'enfant, elle reprit plus bas :

— Mon père n'a jamais craint la mort, il ne craint pas davantage la calomnie.

Il la regarda, effaré. Il lui semblait qu'un abîme se creusait devant lui.

Mais l'enfant avait quelque chose de si doux dans ses yeux bruns, elle lui souriait avec une confiance si forte, qu'il se rattachait à l'espoir en la regardant.

— Ma petite Lucie, lui dit-il, dis-moi tout ce que tu as entendu. J'ai besoin de tout savoir, vois-tu, pour me défendre.

Elle s'assit près de lui et à voix très basse : — Grand'mère dort bien tranquille, dit-elle; parlons bas pour ne pas l'éveiller.

Elle s'interrompit, cherchant comment dire; puis simplement, sans phrases : — Mme Valentin a entendu des gens qui causaient sur ce qui s'était passé et qui disaient : « Personne ne soupçonne les deux Marcel; mais c'est égal, ils auraient mieux fait de ne pas s'occuper de ce qui se passait là-bas : cela pourra bien leur attirer de l'ennui. »

Marcel se redressa comme en sursaut : — « Moi ! pensait-il. Je n'aurais pas porté secours à deux pauvres femmes qu'on assassinait ! Allons donc ! » — La pensée qu'il se fût, par un tel égoïsme, épargné les soupçons qui le faisaient souffrir venait justement de le réconforter en l'indignant. Tant il est vrai que l'idée d'un devoir accompli est la joie la plus fortifiante qui se puisse ressentir.

Lucie avait compris ce que pensait son père, car sa jeune âme sentait d'instinct tout ce qui est noble et élevé ; elle dit donc : — Qu'importe, n'est-ce pas, mon père, l'opinion des autres, si notre conscience est contente ?

— Tu as raison, ma Lucie, je ne voudrais pas retrouver le calme que j'ai perdu au prix d'une lâcheté.

— Nous tous non plus, allez, mon père ; mais soyez tranquille, la vérité se fera jour.

LVIII. — L'interrogatoire du juge d'instruction. La déposition de Justine.

Tout le monde peut être appelé devant les juges, sinon comme accusé, au moins comme témoin. Apporter son témoignage dans une affaire où il peut faire connaître la vérité, c'est un devoir pour tout honnête homme.

Les faux témoins sont punis de la prison, d'une amende, et, dans certains cas, des travaux forcés.

Le lendemain de cette scène, c'est-à-dire deux jours après l'événement, le juge d'instruction suivi de son greffier se rendit chez le docteur Rémy. Il était accompagné du commissaire de police.

On fit visiter au juge le lieu où le crime avait été commis ; on lui montra la place où l'on avait retrouvé Justine étendue, celle où l'on avait aperçu le poignard, le meuble où les dix mille francs avaient été enlevés.

On lui présenta Marcel, qui, d'une voix ferme et sans la moindre hésitation, recommença le récit de l'événement dans ses menus détails, désignant lui-même, sur les lieux, la façon dont les choses s'étaient passées. Pendant ce temps, le greffier écrivait tout.

Quand le récit fut achevé, le juge dit à Marcel : — Tout cela ne vous paraît-il pas bien étrange, monsieur Marcel ? Peut-être avez-vous quelque soupçon qui pourrait éclairer la justice ; enfin que pensez-vous, que supposez-vous ? parlez...

— Monsieur, dit Marcel, je ne soupçonne personne. Je ne connais pas l'homme que j'ai frappé : je ne l'avais jamais vu. L'autre, je ne l'ai aperçu que dans l'ombre du corridor, sous un chapeau qui cachait presque son visage; cela n'est pas assez pour établir un soupçon.

Interrogatoire du juge d'instruction. — Le juge d'instruction est celui qui *instruit* les affaires criminelles, c'est-à-dire recherche les coupables, interroge les prévenus, examine les lieux, etc.

— Alors, dit le juge, vous avez trouvé un rapport quelconque entre la tournure de cet homme et celle d'un autre que vous connaissez?

— Oui, monsieur.

— Nommez cet homme, monsieur Marcel.

— Jamais, monsieur; le soupçon que j'ai est trop vague, et l'honneur d'un homme est chose trop sacrée pour y toucher sans autres preuves.

Le juge regarda fixement Marcel et, en voyant cette figure d'honnête homme, ce regard si fier et si courageux, il se sentit ému. A ce moment, M. Rémy s'approcha du juge :

— Monsieur, lui dit-il, ma vieille servante Justine est toujours en grand danger. Elle ne peut parler ni remuer; mais je suis assuré qu'elle a toute sa connaissance, qu'elle entend très nettement ce qu'on lui dit, et je crois qu'elle sait quelque chose. Si on l'interroge rapidement, de façon à ce que, d'un signe des yeux, elle n'ait qu'à répondre oui, je ne crois pas que cela la fatigue; peut-être même en sera-t-elle soulagée. Seulement, dans l'état où elle est et qui a été provoqué par une violente contusion à la tête, elle ne peut mouvoir que ses yeux et abaisser ses paupières; mais cela suffit pour indiquer un oui ou un non. Voulez-vous la voir?

— Certes, dit le juge.

On fit passer le juge d'instruction et le greffier seulement dans la chambre de la malade.

M. Rémy, s'approchant de son lit, lui dit : — Ma vieille Justine, si tu entends ce que je te dis, tourne les yeux vers moi et regarde-moi : je comprendrai que cela veut dire oui.

Justine, pâle et immobile comme une morte, étendue sur son grand lit blanc, tourna les yeux vers le docteur et le regarda.

Il reprit : — Justine, si cela te fatigue que M. le juge t'interroge, ferme les yeux, nous te laisserons tranquille.

Justine, qui regardait le docteur, tourna ses yeux brillants de fièvre vers le juge et le regarda fixement comme pour lui dire de l'interroger.

Le juge alors, d'une voix grave :

— Ma fille, avez-vous vu le visage de ceux qui se sont introduits pour voler vos maîtres? Si vous l'avez vu, fermez les yeux; je connaîtrai que cela veut dire oui.

Justine aussitôt abaissa ses paupières, et à ce moment, les yeux clos, avec sa pâleur de morte, elle semblait avoir rendu le dernier soupir.

— Justine, dit le juge, regardez-moi.

Elle rouvrit les yeux aussitôt.

— Voulez-vous fermer les yeux et les ouvrir autant de fois qu'il y avait de malfaiteurs pour accomplir le crime?

Justine ferma les yeux deux fois, puis elle les ouvrit.

— S'il y en avait plus de deux, voulez-vous fermer les yeux encore, Justine?

Elle resta immobile, les yeux fixés sur le juge.

— Connaissiez-vous l'un des deux malfaiteurs?

Justine referma les yeux aussitôt.

— Et le second?

Justine ne bougea pas.

— Alors vous en connaissiez un seul?

— Elle ferma les yeux.

— Nous voudrions bien savoir son nom; comment le deviner?

Justine regarda le docteur avec tant d'expression qu'il comprit aussitôt que, lui aussi, connaissait cet homme.

Alors, à voix basse, il dit à Justine :

— Est-ce Dominique, mon ancien garçon?

Justine ferma les yeux avec vivacité.

— Tu es bien sûre que c'est lui, ma brave fille, dit le docteur? Tu es sûre de ne pas te tromper?

Elle referma les yeux, les ouvrit et les referma avec une sorte d'insistance irritée.

— Songez, lui dit le juge, que, si vous vous trompiez, vous feriez poursuivre un innocent. Au nom du Dieu de justice, êtes-vous sûre de ne pas vous tromper?

Elle ferma les yeux avec calme, mais avec énergie.

— Savez-vous lequel s'est jeté sur votre maîtresse?

Elle demeura immobile, faisant voir ainsi qu'elle l'ignorait.

Le juge était perplexe, il ne savait comment l'interroger de nouveau. Il réfléchit et reprit : — Lorsque vous avez été jetée à terre, avez-vous perdu connaissance?

Elle ne ferma pas les yeux.

— Alors vous entendiez ce qui se passait?

Elle ferma les yeux.

— Voyiez-vous ce qui se passait?

Elle ne bougea point.

— Alors vous entendiez sans voir?

Elle ferma les yeux.

Le juge, aussitôt, prenant la déclaration de Marcel, la lui lut; puis il ajouta : — Est-ce ainsi que les choses se sont passées?

Elle ferma les yeux vivement et à plusieurs reprises. Elle avait l'air presque heureuse de voir que les choses se trouvaient si bien exprimées.

— Alors, vous avez bien reconnu à leurs voix M. Marcel et Louis?

Elle ferma les yeux plus expressivement que jamais.

— Vous avez compris qu'ils arrivaient à votre secours?

De nouveau ses yeux s'éclairèrent et elle les ferma.

— Quand ils furent partis à la recherche du voleur, laissant l'assassin par terre, avez-vous entendu celui-ci se relever, marcher dans la chambre et enfin s'enfuir?

Justine acquiesça en fermant les yeux.

— Alors, vous savez bien lequel des deux hommes avait été blessé?

Elle l'affirma.

— Et c'était bien celui que vous ne connaissez pas?

Elle ferma vivement les yeux.

— Merci, ma fille, lui dit le juge. Vous venez d'éclairer complètement la justice, vous avez empêché les soupçons de se porter sur les innocents; vous avez accompli votre devoir. Que cette pensée vous repose de la fatigue que vous venez de supporter si courageusement pour me répondre.

Justine était, en effet, épuisée de lassitude; mais elle paraissait heureuse d'avoir pu se faire comprendre alors que sa langue paralysée la forçait d'assister en silence à tout ce qui se passait. Enfin elle ferma de nouveau les yeux, mais cette fois pour dormir, et un profond sommeil ne tarda pas à s'emparer d'elle.

LIX. — La force publique. — La police. — L'arrestation.

La force publique est l'ensemble des hommes qui ont le droit d'employer la force pour contraindre à l'exécution des lois : gendarmes, gardiens de la paix, gardes champêtres, commissaires de police, etc. Ils requièrent parfois, dans leur tâche périlleuse, l'aide de l'armée.

Nous devons tous obéir aux agents de la force publique quand ils nous commandent au nom de la loi; nous devons même les aider et leur porter secours au besoin.

Dominique le voleur, malgré toutes ses ruses, fut découvert par la police. Au moment même où il venait de prendre sa place sur un bateau qui allait partir de Bordeaux pour Lisbonne, deux gendarmes apparurent devant lui : — Au nom de la loi, dit l'un d'eux, je vous arrête.

L'ARRESTATION. — Hors le cas de *flagrant délit*, dans lequel toute personne est tenue de s'emparer du coupable si elle le peut, l'arrestation ne peut avoir lieu qu'en vertu d'un *ordre* ou *mandat d'arrêt*, indiquant le motif de l'arrestation et l'autorité qui l'ordonne.

Le commissaire de police avait, en effet, remis aux gendarmes un *mandat d'arrêt* par lequel le procureur de la République ordonnait à tous agents de la force publique, gendarmes, gardiens de la paix, gardes champêtres, commissaires de police, de rechercher et d'amener devant la justice le sieur Dominique, comme accusé de vol et de meurtre.

On vit donc revenir Dominique, la tête basse, entre deux gendarmes.

Quant à l'autre meurtrier, le docteur pensait que sa blessure le ferait bientôt retrouver par la police, car, à un moment ou à un autre, il serait obligé de se faire soigner par un médecin.

— Les malfaiteurs, disait M. Rémy, se croient bien à l'abri de la justice parce qu'ils lui ont échappé un jour, mais on les retrouve le lendemain : un rien les perd.

Le docteur ne se trompait pas. Le complice de Dominique fut obligé par sa blessure qui s'envenimait de consulter un médecin. Celui-ci reconnut vite à qui il avait affaire : on avait partout envoyé la description de la forme que la plaie devait offrir. Le médecin prévint aussitôt le commissaire de police. Au moment où le coupable se croyait en sûreté, on l'arrêta sans qu'il pût faire résistance aux agents de la force publique.

Le commissaire de police porte une écharpe dans l'exercice de ses fonctions ; son bureau est indiqué par une lanterne.
Le gardien de la paix maintient le bon ordre dans les lieux publics.

Les deux coupables furent mis sous les verrous. Lors de l'arrestation, la police avait fait chez eux une *descente domiciliaire :* on visita leurs meubles, on les fouilla eux-mêmes et on parvint à trouver, dans une cachette et dans la doublure de leurs vêtements la somme presque complète volée à M. Rémy.

Tout allait donc pour le mieux : les coupables étaient en prison, la justice suivait son cours, le dossier du procès se préparait ; la cause allait venir devant la Cour d'assises.

La prison.

Le docteur, pendant ce temps, avait si bien soigné ses deux malades, que sa femme était presque guérie et que Justine, contre toute espérance, était maintenant hors de danger.

Quelque temps après, plusieurs lettres sous grandes enveloppes arrivèrent à l'adresse de Marcel, du docteur, de Mme Rémy et de M. Valentin. Il s'agissait du procès dans lequel les deux voleurs allaient comparaître. Nos amis étaient convoqués comme témoins : ils devaient se présenter au tribunal de Bordeaux à l'heure indiquée.

Quand le jour fut venu, ils partirent tous ensemble et se rendirent au palais de justice. — Voici le grand moment pour les coupables, dit M. Rémy à Louis. La société outragée par eux va se faire justice et force restera à la loi.

LX. — La justice pénale. — La cour d'assises. — Le jury. L'accusation et la défense. — L'entraînement au crime par la passion du jeu et les mauvaises compagnies.

C'est une chose nécessaire que de connaître l'organisation de la justice dans son pays. La justice française mérite d'autant mieux d'être bien connue qu'elle a servi de modèle aux autres peuples.

Il y avait foule aux alentours du palais de justice quand nos amis arrivèrent, et la salle était déjà envahie par le public.

Louis n'avait jamais assisté à rien de pareil et sa curiosité était vivement excitée. Toutes les têtes se tournaient pour voir ce qui allait se passer.

Le président de la Cour et les juges en robe noire étaient assis devant une table. A leur gauche siégeait l'*avocat général*. Les deux accusés, entre deux gendarmes, avaient pris place au *banc des accusés*, derrière leurs avocats.

Dominique était d'une pâleur effrayante. Il avait jeté les yeux sur la salle en entrant et, en voyant tous ces yeux qui le regardaient avec une sorte de curiosité mêlée d'horreur, il courba la tête, accablé sous la honte. Son camarade, au contraire, affectait l'effronterie d'un homme habitué au crime.

Le président avait tiré au sort les douze jurés, sur une liste composée des hommes les plus recommandables du département. C'est entre les mains de ces jurés qu'on allait remettre l'honneur, les biens, la vie même des accusés ; c'est eux qui devaient déclarer, par un *oui* ou par un *non*, si les accusés étaient coupables.

Quand les douze jurés eurent pris place à leur banc, le *président*, élevant la voix, leur dit avec une gravité qui pénétra tout le monde de respect : — *Vous jurez et promettez, devant Dieu et devant les hommes, de vous décider suivant votre conscience, avec l'impartialité et la fermeté qui conviennent à un homme probe et libre?*

Tous les jurés, debout, la main levée, répondirent :

— « Je le jure ! »

Et l'on voyait sur le visage de ces hommes qu'ils étaient émus, car ils savaient que la cause était grave et que la vie des coupables dépendait de leur oui ou de leur non, de leur *verdict*.

A ce moment, on introduisit successivement et séparément les divers témoins dans la salle d'audience.

Après M. Rémy, après Mme Rémy et Marcel, Louis fut appelé à son tour. Comme il venait d'avoir quinze ans, il avait l'âge nécessaire pour prêter serment. Le président lui dit donc : — *Jurez-vous de parler sans haine et sans crainte, de dire toute la vérité, rien que la vérité?*

SERMENT DES TÉMOINS. — La cour d'assises siège temporairement au chef-lieu de chaque département. Elle se compose d'un *président* et de deux *juges*, assistés de douze *jurés* tirés au sort. Les jurés prononcent sur le *fait* et disent si oui ou non l'accusé est coupable ; les juges prononcent ensuite la *peine*.

Louis répondit, dans la sincérité de sa conscience :

— Je le jure !

Et, avec l'exactitude la plus scrupuleuse, il raconta sans rien omettre et sans rien exagérer, comme un honnête homme doit faire, tout ce qu'il avait vu et entendu.

Sa déposition achevée, il se retira avec calme, car il sentait qu'il avait fait son devoir.

Quand tous les témoins eurent été entendus, le président interrogea les accusés.

— Où avez-vous fait la connaissance de votre camarade ? demanda-t-il à Dominique.

— Dans un cabaret où j'allais jouer et boire, pendant que j'étais encore chez le docteur.

— Saviez-vous que votre camarade était un scélérat, qui avait déjà fait de la prison à diverses reprises ?

— Non, monsieur le président.

— Comment pouviez-vous passer votre temps dans les cabarets sans que votre maître s'en aperçût ?

Dominique baissa la tête : — J'avais fait faire, dit-il, deux clefs : une grande et une petite. Je sortais le soir et rentrais avant le jour sans être vu. Ce sont ces fausses clefs qui m'ont entraîné à ma perte. Mon camarade m'avait conseillé de les faire faire ; plus tard, il m'a engagé à m'en servir pour voler. « Tout se passera bien, me disait-il. Nous entrerons et sortirons sans être vus, comme tant de fois tu es entré et sorti. Nous ne ferons de mal à personne. » Ah ! monsieur le président, tous ces mauvais conseils m'ont perdu.

— Votre histoire, dit le président, est en effet un triste exemple de l'entraînement au mal par les mauvaises fréquentations : d'une première faute, dont on ne prévoit pas d'abord les conséquences, on passe à une plus grave et à une plus grave encore, jusqu'à ce qu'on descende tous les degrés, jusqu'à ce qu'on arrive devant le crime.

Le président interrogea ensuite l'autre accusé.

L'interrogatoire terminé, l'*avocat général* se leva et prit la parole. L'avocat général représente la société et accuse en son nom ceux qu'il croit vraiment coupables, afin que justice soit rendue sans faiblesse.

L'avocat général fit ressortir l'horreur du crime commis par les deux malfaiteurs et les circonstances aggravantes dans lesquelles ce crime avait été commis. — « Un domestique, dit-il, a abusé de la bonté que son maître lui avait autrefois témoignée et de la connaissance des lieux qu'il avait acquise en service. Ne l'oubliez pas, tout crime commis par un domestique ou un employé est plus rigoureusement puni, parce qu'il suppose *abus de confiance*. Ainsi le veut la loi. »

Quand l'avocat général eut terminé son *réquisitoire*, l'avocat de Dominique prit la parole pour défendre son client. Dans sa plaidoirie, il fit ressortir avec éloquence toutes les *circonstances atténuantes*, l'âge de Dominique, ses antécédents qui, sans être parfaits, n'étaient pas ceux d'un scélérat. « Il n'a que vingt ans, dit-il, il est orphelin depuis sa naissance et il n'a jamais reçu les bons conseils ni d'un parent ni d'un maître. »

Après les plaidoiries en faveur des accusés, le jury se retira dans la salle d'audience pour délibérer.

La plaidoirie de l'avocat.

Dominique paraissait en proie à une émotion violente : son sort allait être décidé.

Sur la question habituelle, « l'accusé est-il coupable ? » le jury répondit : *Oui, l'accusé est coupable*.

Mais à la seconde question : « Y a-t-il des circonstances atténuantes ? » le jury répondit également : *Oui*.

Le rôle du jury était fini : il avait rendu son verdict.

Ce fut le tour des *juges* de délibérer sur la peine qu'ils devaient appliquer au nom de la loi.

La sentence du tribunal.

Vingt ans de travaux forcés furent la punition du crime de Dominique.

Son camarade, lui, fut reconnu coupable avec circonstances aggravantes : principalement la récidive, la longue préméditation, surtout la lettre anonyme qu'il avait écrite pour faire condamner des innocents. La sentence entraînait la peine de mort.

Quand Marcel et Louis revinrent dans leur famille et qu'ils eurent achevé le triste récit de cette affaire, la grand'mère attira Robert et Louis dans ses bras et, d'une voix émue, elle leur dit : — Oh ! mes chers enfants, voyez où peuvent conduire les mauvaises compagnies, l'amour du jeu, l'amour de la boisson. Quand vous vous trouverez en face de quelqu'un dont les paroles et la conduite ne vous paraîtront pas celles d'un honnête homme, ne vous liez jamais avec lui. Il y a longtemps qu'on l'a dit et ces paroles seront toujours vraies : « Dis-moi qui tu fréquentes et je te dirai qui tu es, ou du moins qui tu deviendras. »

LXI. — La justice civile. — Le juge de paix et les divers tribunaux.

Vivez en bonne intelligence avec vos voisins : un voisin est déjà presque un ami.

Si, par hasard, vous vous croyez lésé dans votre droit, consultez le juge de paix et écoutez toujours ses conseils. Vous éviterez ainsi d'aller de tribunal en tribunal, de dépense en dépense.

Louis trouva le temps, avant le repas, d'écrire à Rose Zurog pour lui raconter le procès auquel il avait été mêlé.

Ensuite on se mit à table et on dîna en famille avec Valentin et sa femme. De bonne heure Valentin, qui se sentait très fatigué, se retira : il était resté beaucoup plus faible depuis l'accident de la carrière et se plaignait souvent le soir d'avoir un peu de fièvre.

Après son départ, on se remit à causer du procès.

Il fallut tout raconter dans le détail à la grand'mère, à Lucie et à Robert. Robert, surtout, ne se lassait pas d'interroger et demandait cent explications. Il se figurait par la pensée les juges en robe, les jurés, les témoins et la foule remplissant la grande salle. — Est-ce que tous les procès se jugent ainsi à la Cour d'assises ? demanda-t-il.

— Mais non, dit Marcel, la Cour d'assises ne juge que les crimes. Quand il y a des contestations entre les *particuliers*, par exemple pour un champ ou un héritage, on s'adresse simplement aux *tribunaux civils*. Sais-tu quel est le premier et le plus simple des tribunaux ? C'est celui du juge de paix.

— Ah ! dit Robert, j'avais oublié le juge de paix, et pourtant je sais qu'il y en a un dans notre bourg ; je le connais bien, et mes camarades aussi, parce que l'un d'eux a été forcé d'aller devant lui.

— Comment cela ? dit Marcel. Les enfants n'ont pas de procès, je suppose !

— Voilà, dit Robert. Quoique notre maître nous eût bien défendu à tous de jeter des pierres, même en jouant, le fils du charron en lançait l'autre jour à Bernard. Bernard, sans lui répondre, est entré pour travailler chez son patron le maraîcher. Le fils du charron a voulu continuer de jeter des pierres à travers la clôture, et elles sont allées tomber, l'une après l'autre, sur les serres du jardinier. Il y a eu plusieurs grandes vitres cassées, de belles plantes ont été tout abîmées, et le patron jardinier a reçu une pierre sur la tête. Alors, il est sorti très fâché, et est allé tout de suite demander aux parents de payer les dégâts. Il réclamait une grosse somme. Les parents se sont fâchés à leur tour et n'ont rien voulu payer. Alors on est allé devant le juge de paix.

LA CULTURE MARAÎCHÈRE. — C'est celle des légumes et des primeurs. Dans le voisinage des grandes villes elle rapporte des bénéfices importants.

— Et que fit le juge de paix? demanda Lucie.

— Il s'y prit si bien qu'il finit par mettre tout le monde d'accord. Seulement, les parents durent tout de même payer quelque chose au jardinier pour les vitres cassées et les plantes perdues. Mon camarade, qui était avec ses parents devant le juge de paix, avait grande honte. Le juge l'a grondé très fort et lui a dit : « Corrige-toi, si tu ne veux pas avoir affaire plus tard à des tribunaux plus sévères que le mien. » Depuis ce temps-là, je vous réponds que le fils du charron ne jette plus de pierres !

LES JUGES DE PAIX sont des magistrats qui, dans chaque canton, sont chargés d'examiner les différends, et, s'il est possible, de les terminer sans procès, par voie de *conciliation*.

Personne, dans la famille, ne connaissait encore cette petite histoire, parce qu'elle était arrivée au moment des graves événements qui se passaient chez le docteur. Aussi tout le monde avait écouté Robert avec intérêt.

Ce dernier, après un instant de silence, reprit :

— Mais que serait-il donc arrivé si le juge de paix n'avait pas réussi à mettre tout le monde d'accord et si les parents avaient refusé de dédommager le jardinier ?

— Le juge de paix les y eût forcés, dit Marcel, car il juge en dernier ressort pour les sommes inférieures à cent francs. Mais, quand il s'agit d'affaires plus graves, on peut ne pas se contenter de son jugement. On s'adresse alors au *Tribunal de première instance*. Si on n'est pas encore content, on porte

Un Palais de Justice monumental : Palais de Justice de Paris.

l'affaire devant la *Cour d'appel*. Il y a même encore un tribunal suprême, appelé la *Cour de cassation*, qui peut casser les jugements de la Cour d'appel, mais seulement lorsqu'ils n'ont pas été rendus dans les *formes* prescrites par la loi.

Le conseil de guerre.

— Que de tribunaux ! dit Robert.

— Tu vois, mon enfant, qu'on a fait en France tout ce qu'on a pu pour assurer aux citoyens pleine et entière justice. Et les tribunaux civils que je viens de nommer ne sont pas encore tout : il y a en France un certain nombre de tribunaux spéciaux. Ainsi les *Tribunaux de commerce*, élus par les notables commerçants des grandes villes, jugent les différends entre les commerçants. Les *Conseils de guerre*, composés d'officiers, jugent les délits commis par les militaires.

— Je sais, dit Robert; Louis m'en a parlé. Ce sont des tribunaux bien sévères.

— Si sévères que, pour une injure à un chef, on peut être condamné à mort. C'est ainsi que le célèbre Cambronne faillit être fusillé.

— Cambronne, dit Louis; celui qui commandait la garde à Waterloo et qui refusa de se rendre ?

— Celui-là même. Écoute son histoire. Tu verras la faute qu'il avait commise, et comment il l'a réparée par une vie d'honneur.

LXII. — Le serment de Cambronne. — Un buveur corrigé.

Chose promise, pour l'homme d'honneur, c'est chose faite.

A l'âge de vingt ans, Cambronne était caporal en garnison à Nantes. Il prit la mauvaise habitude de boire, et, un jour, étant ivre, il frappa son colonel qui lui donnait un ordre.

Cambronne, né près de Nantes, en 1770, mort en 1842. Il s'enrôla comme grenadier en 1792. Après la mort de *La Tour-d'Auvergne*, qui succomba près de lui sur le champ de bataille, il mérita d'être proclamé le *successeur du premier grenadier de France.*

D'après les lois militaires, Cambronne devait passer devant le Conseil de guerre et ne pouvait éviter une condamnation à mort.

Son colonel va le trouver dans sa prison : — Caporal, tu as commis une grande faute.

— Mon colonel, je sais la loi; je suis prêt à être fusillé.

— Eh bien! j'ai pu obtenir ta grâce, parce que tu es un brave; mais à une condition : c'est que tu ne t'enivreras plus une seule fois désormais.

Cambronne, qui avait eu un mouvement de joie, hocha la tête.

— Mon colonel, vous êtes bien bon ; mais, voyez-vous, quand je commence à boire, je ne sais jamais où je m'arrêterai ; je ne peux pas promettre cela ; je ne tiendrais pas ma promesse. Mieux vaut me fusiller.

— Eh bien ! alors, promets de ne plus boire du tout, cela reviendra au même ; jure de ne plus approcher une goutte de vin de tes lèvres.

Cambronne eut un soupir.

— Allons, décide-toi ; aimes-tu mieux être fusillé ce soir?

— Mais, dit Cambronne, qui vous garantira que je tiendrai mon serment ?

— Et ton honneur ? n'est-ce pas assez ? dit le colonel.

— Eh bien, reprit le caporal d'une voix ferme, je jure sur l'honneur de ne plus boire de ma vie une goutte de vin.

Vingt ans se passèrent. Le caporal Cambronne était devenu général. Un jour, il se retrouva en présence de son ancien colonel, alors vieux et cassé.

Le colonel avait oublié depuis longtemps l'aventure d'autrefois. Il fit monter une bouteille de vin du Rhin, pour fêter la rencontre, et il s'étonna que Cambronne ne portât pas ses lèvres à son verre plein de ce vin couleur d'or. Mais Cambronne, se levant brusquement :

— Eh quoi ! colonel, avez-vous pu croire que j'aie oublié mon serment ? ne vous souvenez-vous plus de Nantes, de la prison, de la manière dont vous m'avez sauvé ?

Et Cambronne se jeta dans les bras de son vieux chef, à qui il avait tenu parole toute sa vie sans un instant de défaillance.

Il n'y a ni bon soldat ni bon citoyen sans l'honneur et sans le respect de la parole donnée.

LXIII. — L'enseignement et ses divers degrés. — L'enseignement primaire et l'enseignement secondaire. — Les écoles du gouvernement.

On reçoit dans les écoles publiques ou privées l'*enseignement primaire*.

On reçoit dans les lycées et collèges l'*enseignement secondaire*, qui comprend les langues anciennes, le français, les langues vivantes, la philosophie, l'histoire et les sciences.

Enfin, l'*enseignement supérieur* se donne dans les Facultés et dans les grandes Écoles de l'État.

Deux jours après, le docteur Rémy fit venir Louis dans son cabinet. Le docteur était assis à son bureau, devant une grande table encombrée de livres. Tout le long des murs couraient les planches d'une bibliothèque chargée aussi de volumes. Çà et là, on voyait des instruments de physique et de chirurgie.

Quand Louis entra, un peu intimidé par la gravité du docteur, ce dernier lui donna une poignée de main et, lui montrant une chaise : — Assieds-toi là, mon ami, j'ai à te parler.

Louis s'assit, étonné, et le docteur reprit alors : — Je sais, Louis, que tu désires entrer plus tard à l'armée comme ton père. Je sais aussi que tu travailles consciencieusement : tu as déjà reçu une bonne *instruction primaire*, que tu perfectionnes encore sous la direction de notre instituteur.

LA BIBLIOTHÈQUE DU DOCTEUR. — Les bibliothèques sont, pour les particuliers et pour les peuples, une véritable richesse.

Tu comprends, en effet, qu'à l'armée comme partout les ignorants et les paresseux ne sont bons à rien. J'ai besoin de connaître ce que tu as appris. Je vais te poser des questions qui dépasseront un peu l'enseignement primaire, des questions d'*enseignement secondaire*, sur la langue française, l'histoire, la géographie, les mathématiques et la physique.

L'ENSEIGNEMENT SECONDAIRE. UN LYCÉE. — LE LYCÉE HENRI IV, À PARIS. — La plupart des villes importantes ont des *lycées*, établissements d'instruction secondaire entretenus par l'État. Paris a plusieurs grands lycées : lycée Charlemagne, lycée Louis-le-Grand, lycée Henri IV, etc.

— Oh ! monsieur le docteur, dit Louis tout ému, l'enseignement secondaire n'est-il pas celui qu'on donne dans les lycées et collèges ? Je ne suis jamais allé là, moi.

— N'importe, dit le docteur. Réponds-moi. Je commence par les mathématiques.

Et le docteur, en effet, posa des questions assez embarrassantes au fils du sergent.

Louis qui, cinq minutes auparavant, était bien loin de s'attendre à cet examen, sentit d'abord son cœur battre si fort qu'il avait peine à bien retrouver ses idées. Mais, après quelques moments d'hésitation, la conscience du savoir réel qu'il avait acquis par son travail lui rendit un peu d'assurance. Ses réponses aux interrogations furent généralement précises et claires.

Le docteur arriva à des questions de plus en plus difficiles et se convainquit que l'éducation de Louis était déjà assez avancée.

L'École spéciale militaire de Saint-Cyr (Seine-et-Oise) est destinée à former des *officiers* pour l'infanterie, la cavalerie, l'infanterie de marine. La durée du cours d'études est de deux ans. Les élèves qui satisfont aux examens de sortie sont admis comme *sous-lieutenants* dans l'armée.

— C'est bien, dit-il. Je suis content de toi. Tu as déjà appris beaucoup sous la direction de notre excellent instituteur. Maintenant, voici où j'en veux venir. Si tu veux travailler davantage encore pendant trois ans, je me charge de te préparer pour l'*École militaire de Saint-Cyr*.

— Saint-Cyr! oh! monsieur le docteur, vous êtes trop bon. Mais ce serait bien difficile! Saint-Cyr, c'est une des grandes écoles du gouvernement.

L'École polytechnique. — On y forme les ingénieurs pour l'artillerie, les mines, les ponts et chaussées, la marine, les tabacs, les lignes télégraphiques, les chemins de fer, etc.

— Oui, dit le docteur, mais il est beaucoup moins difficile d'y entrer qu'à l'*École polytechnique* ou à l'*École normale supérieure*. En trois ans, d'ailleurs, on peut apprendre beaucoup. Je me charge de t'enseigner tout ce qui sera nécessaire, d'abord pour le baccalauréat ès sciences, que tu dois passer avant tout, puis pour les examens de Saint-Cyr. Réfléchis et demande à ton père. Si tu es admis à l'école de Saint-Cyr, nous tâcherons d'obtenir pour toi une bourse, c'est-à-dire que tu n'auras rien à payer du tout pendant deux ans d'études ; tu sortiras ensuite avec le grade de sous-lieutenant.

L'École normale supérieure, où se forment les professeurs des lycées, a eu et a encore des maîtres célèbres. Parmi eux on peut citer M. Pasteur, le grand chimiste, qui, dans le laboratoire de l'École normale, a fait tant de découvertes importantes. Parmi ces découvertes, la plus récente est celle de la *vaccination de la rage*. Des personnes mordues par des chiens enragés sont venues de toutes les contrées, depuis l'Afrique jusqu'à la Russie, pour se faire vacciner, et la plupart ont été guéries.

— Quel bonheur! dit Louis, dont les yeux brillèrent. Mais, monsieur le docteur, vous allez prendre bien de la peine, si vous vous chargez ainsi de me préparer.

— Certes, dit le docteur, je prendrai de la peine ; mais crois-tu donc que je puisse oublier quel service vous m'avez rendu, toi et ton père ? Ma femme et moi, nous réfléchissons depuis plusieurs jours aux moyens de te montrer notre reconnaissance. Justine elle-même a donné son avis. Saint-Cyr a été adopté à l'unanimité : il ne manque plus que le consentement de ton père et de ta grand'mère.

Louis remercia encore le docteur Il sortit bouleversé de joie et raconta tout à sa famille. La joie devint bientôt générale et Marcel n'hésita pas à accepter la proposition du docteur.

Dès le lendemain, Louis étudiait dans une grammaire latine et dans un livre de géométrie que lui avait prêtés le docteur. Robert, qui tournait autour de lui avec admiration, lisait par-dessus son épaule quelques mots de latin, ou regardait les belles figures de géométrie.

— Bachelier ! répétait-il. Tu seras bachelier !

— Oui, dit Louis, il faut que je sois bachelier ès sciences.

— *Ès sciences*, reprit Robert, qu'est-ce que cela veut dire ?

— Cela veut dire bachelier pour les sciences. Il y a d'autres bacheliers pour les lettres, qu'on appelle bacheliers ès lettres.

— Les lettres! qu'est-ce que cela veut dire encore? Il ne s'agit pas d'apprendre ses lettres comme à l'école, ajouta en riant Robert; car alors, moi, je serais depuis longtemps bachelier ès lettres!

— Et moi bientôt, dit la petite Mariette, qui, déjà grandie, se mêlait parfois à la conversation et était très fière de savoir un peu lire.

— Mais non, répondit en souriant Louis, les *lettres*, les *belles-lettres*, la *littérature*, c'est l'étude des chefs-d'œuvre écrits en prose ou en vers par les auteurs anciens ou modernes. Mais ce que j'apprendrai surtout, moi, ce sont les sciences; ce sera déjà bien difficile. La peur me prend souvent à la pensée de ne pas réussir.

— Oh! ne crains rien, mon bon Louis, dit Lucie; tu es si travailleur que tu seras reçu, et avec des éloges encore, j'en suis sûre! En trois années, un élève laborieux peut apprendre bien plus qu'un paresseux en dix ans.

LXIV. — La ferme-école. — Le télégraphe. Exemple de civisme donné par une jeune fille.

Toute jeune fille française doit songer à être digne du pays qui a produit Jeanne d'Arc.

Le temps s'écoula. Parents et enfants travaillaient avec le même courage. Louis, au témoignage du docteur, faisait de grands progrès. Lucie avait passé ses examens pour les télégraphes et avait obtenu l'emploi désiré. Toute la famille Marcel avait maintenant devant elle la perspective de jours prospères pour l'avenir.

Il eût été difficile de dire que l'aisance régnât déjà dans le ménage; néanmoins, grâce à l'économie bien entendue de la grand'mère, personne ne manquait du nécessaire. Et d'autre part la jeune ménagère Lucie avait tant d'ordre, de propreté, de gaieté charmante, de soins pour chacun, que tout le monde se sentait heureux et que tous se portaient bien.

Il y avait pourtant une ombre au bonheur de la famille Marcel. Tous leurs amis n'étaient pas aussi bien partagés qu'eux-mêmes. Mme Rémy, quoique moins malade que Justine après la tentative de meurtre, ne s'était pas remise comme la vieille servante. Sa santé était restée mauvaise.

La famille Valentin était plus malheureuse encore. Depuis l'accident de la carrière, Valentin avait dû renoncer à l'extraction de la pierre, ne sentant plus sa jambe assez solide, et il s'était mis à la taille des pierres; mais sa santé semblait altérée. D'autre part, il n'avait plus auprès de lui son fils aîné Bernard. Celui-ci, pour compléter son apprentissage, était entré dans une *ferme-école.* Il y devait passer plusieurs années avant d'obtenir un certificat d'aptitude.

LE TAILLEUR DE PIERRES.

Valentin venait souvent causer avec la famille Marcel comme autrefois. Il s'asseyait d'un air las au coin du feu.

— Ah! dit-il un jour, je ne serais pas trop gai si mon fils Bernard, quoique loin de moi, ne me donnait de grands sujets de contentement. Il travaille bien à sa ferme-école; ce sera un solide agriculteur. Moi, je ne sais pas ce que j'ai; depuis ce sang que j'ai perdu et cette jambe démise, je suis resté faible, je passe tous mes hivers à tousser... Enfin il ne faut jamais s'écouter... Mariette, viens sur mes genoux. En voilà une qui a de la santé à revendre! Voyez quelles bonnes joues.... et une bonne humeur! Cela ne demande qu'à jouer et à rire.

UNE ÉCOLE D'AGRICULTURE. — Il existe en France de grandes écoles d'agriculture : à *Grignon* (Seine-et-Oise), à *Montpellier* (Hérault), à *Grand-Jouan* (Loire-Inférieure). Pour y être admis, il faut subir un examen. La durée des études est de deux ans. Il y a aussi dans la plupart des départements des *fermes-écoles*, où l'on enseigne l'agriculture et ses perfectionnements.

Mariette en effet, la grosse fillette que nous avons vue au commencement du récit, avait atteint ses sept ans; c'était une enfant bien venue, qui, disait l'institutrice, faisait déjà bonne figure à l'école du bourg. Robert, lui, était maintenant un petit homme de onze ans.

Ç'avait été une grande nouveauté pour Robert et Mariette quand on avait agrandi le bureau de poste et qu'on y avait installé les appareils télégraphiques. Comme les deux enfants étaient devenus plus raisonnables avec le temps, on leur permettait de regarder : — Mais ne touchez à rien, disait Lucie; je répondrai à vos questions et je ferai la manœuvre devant vous.

BUREAU TÉLÉGRAPHIQUE. — L'appareil qui reçoit les dépêches s'appelle *récepteur*. L'appareil qui sert à envoyer les dépêches s'appelle *manipulateur*.

Quand une dépêche était envoyée à Lucie, une sonnerie retentissait. — Bon! s'écriait Mariette; voilà une dépêche qui arrive, Lucie; viens vite.

Lucie, à son tour, faisait marcher la sonnerie pour avertir qu'elle était présente; puis Robert et Mariette voyaient tourner tout seul le rouleau de papier bleu où s'inscrivait à mesure la dépêche. — C'est l'électricité, disait Lucie, qui, en passant dans les fils, vient attirer un ressort, à la façon de l'aimant qui attire le fer. Ce ressort en pousse d'autres et tout le mécanisme entre en mouvement.

Quand c'était une dépêche privée, Lucie gardait le silence devant Robert et Mariette; quand c'était une dépêche concernant le service, envoyée par un autre bureau, elle la lisait quelquefois à haute voix. Par exemple : — « Bordeaux. Un violent ouragan a brisé la ligne au delà de Périgueux. » — Ou encore : — « Entre Orléans et Blois les communications sont momentanément suspendues. »

Lucie avait souvent elle-même une dépêche à envoyer. Robert et Mariette entendaient alors le tic-tac du manipulateur qui, sous les doigts de la jeune fille, produisait comme des rythmes de tambour, selon les divers signaux à transmettre.

— Voyez, enfants, disait Lucie ; au moment même où je touche le bouton, l'électricité que fournit la pile placée dans mon bureau passe et, en un éclair, le courant d'électricité est déjà rendu à Bordeaux, ou à Périgueux, ou à Orléans, ou à Paris ; il a eu le temps de faire huit fois le tour de la terre !

PILE ÉLECTRIQUE où se forme l'électricité.

— Et cela ne fait aucun bruit en passant si vite le long des fils ? demanda naïvement Mariette.

— Pas le moindre bruit, dit Lucie. Tu aurais beau écouter, va, curieuse, tu n'entendrais rien.

— Alors, on ne peut pas apprendre les secrets au passage ?

— Pas en écoutant, au moins, dit Lucie.

— Comment donc ? demanda Mariette, fort intriguée.

— En faisant communiquer le fil avec un autre cadran où l'électricité viendrait produire des signaux.

— Est-ce qu'on a fait cela quelquefois, reprit Mariette.

— Oui, on l'a fait pendant la guerre de 1870, dit Lucie. Une jeune fille à peu près de mon âge a pu saisir ainsi certains secrets de l'armée ennemie.

— Quoi ! elle avait ton âge ?

— Oui ; l'histoire est bien connue. Cette jeune fille tenait le bureau télégraphique de Pithiviers. Les ennemis, en arrivant, s'emparèrent du télégraphe, mais la jeune Française avait caché un des appareils dans sa chambre, située à l'étage supérieur. Elle mit l'appareil en communication avec le fil télégraphique, et, quand une dépêche arrivait, elle la recevait, elle aussi, sans qu'on s'en doutât ; puis elle faisait porter la dépêche au commandant des troupes françaises. Un jour, elle apprit par ce moyen que l'ennemi allait surprendre et entourer une brigade de notre armée. Aussitôt elle fit avertir le commandant, et sauva ainsi nos soldats du massacre. Les Allemands, très étonnés, finirent par avoir des soupçons et découvrirent la cachette. Mlle Dodu, c'était le nom de la jeune fille, fut condamnée à mort.

— Comment, on l'a tuée !

— Non, non, rassure-toi, Mariette, la signature de la paix lui a sauvé la vie. Plus tard on l'a décorée et l'Académie française lui a décerné le prix Monthyon. Cette histoire m'a beaucoup intéressée, moi qui suis aussi dans un bureau télégraphique.

— Oh ! dit Robert, je suis sûr que tu en aurais fait autant à sa place !

— Je ne sais pas ce que j'aurais fait, dit Lucie ; mais il me semble bien que toutes les jeunes filles françaises devraient consentir à la mort plutôt que de laisser lâchement massacrer une armée de la France.

— C'est vrai, cela, dit Mariette. Et il paraît que les femmes françaises sont très courageuses, très patriotes : notre maîtresse nous a dit à l'école, en nous parlant de Jeanne d'Arc et de Jeanne Hachette, qu'aucun autre pays n'a eu des femmes comme celles-là.

LXV. — Autorité paternelle et protection des mineurs.

Tout faible a un protecteur : *la loi.*

Depuis de longs mois, Louis travaillait sous la direction du docteur. Quand vint l'époque où il devait passer ses examens, il écrivit au recteur de l'académie, pour lui demander de se présenter aux examens du baccalauréat. Il joignit à sa demande son acte de naissance, qu'il était allé chercher à la mairie, et une autorisation de son père, ainsi conçue :

« J'autorise mon fils à passer ses examens du baccalauréat ès sciences, devant la Faculté de Bordeaux. »

Robert était bien étonné de ces formalités.

— Pourquoi donc as-tu besoin du consentement de notre père ? demandait-il à Louis.

— C'est que je suis encore mineur, Robert ; et toi, es-tu majeur ou mineur ?

— Oh ! dit Robert, je suis encore mineur, et Mariette aussi ; nous ne serons majeurs qu'à vingt et un ans, et Mariette a encore longtemps à attendre.

— Eh bien, reprit Louis, crois-tu donc qu'un mineur, comme toi ou moi, ait le droit de faire tout ce qu'il veut, par exemple de payer les frais d'un examen sans le consentement de son père ?

— Je n'y songeais pas! dit Robert.

— Tant qu'un enfant est mineur, continua Louis, la loi le laisse sous l'*autorité* et aussi sous la *protection* de ses parents. Je ne puis rien faire d'important sans le consentement de mon père. Et, si nous avions le malheur d'être sans père ni mère, la loi nous donnerait un *tuteur*.

Félicien David, né en 1810, dans le département de Vaucluse, est un de nos grands musiciens.

— Un tuteur, qu'est-ce que cela, Louis? Je connais bien les tuteurs que Bernard met dans son jardin à ses pommiers ou à ses cerisiers, quand ils sont trop faibles pour se soutenir tout seuls.

— Eh bien, dit Louis en souriant, le tuteur d'un enfant est aussi son soutien; il est ordinairement choisi parmi les membres de sa famille. L'enfant doit à son tuteur le respect et l'obéissance qu'il doit à ses parents. Le tuteur protège l'orphelin, administre ses biens, le dirige et défend au besoin ses droits. Je me rappelle l'histoire d'un grand musicien de notre siècle, Félicien David, qui fut orphelin à l'âge de cinq ans et qui eut pour tuteur son oncle. A huit ans, Félicien David montra une intelligence si précoce, surtout pour la musique, qu'on obtint pour lui une place à la maîtrise d'Aix en Provence, puis une bourse dans un collège. Quand il eut fini ses études, son tuteur le plaça comme

Orchestre exécutant une symphonie au Conservatoire national de musique. — Le Conservatoire de musique a des élèves qui suivent des cours de musique instrumentale ou vocale, sous la direction des maîtres les plus habiles. Il y a aussi des écoles de musique dans diverses grandes villes, Marseille, Toulouse, Dijon, etc.

clerc chez un avoué, mais la vocation musicale du jeune Félicien devenait de plus en plus évidente, et il avait déjà composé des airs d'église remarquables. Son tuteur lui permit alors d'aller à Paris, pour y être élève du *Conservatoire de musique*. Plus tard, il devint célèbre dans le monde entier par une grande symphonie pour orchestre intitulée le *Désert*, qu'il avait composée après un voyage en Algérie. Il y représente, au moyen des sons, les impressions que cause le lever du soleil dans le désert. L'histoire de Félicien David m'avait frappé, car elle est l'exemple de l'appui qu'un orphelin peut trouver dans sa famille et dans la société. Tu vois, Robert, qu'en établissant la *tutelle*, la loi a tout prévu pour l'intérêt des mineurs.

— De cette façon, ajouta la grand'mère, qui écoutait la conversation de ses deux petits-fils, les parents peuvent se dire en mourant que leurs orphelins ne resteront pas à l'abandon; comprends-tu, Robert, combien cette pensée doit adoucir, à l'heure de la mort, le chagrin que les parents éprouvent en s'en allant seuls, quand leurs enfants ne sont encore ni assez grands pour se suffire, ni assez sages pour se diriger eux-mêmes?

LXVI. — L'enseignement supérieur. Les facultés. Les grades universitaires. Le baccalauréat. — Une page de Sénèque: Dieu dans la conscience.

Les peuples qui sont à la tête de la civilisation ne sont pas seulement ceux qui ont la meilleure instruction primaire: ce sont ceux qui ont aussi le plus remarquable *enseignement supérieur*. Les grands savants font la force et la gloire d'une nation.

Le jour vint enfin pour Louis de subir les examens du baccalauréat. Ce fut un moment de grande préoccupation pour toute la famille. Robert, devenu un garçon raisonnable de onze ans, avait lui-même travaillé avec ardeur; il obtint de son père la permission d'accompagner Louis à Bordeaux, pour assister à ses examens.

Au départ, Louis embrassa sa grand'mère, Lucie, Mariette, et toutes les trois lui répétèrent :

— Bon courage! bonne chance!

Une fois à Bordeaux, Marcel et ses fils s'installèrent dans un petit hôtel, puis se rendirent à l'édifice où siègent les facultés des lettres et des sciences.

Robert vit les grandes salles garnies de bancs en amphithéâtre où de savants professeurs font des cours publics. C'est là aussi que les candidats subissent les examens pour les divers grades universitaires : baccalauréat, licence et doctorat.

UN COURS D'HISTOIRE NATURELLE A LA FACULTÉ DES SCIENCES DE BORDEAUX. — Les *facultés* sont des établissements d'enseignement supérieur où l'on fait des *cours publics* et où l'on délivre, après examen, les grades de *bachelier*, de *licencié*, de *docteur*. Il y a des facultés des *lettres*, des *sciences*, de *théologie*, de *médecine*, de *droit*.

Dans l'une de ces salles, Louis fit ses compositions écrites, avec une trentaine d'autres élèves. L'une des compositions roulait sur les mathématiques et la physique ; l'autre était la traduction d'une page écrite en latin par un grand homme de l'antiquité romaine : Sénèque.

Louis montra à Robert la traduction qu'il avait faite.

— Lis cette page, dit-il ; elle est belle ; elle t'intéressera :

DIEU DANS LA CONSCIENCE

« O homme, Dieu est près de toi, il est avec toi, il est en toi ; il habite la conscience de l'homme vertueux.

» Rentre donc chaque soir dans ta conscience. La journée terminée, avant de te livrer au repos de la nuit, interroge ton âme. — De quel défaut t'es-tu aujourd'hui guérie? Quelle passion as-tu combattue?

» Quoi de plus beau et de meilleur que cette habitude de repasser ainsi toute sa journée? Pour moi, je remplis chaque soir envers moi-même les fonctions de juge et je me cite au tribunal de ma conscience. Quand on a emporté la lumière de ma chambre et que tout fait silence autour de moi, je commence une enquête sur toute ma journée, je reviens sur toutes mes actions et mes paroles. Je ne me dissimule rien, je ne me passe rien.

» Et pourquoi craindrais-je d'envisager mes fautes, puisque je puis me dire : — Prends garde de recommencer. »

— Ce Sénèque a écrit là de belles pensées, dit Robert en terminant sa lecture. Quoique je ne connaisse point le latin,

Louis, il me semble que tu dois avoir bien compris et que ce devoir-là ne te fera pas refuser.

Le lendemain, les jeunes gens et leurs parents se réunirent dans la même salle pour entendre la liste des candidats admis à subir la seconde partie de l'examen, c'est-à-dire les épreuves orales. Marcel, Louis et Robert étaient bien émus lorsque le professeur commença la lecture de la liste ; mais leur émotion ne dura pas longtemps, car Louis était à la tête des candidats *admissibles aux épreuves orales*.

Ce fut une première joie et un grand encouragement.

Les épreuves orales commencèrent aussitôt et le tour de Louis ne tarda pas à venir. Il prit place sur l'estrade où siégeaient les professeurs, en face de leur bureau. Ceux-ci, tour à tour, l'interrogèrent sur le latin, le français, l'histoire, les mathématiques, la géométrie, la physique, l'histoire naturelle. Louis répondit de son mieux. Robert, assis sur les bancs parmi les assistants, l'écoutait avec des battements de cœur, craignant toujours que son frère ne fût embarrassé ou ne commît quelque erreur. Mais Louis avait trop bien travaillé pour avoir cette honte : il répondit de manière à s'attirer les félicitations des professeurs.

LE BACCALAURÉAT. — Il existe aujourd'hui des bacheliers ès lettres, des bacheliers ès sciences, des bacheliers de l'enseignement spécial.

Les approbations des maîtres faisaient peut-être encore plus plaisir à Robert qu'à Louis, et de plus Robert s'apercevait avec joie qu'il aurait pu lui-même répondre à plusieurs des questions sur les sciences et sur l'histoire qu'on avait posées à son frère. — Je ne suis pourtant allé qu'à l'école primaire ! se disait Robert ; mais je vois que nous avons dans nos écoles de bons maîtres, qui nous apprennent des choses qu'on demande aux bacheliers !

C'est surtout sur l'histoire que Louis se montra vraiment instruit : le professeur l'interrogea sur la Révolution française. Louis, qui se rappelait les récits de M. Stephen Zurog, raconta ce qu'il savait avec tant d'aisance, de vivacité et de détails précis, que le professeur lui dit en souriant :

— Vous parlez de tout cela comme si vous l'aviez vu.

Louis répondit modestement : — Je n'y ai aucun mérite, monsieur. J'ai connu, pendant le séjour de l'armée de l'Est en Suisse, un vieillard extrêmement âgé qui avait vu la Révolution et qui me l'a racontée à moi-même. C'était un des gardes suisses qui défendaient les Tuileries.

Le professeur félicita Louis et, quand les examens furent terminés, on proclama à haute voix les noms des candidats reçus bacheliers ès sciences.

Marcel et Robert entendirent avec orgueil, dans les premiers rangs, le nom de Louis. Puis Robert n'en demanda pas davantage et, sautant de joie, sortit de la salle en entraînant son frère par la main.

On revint en toute hâte au bourg. Louis fut fêté par toute la famille et par le docteur Rémy, justement fier de son élève.

Louis ne manqua pas d'écrire la bonne nouvelle à Rose.

« Dites à votre aïeul, ajoutait-il, qu'il m'a aidé à subir les épreuves du baccalauréat, et que j'ai pensé à lui avec reconnaissance en répondant à mes examinateurs. Je le voyais encore nous racontant avec émotion ces événements du temps passé, et je croyais aussi vous voir écoutant avec moi ses récits : cela me donnait bon courage. »

LXVII. — La composition de Louis. — Qualités et défauts de la nation française.

> Gloire à notre France immortelle !
> Gloire à ceux qui sont morts pour elle ! (V. Hugo).

Ce n'était que le commencement des succès de Louis. Bientôt après, il passait les épreuves écrites qu'on exige des candidats à l'école de Saint-Cyr.

Lucie et Robert, qui s'intéressaient à tous les travaux de leur frère, ne manquèrent pas de le questionner.

— Quelle sorte de devoir as-tu eu à faire, Louis ? Quel sujet avais-tu à traiter ? demandait Lucie. — Es-tu content de ce que tu as fait ? ajoutait Robert.

Ce qui intéressa le plus Lucie et Robert, ce fut la composition française. Le sujet était le suivant :

Rechercher, d'après notre histoire, quelles sont les qualités et surtout les défauts de notre nation.

Louis, qui savait bien son histoire de France, avait écrit là-dessus un assez bon nombre de pages. Comme il avait conservé son brouillon, Robert ne manqua pas de vouloir le lire.

Il le lut à haute voix, pendant l'heure où Lucie avait des loisirs. — Écoute, dit-il, voici d'abord le début :

QUALITÉS ET DÉFAUTS DE LA NATION FRANÇAISE

Un sage de l'antiquité, Sénèque, conseillait à chacun de nous de faire chaque jour l'examen de sa conscience et d'être sévère envers soi-même. Les peuples, comme les individus, ont besoin de connaître leurs qualités et leurs défauts, pour perfectionner les unes et pour corriger les autres.

Je suis bien jeune pour me permettre de juger mon pays. Pourtant j'ai beaucoup lu et beaucoup entendu; j'ai été mêlé à la dernière guerre, j'ai voyagé. Je donne mes impressions pour ce qu'elles valent; elles n'auront qu'un mérite, la sincérité.

— Mais cela me semble très bien, ce début-là! dit Lucie. J'y reconnais, Louis, ta modestie habituelle.

— Allons, allons, répondit Louis, pas tant d'éloges; et toi, Robert, continue ta lecture.

I. — *Qualités et défauts de nos ancêtres les Gaulois.* — Nos ancêtres les Gaulois offraient déjà les principaux traits du caractère français. César, qui fut leur adversaire et leur vainqueur, nous les résume dans son récit de la guerre des Gaules.

« Il y a deux choses, disait César, qui plaisent surtout à ce peuple : bien combattre et bien parler. Ils sont braves, hardis; ils aiment la guerre et les aventures. Dans la guerre, ils sont peu portés à dresser des embuscades; ils se jettent avec ardeur sur l'ennemi et souvent le mettent en déroute au premier choc; mais, si l'ennemi leur résiste, ils se lassent vite. Sont-ils vaincus, ils se découragent à l'excès : de simples défaites deviennent alors des désastres. Ils sont généreux et secourent volontiers tous ceux qui leur paraissent souffrir quelque injustice. Ils sont trop confiants en eux-mêmes et aussi trop confiants dans les autres. Ils sont francs, mais légers, impatients, trop avides de changement et trop divisés entre eux. »

Voilà à peu près le portrait de nos ancêtres fait par César. Ce portrait a beau être bien vieux, n'est-il point encore ressemblant de nos jours? Rien n'est tel qu'un adversaire pour nous dire nos vérités.

— C'est vrai! s'écria Robert, qui croyait déjà reconnaître en lui-même quelques-uns des traits signalés par César dans notre race : légèreté, impatience, amour du changement.

— Oh! oh! pensa-t-il, je vais faire attention aux défauts qu'on nous reproche, afin de m'en corriger moi-même le plus possible.

Puis il continua sa lecture.

II. — *Qualités et défauts de la nation française.* — Les qualités et les défauts des Gaulois se sont propagés jusqu'à nous à travers une longue suite de siècles. Oui, nous sommes toujours braves, comme l'étaient ces Gaulois qui répondirent à Alexandre le Grand : « Nous ne craignons rien, sinon que le ciel ne tombe sur nos têtes. » Toute notre histoire, depuis Vercingétorix jusqu'à Jeanne d'Arc, Bayard, d'Assas, est remplie de traits d'héroïsme, et non seulement de la part des hommes, mais même de la part des femmes.

LES GAULOIS A ROME. — Les Gaulois, nos ancêtres, envahirent l'Italie et prirent Rome au IVe siècle av. J.-C. Après une occupation de sept mois, les Gaulois consentirent à quitter Rome moyennant une somme d'or. Au moment où on pesait l'or dans la balance, le chef des Gaulois *Brennus* y jeta, dit-on, son épée en s'écriant : *Malheur aux vaincus!*

Toutefois, si nous sommes braves, nous sommes trop aventureux. Nos ancêtres gaulois sont allés jusqu'en Grèce et à Rome, « portant leur droit, disaient-ils, à la pointe de leurs épées. » Nous, nous avons partout prodigué notre sang, et parfois au hasard; partout nous avons laissé la trace du passage de nos armées. Nous nous sommes lancés dans toutes les parties du monde : en Europe jusqu'à Moscou, en Asie jusqu'à Pékin, en Amérique jusqu'au Mexique, en Afrique jusqu'en Egypte, aux Pyramides et au désert. Et trop souvent, là où nous avons passé comme l'ouragan, nous n'avons laissé que des ruines; les belles colonies que nous avions fondées, comme celle du Canada, nous

GAULOIS ÉCOUTANT DES DISCOURS ET DES RÉCITS. — Les historiens racontent que les Gaulois, nos ancêtres, étaient très sensibles aux charmes de l'éloquence, aux beaux discours et aux récits.

les avons laissé prendre. Mieux vaut aller moins loin et ne pas revenir en arrière.

Moscou, ancienne capitale de la Russie (800 000 h.). Quand Napoléon vainqueur y entra, les Russes y mirent le feu. L'incendie brûla la ville, d'où le vainqueur dut fuir.

Oui, nous sommes généreux, nous sommes chevaleresques; c'est même en France qu'est née la chevalerie, qui, en plein moyen âge, secourait les faibles et les opprimés. C'est nous qui avons commencé et terminé les Croisades pour délivrer les chrétiens. Plus tard, nous avons aidé les Etats-Unis à conquérir leur indépendance.

Oui, nous avons soutenu les peuples faibles contre les peuples forts. Nous avons même oublié nos propres affaires pour prendre en main la cause de la Pologne, de l'Irlande, de la Grèce, de l'Italie opprimées.

Et, malgré cela, nous nous sommes fait partout des ennemis !

BATAILLE DE NAVARIN. — En 1823, une flotte française, anglaise et russe, détruisit à Navarin la flotte turque, pour soutenir la Grèce opprimée.

Comme j'en parlais à un vieux Suisse presque centenaire, il me répondit : — « C'est que vous avez tout bouleversé en Europe et ailleurs. Jusque dans notre Suisse, vous avez fait bien des ravages. Les peuples oublient beaucoup plus vite les bienfaits que les maux qu'on leur a causés. Dans votre dernière guerre avec l'Allemagne, que sont devenus vos alliés d'autrefois? »

Comme les actions éclatantes, nous aimons aussi les belles paroles, à l'exemple des Gaulois qui se réunissaient volontiers pour entendre des récits et des discours. Nous avons eu plus d'orateurs illustres qu'aucun autre peuple moderne. Mais ne sommes-nous pas portés à croire que les belles phrases sont de bonnes raisons? Méfions-nous surtout de ceux qui cherchent à nous flatter. La maxime du général Hoche était : « *Des actes, non des paroles!* »

Nous aimons la poésie et les arts, nous excellons dans la sculpture, dans la peinture, dans l'architecture, dans le dessin, et nous avons eu de grands musiciens. Nous sommes un peuple d'artistes, et c'est là une de nos grandes qualités; mais tâchons d'acquérir aussi l'esprit industriel et commercial des Anglais et des Allemands.

Nous n'apprenons pas assez les langues étrangères, nous ne voyageons pas assez dans les pays étrangers; nous ne nous y soutenons pas assez les uns les autres.

Sur notre propre sol, notre agriculture est encore trop routinière.

En politique, au contraire, Paris et la France ont vu, depuis cent ans, des révolutions sans nombre : république, empire, restauration, révolution de Juillet, seconde république, second empire, troisième république. C'est une série de tempêtes où, selon la devise de Paris, nous avons été *ballottés sans sombrer*. Mais prenons-y garde. Si César revenait au monde, il dirait de nouveau : — Ce peuple-là est trop ami du changement; ses adversaires sauront en profiter : les révolutions perpétuelles épuisent un peuple.

Armes de Paris. — C'est un navire dans la tempête avec cette devise: *Il est ballotté par les flots, mais il ne sombre pas.*

Cet amour du changement vient de ce que nous voudrions un gouvernement parfait, ni plus ni moins. Si notre pouvoir s'étendait jusque sur le soleil, nous aurions peut-être voulu faire une révolution dans le ciel, pour mettre un nouveau soleil à la place du nôtre, — car enfin le soleil a des taches! Nous ne demandons pas ce qui est possible, ce qui est praticable aujourd'hui; nous voulons immédiatement ce qu'il y a de plus beau et de plus magnifique, ce qui sera praticable dans cent mille ans. Quel malheur que la perfection ne soit pas de ce monde!

Rien ne se fait qu'avec le temps : la science même nous apprend qu'il n'y a point de progrès brusque dans la nature : le progrès ressemble à la croissance des êtres vivants. Voici un enfant qui ne grandit pas assez vite; allez-vous, pour l'allonger, le tirer de force par le cou et par les pieds? Vous lui casseriez un membre, et ce serait tout. Donnez-lui une bonne nourriture, et faites-lui faire chaque jour un exercice proportionné à ses forces : il grandira avec le temps.

Nous autres jeunes gens, nous avons surtout besoin d'apprendre la patience et la sagesse. Soyons généreux sans être naïfs, fiers sans être vaniteux, vaillants sans être ambitieux ; restons ardents pour le bien, sans vouloir l'impossible. Il dépend de nous que la France ait bientôt réparé ses désastres ; et elle le fera, car, si elle tombe parfois de haut, elle se relève plus vivace et plus grande.

— Oh ! Louis, s'écria Lucie, que c'est bien, tout ce que tu as écrit là ! Il me semble que c'est tout à fait juste et sage.

— C'est magnifique ! dit Robert, avec l'enthousiasme naïf des enfants.

— Comme tu y vas ! répondit Louis. Ce n'est pas toi qui corrigeras ma composition.

— Tu serais bien sûr alors d'être reçu, reprit Robert, et le premier encore !

— Que dis-tu là, Robert ? Si ma composition ne valait pas celles des autres, tu devrais me refuser tout comme le premier venu. Un bon examinateur ne s'occupe pas de savoir s'il a affaire à un parent ou à un ami.

— C'est vrai, dit Robert, et tu as raison ; mais je crois que tu seras reçu tout de même.

Louis, en effet, fut admis à Saint-Cyr dans un bon rang. Il s'empressa d'annoncer l'heureuse nouvelle non seulement à Rose Zurog, mais encore au lieutenant Aubry.

Aussitôt que Louis fut sur la liste des candidats admis à Saint-Cyr, Marcel adressa une demande au ministre de la guerre, afin d'obtenir, en raison de ses anciens services à l'armée, une bourse à Saint-Cyr pour son fils Louis. — Si cette demande est accueillie, lui avait dit le docteur Rémy, vous n'aurez point à payer les frais d'étude de Louis, et ce sera pour vous une grande charge de moins. Ayez bon espoir.

Marcel espérait en effet, ainsi que Mme Marcel, qui voyait maintenant un bel avenir s'ouvrir pour son cher petit-fils. La bonne grand'mère avait peu vieilli pendant ces quatre années : le bonheur l'avait conservée. La pensée que Louis la quitterait pour s'en aller à Saint-Cyr lui paraissait dure, il est vrai ; mais elle se montrait vaillante, et elle se consolait en disant : — Ce n'est pas pour elles-mêmes que les mères élèvent leurs enfants ; c'est pour eux et pour la patrie.

LXVIII. — La loi. — Chambre des députés et Sénat.

« La loi est l'expression de la *volonté nationale.* »

A quelque temps de là, Robert traversait la place du bourg avec son frère. — Que d'affiches de toutes les couleurs il y a sur les murs ! s'écria tout à coup l'enfant.

Puis, s'approchant pour lire, il vit ces mots en tête des affiches : ÉLECTION D'UN DÉPUTÉ.

— Ce sont des proclamations adressées aux électeurs, dit Louis. Tu sais qu'il y aura un vote dans quinze jours.

— C'est vrai ! J'oubliais que, depuis quelque temps, il y a bien plus de besogne au bureau de poste, parce que notre père et Lucie ont à envoyer une foule de papiers concernant l'élection, des journaux, des circulaires, des bulletins de vote tout imprimés contenant le nom des candidats. Comment feront jamais les électeurs pour se reconnaître au milieu de tout cela ? Je serais bien embarrassé, si j'étais à leur place, et je ne saurais pour qui voter.

ÉLECTION ET AFFICHES ÉLECTORALES.

— Mais, Robert, répondit Louis, les électeurs liront les proclamations des candidats que tu vois affichées ; ils s'informeront de leurs opinions, de leur talent, de leur honorabilité. Tu sais bien que notre père, par exemple, connaît parfaitement de réputation les deux candidats opposés qui se présentent dans notre arrondissement et qui ont des opinions toutes contraires. Il votera pour celui qu'il croit le plus capable de rendre service à l'État.

— L'État, dit Robert, c'est la patrie, c'est la nation, n'est-ce pas, Louis ?

— Certainement, et la nation élit elle-même tous ceux qui

doivent la gouverner. Le gouvernement de la France représente donc la France entière, comme notre maire et notre conseil municipal représentent notre commune, qui les a élus.

— Alors, dit Robert, le député qu'on va élire représentera la France?

— Certainement, et il devra chercher quelles sont les meilleures lois à faire pour toute la France. La France, vois-tu, Robert, c'est comme une immense maison à gouverner, et *les lois sont les règles de justice auxquelles tout le monde doit se soumettre.* Si les lois sont bonnes et sages, l'Etat est heureux et prospère, comme une maison bien dirigée, comme la maison de notre père. Si les lois sont mauvaises, tout le monde souffre, tout le monde se plaint. Le pays sent alors qu'on le mène à sa ruine, comme une maison mal administrée qui irait à sa perte. Tu vois, Robert, combien il importe de bien choisir ceux qui doivent établir les lois : ce sont eux qui décideront du sort de la patrie.

— Et c'est donc bien difficile de trouver les meilleures lois?

— Tellement difficile, dit Louis, que, pour être plus sûr d'avoir des lois sages, on fait examiner et voter successivement chaque loi par deux assemblées différentes. La *Chambre*

CHAMBRE DES DÉPUTÉS. — Il y a plus de 550 députés, élus pour 4 ans.

des députés et le *Sénat* sont consultés tour à tour et tâchent de se mettre d'accord.

— Alors, dit Robert, c'est comme notre père qui consulte toujours notre grand'mère dans les choses importantes, et qui dit : « Deux avis valent mieux qu'un pour les affaires de la maison. »

UNE SÉANCE AU SÉNAT. — Il y a 300 sénateurs. Tous les citoyens contribuent à élire les sénateurs, mais indirectement. Chaque conseil municipal choisit un ou plusieurs *délégués*. Les délégués se réunissent au chef-lieu du département, avec les conseillers généraux, les conseillers d'arrondissement et enfin les députés du département : tous ensemble choisissent les sénateurs qui représenteront le département pour neuf ans.

— Oui, dit Louis, et c'est encore bien plus vrai pour les affaires de l'État. Un homme peut avoir les plus grands talents et la meilleure volonté sans être pour cela un législateur capable. Tu te rappelles bien l'histoire de la Tour-d'Auvergne : c'était un grand homme de guerre et même un savant distingué; eh bien, il estimait que tout cela ne suffit pas encore pour être un homme d'État. Aussi, quand ses compatriotes du Finistère voulurent le nommer député, il répondit : « Non, je ne sais pas faire les lois; je ne sais que les défendre. »

LXIX. — La Constitution. — Les trois pouvoirs de l'État.

Nous devons respect à la Constitution que notre pays s'est librement donnée.

A cause de la prochaine élection, il y avait beaucoup d'animation dans le bourg. Des groupes s'étaient formés autour des affiches qui contenaient les proclamations des candidats. On discutait à haute voix, et dans ces causeries bruyantes Robert entendait souvent revenir le mot *Constitution*. C'était en effet le moment où la Constitution qui nous régit aujourd'hui venait d'être donnée à la France par ses représentants.

— Qu'est-ce donc que la Constitution? demanda Robert.

— La Constitution, dit Louis, c'est *la manière dont le gouvernement est organisé dans un pays.* Ainsi, Robert, il y a des formes diverses de gouvernement : les deux principales sont la *monarchie* ou gouvernement d'un seul, et la *république* ou gouvernement de la nation par elle-même Il y a donc des constitutions monarchiques, comme en Allemagne, en Angleterre, en Russie; et il y a des constitutions républicaines comme en France, en Suisse ou aux États-Unis.

— Je comprends, dit Robert.

— Ecoute encore, continua Louis. C'est plus difficile à comprendre qu'une histoire, mais c'est bien plus important. Toute constitution a trois grandes questions à régler. La première est celle-ci : « Comment et par qui seront faites les lois? » En France, nous venons de voir comment les lois sont faites.

— Oui, dit Robert, elles sont faites par les députés, comme celui qu'on va élire, et par les sénateurs.

— Eh bien, reprit Louis, le pouvoir de faire les lois, confié ainsi aux députés et aux sénateurs, s'appelle le *pouvoir législatif*. Il y a ensuite d'autres hommes chargés de faire *exécuter* les lois par toute la France : c'est le président de la République, avec les ministres qu'il nomme et, au-dessous d'eux, beaucoup d'autres personnages que tu connais déjà, Robert : le préfet, le maire, le commissaire de police, les gendarmes, etc. Tous ont pour fonction de faire exécuter les lois dans le pays; tous font partie de ce qu'on appelle le *pouvoir exécutif*. Enfin, en troisième lieu, la Constitution règle la manière dont on jugera quiconque a violé la loi; tu te rappelles bien les magistrats qui ont condamné Dominique le voleur. Ceux-là ont le *pouvoir judiciaire*. Voilà donc les trois grands pouvoirs que la Constitution établit et règle.

Comprends-tu maintenant, Robert, l'importance de la Constitution? La liberté même et les droits des citoyens en dépendent. Aussi le premier devoir d'un bon citoyen est-il de respecter la Constitution que son pays s'est librement donnée. Les *coups d'État*, faits par des hommes qui veulent prendre de force le pouvoir, les *insurrections*, les *émeutes* sont des crimes contre la Constitution; ils peuvent être punis de mort comme une trahison envers la patrie. Ce serait, en effet, une vraie trahison que de jeter son pays dans la guerre civile : car le premier des biens, pour la patrie, c'est la paix à l'intérieur et la concorde de tous les citoyens.

LXX. — Le vote. — Il doit être désintéressé et libre.

Autrefois, si la loi était mauvaise, si l'impôt était dur, si la guerre était fréquente, on pouvait surtout s'en prendre au roi, qui faisait seul la loi. A présent, c'est la faute de ceux qui ont mal voté ou qui ne se sont pas même dérangés pour voter; à présent, chaque citoyen est responsable de l'avenir du pays.

Au moment où Louis et Robert rentraient à la maison, leur père se trouvait avec un des habitants du bourg. Marcel lui parlait avec une émotion contenue.

Après l'entretien, il le reconduisit à la porte avec un salut très froid, et rentra tout préoccupé.

— Qu'est-ce donc? demandèrent la grand'mère et Lucie.

— Je vais vous le dire, et je vais même demander l'avis de Louis; car il s'agit précisément de son avenir et de cette bourse à Saint-Cyr que nous sollicitons en ce moment.

— Est-ce qu'elle nous est refusée?

— Non, quelqu'un vient, au contraire, de me proposer un appui très sûr et très puissant pour l'obtenir.

— Lequel donc?

— C'est l'appui d'un des deux candidats à la députation, celui dont les opinions sont contraires aux miennes, M. Létaing. On vient de me dire : « M. Létaing est un homme puissant auprès du ministre de la guerre, il est un peu son parent, il peut beaucoup pour faire obtenir à votre fils la bourse que vous désirez. Ne serait-il pas habile à vous d'user de votre influence, qui est grande ici, pour faire réussir M. Létaing? Il s'en souviendra. » Voilà comment cet homme m'a parlé. Et maintenant, Louis, que faut-il faire?

Lucie et Robert regardèrent Louis, la première avec une sorte de calme, comme si elle savait d'avance ce que Louis allait répondre, et le second avec la curiosité d'un enfant.

Louis fit un geste d'indignation :

— Ah! mon père, dit-il; je sais bien que vous ne voterez jamais contre votre conscience. Croyez-vous que votre fils ait oublié vos propres leçons? Je renoncerais à Saint-Cyr plutôt que d'y entrer grâce à une lâcheté. L'intérêt de la France, vous me l'avez dit mille fois, mon père, passe avant notre intérêt et avant celui même de notre famille.

— C'est bien, mon fils, dit Marcel, je suis content de toi. Tu viens de répondre comme j'ai répondu moi-même aux propositions que l'on me faisait.

Le jour de l'élection, Marcel se rendit à la mairie, muni de sa carte d'électeur et d'un bulletin de vote. Sur ce bulletin était le nom du député que Marcel croyait le plus capable d'assurer à la France prospérité, honneur et paix. Marcel avait consulté sa conscience, non son intérêt.

Dans la salle du vote était le maire, assis devant une table. Le matin, à l'ouverture du *scrutin*, le maire avait dit aux électeurs présents : — J'invite les deux plus âgés et les deux plus jeunes d'entre vous à venir s'asseoir à mes côtés, comme *assesseurs*, pour veiller à la régularité du vote. Ainsi le veut la loi.

LE VOTE.

A eux cinq, le maire et ses assesseurs formaient le *bureau* électoral.

Une fois le bureau constitué, le maire ouvrit, en présence de tout le monde, la boîte du scrutin, et il fit voir qu'elle ne contenait rien à l'avance. Puis il ferma la boîte à double clef, et remit l'une des clefs à l'assesseur le plus âgé.

Alors le vote commença. Chaque électeur se présentait et montrait d'abord sa carte d'électeur.

Marcel fit comme les autres, puis tendit au maire son bulletin de vote plié. Le maire l'introduisit par une petite ouverture dans la boîte du scrutin, et Marcel se retira.

Le soir du vote, on ouvrit la boîte en présence des électeurs et on compta devant eux les bulletins : c'est ce qu'on appelle le *dépouillement des votes*. Ce fut le candidat préféré par Marcel qui se trouva élu, mais il ne l'emporta sur son concurrent que de quelques suffrages.

— Vois, Robert, disait Louis à ce sujet ; si notre père avait voté contre sa conscience, et si quelques autres électeurs avaient fait comme lui, cela aurait suffi pour tout changer, pour faire élire un homme dont notre père croit les opinions contraires à l'intérêt de notre pays ! Quand on est embarrassé pour agir, il faut toujours se demander :

« Qu'arriverait-il si tout le monde faisait comme moi ? »

LXXI. — Dignité de l'électeur. — Chant de l'électeur pauvre.

Bien voter est un devoir, non pas seulement un droit, pour tous les citoyens.

Le lendemain, Louis dit à Robert :

— M. Rémy m'avait fait récemment traduire une chanson intitulée le *Chant de l'électeur pauvre*. La voici : fais-en la lecture à Lucie. Vous verrez que cette chanson est belle.

Robert lut alors à haute voix, pendant que sa sœur écoutait :

« Des hommes ambitieux savaient que je suis pauvre, et ils ont cru que je serais vil ! Ils m'ont jugé d'après eux et leurs semblables.

Ils m'ont offert de l'argent, ils m'ont offert des places, en échange de mon vote ; oui, mes enfants, de mon vote !

Honte, honte aux hommes sans honneur qui ont voulu acheter ma conscience !

Mon vote !... Mais mon vote est-il donc à moi, pour que j'en fasse une marchandise à mon profit ?

Non. Je dois mon vote à la Patrie.

Je donnerai mon vote non pas au plus riche ni au plus puissant, mais au plus capable et au plus digne, à celui qui veut le bien et l'honneur du pays.

C'est le devoir de tout bon citoyen, entendez-vous, mes enfants ?

Si je manquais jamais à ce devoir, comment oserais-je regarder mes fils en face ?

Comment leur dirais-je : « Mes enfants, voici le droit chemin ! » tandis que, jour et nuit, ma conscience me reprocherait mon crime, oui, mes enfants, mon crime contre la patrie ! »

Quand Robert eut fini de lire, il était tout ému, ainsi que Lucie. — Ah ! dit la jeune fille, il me semblait, en écoutant, que la voix de l'électeur pauvre, mais honnête et incorruptible, était la voix même de notre père.

LXXII. — Le Président de la République.

« Il ne faut jamais donner tous les pouvoirs à un seul homme, eût-il même le génie de Napoléon Ier. » THIERS.

Le lendemain, il arriva au bureau une lettre d'Allemagne pour un commerçant en vins du Bordelais ; car les vins de France sont recherchés et demandés dans tous les pays. Robert et Mariette s'amusèrent à regarder le timbre-poste, sur lequel ils voyaient le portrait de l'empereur d'Allemagne.

— Pourquoi donc, demanda Mariette, ne met-on pas aussi sur nos timbres-poste le portrait du président de la République ?

— Mariette, répondit Louis, le président de la République est nommé seulement pour sept années. C'est la Chambre des députés et le Sénat, réunis en une seule assemblée, qui le nomment tous les sept ans. Le président n'est donc point un souverain régnant par droit de naissance, comme l'empereur d'Allemagne, c'est seulement le premier magistrat du pays. Sa dignité est la plus élevée de toutes ; malgré cela, aucun homme n'est assez important à lui tout seul en France pour qu'on mette son portrait sur les timbres-poste du pays.

— Je croyais pourtant, moi, dit Robert, que le président de la République avait beaucoup de puissance.

LE PRÉSIDENT DE LA RÉPUBLIQUE RECEVANT A L'ÉLYSÉE LES AMBASSADEURS DE MADAGASCAR.

— Certainement, il en a beaucoup, puisqu'il a entre les mains toutes les forces du pays et qu'il nomme les fonctionnaires à tous les emplois ; mais il ne doit se servir des forces et des hommes dont il dispose que pour faire exécuter la loi. Et cette loi, tu le sais bien, ce n'est pas lui qui la fait : ce sont les deux Chambres. Le président dispose des troupes de terre et de mer, mais il ne peut nullement déclarer la guerre sans avoir consulté les Chambres et obtenu leur consentement. Si, au contraire, l'empereur d'Allemagne ou celui de Russie voulait nous faire la guerre, il pourrait nous la déclarer sans consulter la nation.

— Oh ! dit Robert, je trouve bien plus juste qu'on soit obligé de consulter le pays, puisque c'est le pays qui se battra.

— Oui, dit Louis, cela vaut bien mieux. De cette façon, le chef de l'État ne peut pas lancer la nation dans une guerre par sa seule volonté, comme on le faisait si souvent autrefois. Sous Louis XIV, par exemple, ou sous Napoléon Ier, on s'endormait le soir dans la paix ; le lendemain, on apprenait que le souverain avait déclaré la guerre. Et il fallait partir, sans même savoir pourquoi. Louis XIV disait : « L'État, c'est moi ! » Le modèle des présidents de République, Washington, disait, au contraire : « Je ne suis que le premier serviteur de la loi et de la Constitution. »

— Washington, dit Mariette, était d'Amérique, n'est-ce pas ?

— Oui, ce fut le premier président des États-Unis, un grand ami de la France, parce que la France l'avait aidé à établir l'indépendance de son pays. A la mort de Washington, le gouvernement français fit prendre le deuil à tous les fonctionnaires de la France. Jamais Washington n'abusa du pouvoir qui lui avait été confié. En quittant son siège de Président pour

STATUE DE LA LIBERTÉ ÉCLAIRANT LE MONDE donnée aux États-Unis par la France, en souvenir du concours apporté par la France aux États-Unis.

redevenir simple cultivateur, il adressa à ses concitoyens un *message* d'adieu, rempli de conseils importants dont tous les peuples peuvent profiter. Voici une partie de ce qu'il disait :

« Respectez la Constitution comme l'image vivante de la Patrie; ne laissez pas toucher aux droits de l'homme qu'elle garantit, pas plus que vous ne laisseriez toucher à la prunelle de vos yeux.

» Respectez la loi, alors même qu'elle ne vous semble pas aussi bonne qu'elle pourrait l'être.

» Eussiez-vous mille fois raison dans vos opinions, il y a une chose plus importante que vos opinions propres : c'est le respect de la loi et de la tranquillité publique.

» Nourrissez donc vos enfants dans le culte des lois et de la patrie.

» Pour moi, je n'ai jamais ambitionné d'autre gloire que celle d'avoir respecté la loi et fait respecter à tous la Constitution, dont le Président de la République doit être le gardien. »

LXXIII. — Les divers ministères. — Guerre, marine, instruction publique.

Un bon ministre, un Colbert, un Turgot, vaut mieux pour un pays que cent bonnes récoltes.

Un mois après, Marcel reçut une lettre à son adresse, avec ces mots imprimés sur l'enveloppe : *Ministère de la Guerre.*

MINISTÈRE DE LA GUERRE. — La France, l'Allemagne, l'Angleterre dépensent pour leurs armées le cinquième de leurs revenus.

— Ouvre cela, dit-il à Louis. Cette lettre doit te concerner, mon enfant; c'est sans doute la réponse à la demande que j'ai faite pour toi d'une bourse à Saint-Cyr.

Louis eut un battement de cœur en prenant la lettre de grand format cachetée de rouge.

Il la décacheta le plus vite qu'il put et la lut tout haut. Le ministre accordait la bourse demandée, en raison des services vraiment exceptionnels de l'ancien sergent. Marcel fut bien heureux ; quant à Louis, courant comme un enfant, il alla annoncer la bonne nouvelle à sa grand'mère et à Lucie.

Le soir, on causait encore de l'événement. Robert et Mariette regardaient avec curiosité la large enveloppe et la lettre venue du ministère.

— Ce n'est point le ministre de la guerre lui-même qui a écrit et signé ! dit naïvement Robert.

— Crois-tu que les ministres aient le temps d'écrire toutes les lettres de ce genre? répondit en riant Louis.

— Ils sont donc bien occupés ? demanda Mariette.

— S'ils sont occupés ! réfléchis un peu, Mariette. Le ministre de la guerre n'a pas seulement sous ses ordres l'*Ecole de Saint-Cyr;* il a aussi les autres écoles militaires : l'*Ecole polytechnique*, l'*Ecole de La Flèche*, l'*Ecole de cavalerie de Saumur*. Il est du reste chargé de tout ce qui se rapporte à l'armée. C'est lui qui organise les troupes et les fait instruire. Il s'occupe de la défense du pays, de la construction des forts placés sur toutes nos frontières comme d'énormes chiens de garde prêts à s'éveiller au moindre signal et à gronder contre l'ennemi. Et songe que, outre l'armée de terre, il y a encore l'armée de mer. Mais,

MINISTÈRE DE LA MARINE ET DES COLONIES.

AMIRAL. UN CHANTIER DE CONSTRUCTION NAVALE, A TOULON.

ici, un autre ministre se charge d'une grande partie de la besogne. Tu devines lequel, Robert ?

— Ce doit être le *Ministre de la Marine.*

— Oui, le Ministre de la Marine et des colonies. Sa tâche,

UN GRAND MARIN DU DIX-SEPTIÈME SIÈCLE. DUGUAY-TROUIN. — Né à Saint-Malo en 1673, mort en 1736. Il obtint le commandement d'une frégate à dix-huit ans. Ses exploits furent nombreux pendant la guerre de la succession d'Espagne.

UN GRAND MARIN DU DIX-HUITIÈME SIÈCLE. SUFFREN. — Né en Provence en 1726, mort en 1788. Il fut un des plus grands hommes de mer de la France. Chef de l'escadre des Indes, il s'illustra par ses victoires sur les Anglais.

à ce ministre-là, est de recruter toute l'armée de mer, de nommer tous les officiers de marine, depuis les simples *enseignes de vaisseau* jusqu'aux *amiraux*. Il a aussi des écoles sous ses ordres, par exemple l'*Ecole navale de Brest*, où l'on apprend tout ce qui concerne la marine et où l'on conserve le souvenir de tous les marins célèbres, tels que les Duguay-Trouin et les Suffren.

LA MARINE : TORPILLE FAISANT SAUTER UN NAVIRE.

Le ministre de la marine fait construire dans les arsenaux ces *vaisseaux* gigantesques qui peuvent porter des milliers de soldats, des rangées de canons, et qui font respecter la France d'un bout du monde à l'autre. Il fait construire les bateaux *torpilleurs* qui, en cas de guerre, iraient la nuit lancer leurs torpilles dans la coque des navires ennemis. Enfin, il est chargé de diriger nos *colonies*, qui s'accroissent tous les jours, telles que l'Indo-Chine et les Indes françaises, le Sénégal, l'île de la Réunion,

LES COLONIES FRANÇAISES : *l'île de la Réunion.* — Population de l'île : 210000 hab. Riche végétation; culture de la canne à sucre, de la vanille, du tabac, du café. Près de la Réunion se trouve *l'île de Madagascar*, sur laquelle nous avons des droits.

les Antilles. Le ministre des colonies doit travailler à ce qu'elles deviennent comme autant de nouvelles Frances.

COLONIES FRANÇAISES : *Indo-Chine* (*vue de Saïgon*). — Port important sur un fleuve. La *Cochinchine* et le *Tonkin* font un commerce important de riz et de poivre.

— Y a-t-il encore beaucoup d'autres ministres, demanda Robert?

— Oui, répondit Louis ; mais je voudrais t'entendre toi-même nommer les principaux. Cherche donc.

— Oh ! reprit Robert, celui dont on nous parle le plus à

MINISTÈRE DE L'INSTRUCTION PUBLIQUE : COLLÈGE DE FRANCE. — Célèbre établissement d'instruction supérieure fondé par François Ier.

l'école, c'est le *Ministre de l'Instruction publique et des Cultes.*

MINISTÈRE DE L'INSTRUCTION PUBLIQUE : OBSERVATOIRE DE PARIS. — C'est un grand établissement où les astronomes observent les astres au moyen du télescope.

— Je le crois bien, dit Louis, car c'est lui qui surveille tous les établissements d'instruction, depuis ton école primaire jusqu'aux collèges ou lycées et aux facultés. Il a soin que tous les enfants de la France reçoivent l'instruction prescrite par la loi, et il envoie ses inspecteurs par toute la France.

— Oui, remarqua Mariette, M. l'inspecteur primaire

est venu, la semaine dernière, inspecter l'école des filles.

— Eh bien, dit Louis, il représentait le ministre, qui l'a nommé. Le ministre surveille aussi les établissements libres d'instruction, qui n'appartiennent pas à l'État. Il a sous sa juridiction les grands établissements scientifiques, comme la Sorbonne, le Collège de France et l'Observatoire.

MINISTÈRE DE L'INSTRUCTION PUBLIQUE : LA SORBONNE. — La Sorbonne, monument reconstruit en grande partie sous Richelieu, est le siège des facultés des lettres, des sciences et de théologie. On y fait des cours publics suivis par un grand nombre de personnes. La Sorbonne a eu, et a encore des professeurs célèbres.

En même temps, il a une autre charge des plus importantes : il s'occupe des divers *cultes* qui sont autorisés en France.

Enfin, il est encore ministre des *beaux-arts*. Il veille à la conservation des chefs-d'œuvre d'architecture, de sculpture, de peinture. Les musées sont sous sa direction, notamment celui du Louvre, où l'on admire tant de tableaux et de statues célèbres.

MUSÉE DU LOUVRE.

— Ah ! dit Robert, ce ministre-là doit encore être bien occupé, tout comme celui de la guerre.

Statue de Lakanal, à Foix. — Lakanal, né dans l'Ariège en 1762, mort en 1845, fut député à la Convention et membre de l'Institut. La ville de Foix (6000 h.), qui lui a élevé une statue, est située sur l'Ariège, au pied des Pyrénées.

— Et à des choses non moins importantes que la guerre, répondit Louis ; car des citoyens bien instruits et de bons soldats sont les vraies forces d'une nation. Un des grands organisateurs de l'instruction publique en France, Lakanal, qui a fondé l'Institut, le Muséum d'histoire naturelle, et créé par tout le pays vingt-deux mille écoles primaires, a dit cette parole : — « Un peuple sans instruction ne peut être ni fort ni libre. »

LXXIV. — Les divers ministères (*suite*). — L'art de gouverner est difficile.

« La magistrature et l'administration d'un pays doivent être comme la loi vivante. » Malesherbes.

Robert continuait de chercher les divers ministres dont la nation a besoin. En réfléchissant, il se souvint du tribunal qui avait jugé Dominique, et il s'écria : — Louis, ne doit-il pas y avoir un ministre chargé de nommer les magistrats ?

— Sans doute, dit Louis. Le *Ministre de la Justice* est le chef de toute la magistrature du pays ; c'est une grande dignité. Mais nous ne sommes pas au bout de notre liste ; cherchons encore les autres ministres nécessaires à l'Etat.

Robert resta très embarrassé.

— Je vais t'aider, dit Louis. N'y a-t-il pas un ministre nécessaire à tous les autres, celui qui leur fournit de l'argent pour toutes leurs dépenses ?

— Ah ! c'est vrai ! dit Robert. Il doit en être pour l'État comme pour une maison ; qu'est-ce que nous deviendrions sans l'argent que touche notre père pour son traitement?

— Eh bien! Robert, me diras-tu comment se nomme le ministre qui s'occupe de l'argent à trouver et à employer?

— Ce doit être le *Ministre des Finances*, répondit Robert.

— Oui, reprit Louis. Le Ministre des finances a sous ses ordres les *receveurs* et les *percepteurs*, qui font rentrer les impôts; il paye avec ces impôts toutes les dépenses du pays et des autres ministères; enfin il prépare le *budget*, que les deux Chambres ont ensuite à discuter.

MINISTÈRE DES FINANCES, À PARIS. — Il est rempli de bureaux et de caisses où l'on fait des travaux de comptabilité, des payements, des recettes, etc.

— Budget! qu'est-ce que cela?

— Budget est un mot qui signifie bourse; c'est l'argent dont l'État a besoin, l'ensemble des recettes et dépenses.

— Je comprends, dit Robert; mais est-ce que c'est là tous les Ministères?

— Non pas. Et le *Ministère de l'Intérieur*, que tu oublies!

— Ah! c'est vrai. Il arrive souvent au bureau de poste, pour le maire, des lettres portant sur l'enveloppe : Ministère de l'Intérieur.

— Le Ministre de l'Intérieur, en effet, dit Louis, a sous ses ordres les maires, les préfets, les sous-préfets. Il est à la tête de toute l'administration intérieure et se charge de maintenir le bon ordre dans le pays. Ne trouves-tu pas, Robert, que c'est encore là une belle besogne? Mais un État n'a pas seulement des affaires intérieures, il est encore en relations avec les pays étrangers. Comment s'appelle le ministre chargé de nos affaires à l'extérieur?

— Je devine, dit Robert : c'est le *Ministre des Affaires*

étrangères. Celui-là n'envoie jamais ici de ses lettres.

— Je le crois, dit Louis. Ce n'est pas ici que vont ses lettres, mais à Berlin, à Londres, à Saint-Pétersbourg, à Vienne, à

LES GRANDES PUISSANCES : *Allemagne* (*vue de Berlin*, un million et demi d'habitants).

Rome, au bout du monde. C'est lui qui s'occupe à maintenir le bon accord de la France avec les autres peuples. Il a sans

LES GRANDES PUISSANCES : *Angleterre* (*vue de Londres*, près de 5 millions d'habitants).

cesse à débattre une foule de questions de politique ou de commerce; il nomme tous les ambassadeurs et les consuls de la France à l'étranger.

— Mais, dit Robert, c'est donc sans fin, tout ce dont les ministres ont à s'occuper?

LES GRANDES PUISSANCES : *Russie* (*vue de Saint-Pétersbourg*, un million d'hab.).

LES GRANDES PUISSANCES : *Autriche* (*vue de Vienne*, près d'un million d'habitants).

— Patience, répondit Louis. Il y a encore bien d'autres choses : d'abord les *Travaux publics*, dont s'occupe un ministre spécial. Celui-là fait faire les grands travaux qui sont d'un intérêt commun : il fait creuser les ports, les canaux, ouvrir les routes nationales.

LES GRANDES PUISSANCES : *Italie* (*vue de Rome*). — Rome, sur le Tibre (400 000 hab.), est la capitale de l'Italie, la résidence du roi d'Italie et celle du pape, qui siège au Vatican.

Le *Ministre du Commerce et de l'Industrie*, lui, veille au développement de notre industrie et de notre commerce. Il s'occupe des traités à faire avec les autres nations, pour l'entrée et la sortie de nos marchandises. Il a sous son autorité les *Écoles d'arts et métiers* d'Aix, d'Angers, de Châlons-sur-Marne, et le *Conservatoire des Arts et Métiers* de Paris.

CONSERVATOIRE DES ARTS ET MÉTIERS, À PARIS. — Dans cet établissement, créé en 1794, on fait des cours publics et gratuits sur l'industrie, l'agriculture, et les sciences qui s'y rattachent. Magnifique collection de 9000 machines et de 8000 dessins.

Le *Ministre de l'Agriculture* travaille au développement des arts agricoles. C'est lui qui a sous sa surveillance les écoles d'agriculture comme celles de Grignon, de Montpellier et du Grand-Jouan, où l'on apprend aux jeunes gens les meilleures manières de cultiver le sol de la patrie. Il favorise toutes

LES COMICES AGRICOLES ET CONCOURS RÉGIONAUX ont pour but de faire connaître les perfectionnements de l'agriculture et de décerner des prix aux meilleurs agriculteurs.

les institutions capables d'amener le progrès de l'agriculture telles que les expositions agricoles et concours régionaux.

Parmi les ministres, celui qui s'occupe des *postes et télégraphes* tâche de perfectionner tous les jours ces deux grands services, en rendant les communications plus rapides d'un point de la France à tous les autres points du monde.

— Enfin! dit Robert, quand Louis eut terminé son énumération. Et il ajouta : — Je ne m'étonne plus si un seul homme ne peut s'occuper à lui seul d'affaires si compliquées !

— Et cependant, dit Louis, tu entendras des gens qui passent leur journée à critiquer le gouvernement sur tout ce qu'il fait, comme si c'était toujours facile de mieux faire !

— Oui, dit Robert, quand le père Mathurin, le charron, vient ici, il répète toujours : — « Si j'étais le gouvernement, moi, je ferais ceci, je ferais cela. »

— Eh bien, dit Louis, sais-tu ce que notre père lui a répondu devant moi, l'autre soir? « Ami Mathurin, lui a-t-il dit, *si vous étiez le gouvernement*, vous seriez à la fois le Président de la République, tous les ministres, tous les sénateurs, tous les députés, tous les magistrats ; mes compliments ! Si vous étiez le gouvernement, vous ne seriez pas seulement une forte tête, mais un être à mille têtes ; seulement, je serais curieux de savoir comment vous vous en serviriez. Vous qui, en trinquant au cabaret, dirigez si aisément les affaires de toute la France, je voudrais vous voir diriger seulement pendant une heure mon petit bureau de poste ou le bureau télégraphique de Lucie ; vous verriez qu'il est plus facile de parler que d'agir. Pour moi, ami Mathurin, devant une besogne qui s'étendrait à la France entière, je craindrais fort de perdre la tête, *si j'étais le gouvernement !*... Aussi je n'aspire point à gouverner ; mais il y a une chose que je puis faire et que je fais : c'est de nommer à la Chambre et de faire nommer au Sénat, quand viennent les élections, des hommes capables et honnêtes. »

LXXV. — La santé est un trésor que le travailleur doit conserver. — Les effets de l'imprudence et de l'ignorance.

Le travailleur prend soin de ses outils, mais il oublie trop souvent que le premier de ses outils est la santé.

Un jour que le docteur passait devant la maison de Valentin, il entendit une quinte de toux violente. Il entra.

— Valentin, dit-il au carrier, vous avez là une mauvaise toux; il faut vous soigner.

— Bah! docteur, la santé traîne un peu, c'est vrai; mais on va tout de même. Quand on travaille, est-ce qu'on a le temps de s'écouter?

— Valentin, répliqua le docteur, vous avez tort. C'est précisément quand on travaille que la santé est le plus nécessaire, et il faut tout faire afin de la conserver. Tenez, pour commencer, vous voici, à peine vêtu, dans un courant d'air. Est-ce sage, dites-moi, et ne pouvez-vous fermer cette fenêtre?

Sur ces paroles le docteur, qui était pressé, quitta Valentin et alla visiter ses malades.

Deux semaines s'écoulèrent. M. Rémy rencontra de nouveau Valentin, un samedi, au moment où le carrier rentrait de sa journée en toussant toujours.

Le docteur l'arrêta, regarda fixement sa figure amaigrie, lui donna une poignée de main et vit que sa main était brûlante : — Entrons un peu chez vous, dit M. Rémy. J'ai à vous causer ainsi qu'à Mme Valentin.

Dans la maison, Mme Valentin était occupée à tremper la soupe pour toute la famille. Elle était joyeuse de voir son mari rapporter la paye d'une semaine de travail. Excellente femme que Mme Valentin, mais, on se le rappelle, peu prudente. Son mari avait bien réussi à lui apprendre la prévoyance dans les questions d'argent; mais elle ignorait que, dans les questions de santé, prévoir l'avenir est plus important encore. Elle répétait souvent, comme bien des femmes d'o[illegible]ers : « Un médecin est bon pour remettre une jambe cassée; mais, tant qu'on peut aller et venir, il ne faut pas l'écouter ni prendre ses drogues. »

— Valentin, dit le docteur en posant son chapeau sur une chaise, je suis entré pour vous ausculter : préparez-vous.

Valentin se récria : — M'ausculter, moi! docteur, vous n'y pensez pas. Vous me prenez donc pour un poitrinaire? Il se mit à rire et refusa obstinément.

— Vous avez tort, dit M. Rémy; mais n'importe. Je n'ai besoin que de vous entendre tousser pour vous dire qu'il est temps de prendre une grave résolution.

— Laquelle? mon Dieu! dit Mme Valentin.

— Celle de renoncer à la taille des pierres. Valentin, vous

avez la toux des carriers, produite par la fine poussière de grès que vous respirez continuellement. Si vous cessez maintenant de travailler la pierre, votre toux se passera, car vous êtes d'un tempérament fort; mais il est grand temps, changez de métier.

Valentin, déconcerté, restait silencieux; mais Mme Valentin s'écria : — Vous en parlez à votre aise, monsieur Rémy! Changer de métier! croyez-vous que ce soit facile? Oh! vous êtes bien savant, mais les plus savants ont quelquefois des idées singulières! La femme de notre voisin, M. Charles, m'a dit que son mari avait toussé comme cela autrefois pendant longtemps; cela s'est passé tout seul sans consulter le médecin, sans rien prendre.

— Madame, dit le docteur, je l'ai dit et je le répète à votre mari : Valentin, faites autre chose; faites, par exemple, des journées chez le maraîcher qui occupe votre fils.

— Quoi! je ne serais plus qu'un manœuvre! dit Valentin un peu piqué dans son amour-propre et qui sortit de son silence. Non, monsieur le docteur. D'ailleurs, chez nous autres ouvriers, le coffre est solide, allez! ajouta le brave Valentin en se mettant à faire « hum! hum! » de toutes ses forces.

Et il riait d'entendre sa grosse voix sonner comme un tonnerre dans sa pauvre maison. Et sa femme riait aussi, heureuse de le sentir si fort. — Il nous enterrera tous, docteur, dit-elle, soyez tranquille.

— Je vois que je perds mon temps, dit M. Rémy, je vous quitte. — Et il s'en alla, mais comme à regret, en serrant la main de Valentin et de sa femme. Sur la porte, il se retourna et ne put s'empêcher de répéter à Mme Valentin :

— Vous avez tort, ma brave dame; vous avez plus de confiance en vous-même que dans le médecin, qui a étudié longtemps ce que vous ne connaissez pas. Vous feriez plutôt les remèdes de quelque bonne femme que les miens. Vous encouragez votre mari à l'imprudence; puis, si les choses tournent mal, vous accuserez « la mauvaise chance ». Eh bien! sachez-le, madame Valentin, la bonne chance du ménage, c'est surtout la sagesse et la prévoyance de la femme.

Deux mois après, Bernard revint de la ferme-école.

Il avait obtenu, en même temps que son certificat d'aptitude, une prime de trois cents francs, et il était heureux de rapporter cette somme à ses parents.

Quand il vit son père, il le trouva tellement changé qu'il fut pris d'une grande inquiétude. Il pria sa mère de faire venir le docteur. Mme Valentin, cette fois, ne demanda pas mieux.

Bernard alla aussitôt trouver M. Rémy et lui dit avec une grande tristesse : — La toux de mon père ne s'en va pas. Il ne dort plus ses bonnes nuits comme autrefois, et ses journées à présent lui semblent plus longues du double, tant il est las le soir en rentrant !

Le docteur se rendit auprès du malade, l'examina attentivement et l'ausculta. Il lui prescrivit ensuite une semaine de repos et lui laissa une ordonnance. Puis il ajouta : « Je vais vous envoyer du malaga. » Il réservait ce vin pour les grandes occasions et le donnait sous couleur de remède, pour n'avoir pas l'air de faire la charité à ses malades pauvres. De reproches, il se garda d'en faire au malheureux carrier et à Mme Valentin, qui pleurait toutes les larmes de ses yeux.

LA CONSULTATION DU DOCTEUR : L'AUSCULTATION. — C'est l'art d'écouter et de reconnaître les bruits qui se produisent dans les poumons et dans le cœur lorsque ces organes sont atteints de maladie.

En s'en allant, et comme il passait devant le bureau de poste, une voix douce arrêta M. Rémy :

— Docteur, disait Lucie, vous n'entrez pas !

Il entra; Lucie était seule au bureau. Elle regarda le médecin d'un air interrogateur. Comme il ne disait rien :

— Et M. Valentin ? s'écria-t-elle.

Le docteur secoua la tête mélancoliquement.

— Alors, vous le trouvez bien malade? dit Lucie d'un ton ému.

Le docteur fit un signe affirmatif.

— Docteur, mon père et moi nous avons tant insisté auprès de Mme Valentin, que nous avons fini par la convaincre : elle va décider son mari à quitter la carrière.

— Vous avez bien fait, Lucie; mais c'est bien tard! Dans l'état où se trouve maintenant Valentin, je crains tout pour lui des froids du prochain hiver.

— C'est navrant, docteur! Que va devenir toute la famille de Valentin? Ah! si le pauvre Bernard vous entendait!....

— Sans doute, c'est navrant! reprit le docteur; j'ai beau avoir le cœur bronzé par vingt-cinq ans d'exercice, je ne puis me faire à ces choses-là. Je vois de toutes parts l'ignorance et l'imprudence causer mille maux.

— Oh! docteur, que votre profession est triste!

— Elle a aussi ses joies, mon enfant. Il est bon de lutter contre le mal. Et puis, je ne suis pas toujours vaincu par la mort et la souffrance. Gagner une bataille console de bien des défaites.

— Oui, oui, docteur, s'écria Lucie; vous sauverez M. Valentin.

— Je tâcherai, du moins, dit M. Rémy. Valentin est robuste, après tout, et sa maladie est accidentelle. Seulement, il ne faut pas que lui et sa femme se laissent aller au découragement. Petite Lucie, c'est à vous de relever le courage de Mme Valentin, qui passerait aujourd'hui aisément de la négligence au désespoir. Dans la lutte contre la maladie, c'est la femme qui aide le mieux le médecin; elle doit lutter, elle aussi, avec l'inépuisable patience de la bonté, et même le sourire sur les lèvres: c'est son sourire qui console et encourage.

Une fois le docteur parti, Lucie vit entrer Bernard tout pâle d'inquiétude.

— Le docteur vous a-t-il parlé de mon père? demanda-t-il. Oh! je vous en prie, répétez-moi ce qu'il vous a dit.

— Il m'a dit que votre père a besoin de grands soins et de prudence; mais il le sauvera, soyez sûr. Gardez bon espoir, Bernard, et inspirez aussi bon courage à votre père.

LXXVI. — Testament de l'Alsacien. — Projet d'association.

Le Français est, parmi tous les peuples, celui qui, même éloigné de son pays, se souvient le plus de sa terre natale. Partout où le Français va, il emporte la patrie dans son cœur.

Quelques jours après, comme Lucie était au télégraphe, envoyant ou recevant les dépêches, on lui transmit de Marseille un télégramme venu d'Algérie par le câble sous-marin qui traverse la Méditerranée.

Les dépêches d'Algérie étaient rares; l'étonnement de Lucie fut grand, lorsqu'elle vit que la dépêche était adressée à M. Marcel en personne. A mesure que le télégraphe la transmettait, Lucie lisait :

« *Le frère de votre femme, M. Christian Herbart, colon dans la province de Constantine, vient de mourir, laissant un testament qui vous concerne. Lettre suit.* »

Lucie courut porter la dépêche à son père.

Marcel avait peu connu son beau-frère; mais la mort de ce parent alsacien, dont le nom lui rappelait sa femme, l'émut beaucoup, ainsi que Mme Marcel.

La lettre annoncée n'arriva que deux jours après le télégramme. Elle contenait la copie d'un testament *olographe*, c'est-à-dire *écrit tout entier* de la main même de Christian Herbart, *daté, signé par lui*, et conséquemment bien valable.

Ceci est mon testament.

Moi, Christian Herbart, soussigné, après avoir achevé mon service militaire en Algérie, je m'étais établi, il y a trente ans, dans la province de Constantine, où le gouvernement français offrait de la terre à ses soldats.

J'avais obtenu trente hectares dans ce pays. A force de travail et de peine, ces trente hectares sont devenus une assez belle propriété; mais il faudra des bras pour l'entretenir en bon rendement et l'œil du maître pour y veiller; sinon, elle périclitera.

Nous aimions cette terre, ma femme et moi, comme une nouvelle patrie. Nous lui avions donné le nom du pays natal : *Alsace!* et nous étions fiers de la voir plus fertile encore que la vieille Alsace, si loin de nous!

Nous en avions fait deux parts, et nous avions à l'avance séparé ces deux parts par une simple haie de rosiers. Chacune d'elles était destinée à l'un de nos enfants.

Nous les avons perdus.

Je laisse à mon beau-frère Marcel ces deux parts que nous avions cultivées avec tant d'amour, et je l'institue mon seul héritier, sous la condition de les cultiver lui-même ou d'en surveiller lui-même la culture. Je ne veux pas que ma propriété soit vendue, ni qu'elle sorte jamais de mains françaises. Je désire donc qu'il trouve un colon français, et, si la bénédiction d'un mourant porte bonheur, je la donne d'avance à qui travaillera pour moi ma chère *Alsace!*

Telles sont mes dernières volontés, écrites en entier de ma propre main.

A la ferme *Petite-Alsace* (province de Constantine), le vingt avril de l'année mil huit cent soixante-quinze.

Christian HERBART.

Dans la lettre se trouvait un dessin représentant le plan du terrain et la place des bâtiments. Sur une autre feuille il y avait les comptes des frais et récoltes de l'année, ce qui permettait d'évaluer le rapport de la ferme.

Mme Marcel avait écouté, avec une grande émotion, la lecture du testament de l'Alsacien. Elle songeait à sa famille, elle songeait à son pays natal, elle songeait aussi à l'avenir de ses petits-enfants.

Après un moment de silence, elle prit le plan du terrain et, pour mieux l'examiner, assujettit ses lunettes. Lucie, penchée au-dessus de l'épaule de sa grand'mère, lui montrait du doigt les détails, et Marcel, pendant ce temps-là, lisait tous les frais d'entretien pour les différentes pièces de terre.

— Alors, dit la grand'mère, la propriété de Christian lui a donné cette année, tous frais payés, cinq mille francs. C'est une fortune qui arrive à nos enfants! ajouta-t-elle en attirant Lucie dans ses bras et en la baisant au front.

— Soit! dit Marcel; mais il y a la mer entre nous et *Petite-Alsace*. Pour moi, cela ne m'effraie pas : je connais l'Algérie, où j'ai été soldat plusieurs années; mais vous, ne craindrez-vous pas un tel déplacement?

— Non, dit résolument Mme Marcel, je partirai gaiement, et au besoin, si mes rhumatismes me reprenaient, vous me porteriez. L'Algérie, c'est toujours la France. Le drapeau français y flotte. D'ailleurs, je sais que le lieu où se trouve cette ferme est très sain.

— Alors, dit Lucie, on pourrait peut-être demander un bureau de poste dans le village où est située Petite-Alsace; je permuterais avec la receveuse des postes de l'endroit.

— Bien parlé, ma fille! dit la grand'mère. De cette façon, on serait sur les lieux et l'on n'abandonnerait pas le certain, c'est-à-dire le gagne-pain obtenu par tant d'efforts, pour l'incertain, c'est-à-dire une profession nouvelle.

— Tout cela est très bien, dit Marcel. Mais il faut des bras pour cultiver tous ces hectares. Louis a donné les siens au pays; moi, je n'en ai plus qu'un. Il ne reste que Robert.

— Père, dit Lucie, avec embarras, j'ai bien une idée, mais je crains qu'elle ne vaille rien.

— Dis toujours, ma fille; nous réfléchirons.

— Eh bien! j'avais pensé que vous pourriez affermer la

terre à la famille Valentin. Le père est bien malade, mais un bon hiver sous un meilleur climat le remettrait sans doute.

— C'est vrai, dit Louis. De plus, Bernard est revenu de sa ferme-école; il connaît le travail de la terre et pourra diriger très bien la culture. Il a deux frères : l'un de dix-sept ans, l'autre de seize. Enfin, Mme Valentin et sa fille aînée sont fortes et laborieuses ; tous ces bras auraient là leur emploi, leur gagne-pain trouvé. Ce serait, je crois, la fortune pour la famille Valentin, autant que pour nous.

— Et si c'était la santé retrouvée pour le père Valentin, quelle joie ! dit Lucie.

— Tu as raison, répondit Marcel ; et tu as un bon cœur. Ce qu'une seule famille ne pourrait entreprendre, plusieurs familles, en s'associant, peuvent le mener à bien. Valentin est mon vieux camarade, et j'ai toute confiance en lui. Du reste, nous interrogerons le docteur.

Et la grand'mère ajouta : — Allons, le désir du pauvre défunt Christian pourra être réalisé : la *Petite-Alsace* ne sera pas vendue : elle sera cultivée par des bras français !

LXXVII. — Les testaments et les successions.

Pour les héritages comme pour tout le reste, la loi française est essentiellement protectrice. Elle protège à la fois les parents contre l'ingratitude des enfants et les enfants contre l'oubli des parents.

Le soir, à dîner, on ne tarissait pas sur la question du testament. — J'ai vu aujourd'hui le notaire du bourg, disait Marcel. Je lui ai montré le testament, il est en bonne forme et valable.

— Mais, père, demanda Lucie, si le testament de notre oncle n'avait pas été bon, qu'est-ce qu'on aurait fait de sa ferme et de tous ses biens ?

Marcel répondit :

— Quand une personne n'a pas fait de testament ou que son testament est nul, la loi attribue la succession aux plus proches parents : enfants, père, mère, frères, sœurs, etc.

— Mais, s'il n'y a pas de parents ? reprit Lucie.

— S'il n'y en a pas, dit Marcel, ou s'il n'y en a que de trop éloignés, les biens retournent à l'Etat. Mais, quand on n'a pas de parents, il arrive le plus souvent qu'on fait un testament en faveur de ses amis ou de quelque institution de bienfaisance. Beaucoup de personnes ont fait ainsi un noble emploi de leur fortune. Ainsi, le fameux Monthyon légua trois millions aux hospices, et il légua aussi une grosse somme à l'Académie française, pour fonder des prix de vertu ou des récompenses aux ouvrages les plus utiles à l'éducation populaire. De même, Benjamin Delessert donna une partie de sa grande fortune aux caisses d'épargne.

— Moi, dit Robert, si j'étais très riche, je voudrais faire comme Monthyon ou Delessert.

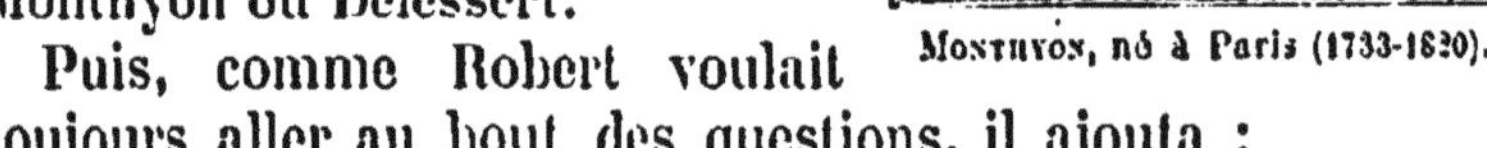

MONTHYON, né à Paris (1733-1820).

Puis, comme Robert voulait toujours aller au bout des questions, il ajouta :

— Mais, père, si les deux fils de notre oncle eussent vécu, est-ce qu'il aurait pu encore tout nous donner?

— Non, certes; d'abord il ne l'aurait pas voulu et, quand il l'aurait voulu, la loi n'aurait pas ratifié son testament. Elle eût laissé aux fils de ton oncle leur part légitime.

L'ACADÉMIE FRANÇAISE, dans sa séance solennelle, décerne des *prix de vertu*, fondés par Monthyon, des *prix aux ouvrages les plus utiles* pour l'éducation et les mœurs, etc.

— C'est bien juste, cela, dit Robert.

— Le père de famille, continua Marcel, ne peut priver ses enfants de toute sa fortune. La loi l'oblige à leur en *réserver* au moins la moitié, les deux tiers ou les trois quarts, suivant le nombre des enfants. C'est ce qu'on appelle la *réserve légale*. Il y a de même une réserve légale en faveur des père et mère, ou des grands-parents.

Et maintenant, Robert, ajouta Marcel, je pense que tu n'as plus de questions à me faire, et que nous allons finir de dîner en parlant de choses moins sérieuses... Ne rougis pas, mon enfant. Je ne te blâme point; j'aime, au contraire, à te voir si désireux de t'instruire.

— C'est que, dit Robert, quand j'entends parler les grandes personnes sans comprendre ce qu'elles disent, je m'ennuie et j'ai honte d'être si ignorant. Cela fait que j'aime beaucoup à apprendre des choses nouvelles.

LXXVIII. — Le départ pour l'Algérie. — La traversée. L'adieu de l'aïeule à la patrie.

Toutes les peines s'adoucissent pour qui se sent entouré de l'affection des siens.

Le docteur fut consulté au sujet de Valentin :

— Je suis persuadé, dit-il, qu'il aura grand' peine à passer l'hiver s'il reste ici; là-bas, au contraire, il peut se remettre. Les étés de l'Algérie ne sont pas toujours bons pour les Européens, surtout pour les gens du Nord et pour les enfants en bas âge; mais Valentin et ses enfants sont du Midi; M. Marcel n'a plus d'enfants jeunes; vous êtes donc tous dans de bonnes conditions. Si Valentin se décide, mes amis, ma bourse est à votre disposition pour tous les frais de ce déplacement.

Après cette réponse nette, Lucie fut chargée de parler à Mme Valentin. Celle-ci sauta au cou de la jeune fille :

— Ah! vous me sauvez la vie, dit-elle; si je perdais Valentin ici, voyez-vous, je penserais que c'est moi qui l'ai tué : le docteur Rémy m'avait prédit tout ce qui m'est arrivé et je n'ai pas voulu le croire! Hélas! comme on peut être coupable par entêtement et par ignorance!

A partir de ce jour, les deux familles ne songèrent plus qu'au départ. Marcel fit les démarches nécessaires pour obtenir le bureau de poste voisin de la ferme *Petite-Alsace*. Après bien des difficultés vaincues, tout s'aplanit.

Valentin s'était reposé pendant ce temps.

Mme Valentin avait vendu ses meubles, ce qui lui avait procuré une petite somme. Lucie en avait fait autant des meubles de sa grand'mère.

Quand les préparatifs de départ furent terminés, on se mit en route. C'était une véritable petite colonie composée de treize personnes qui prit le chemin de fer pour Marseille. Louis était lui-même de la partie; M. Rémy, par une attention délicate pour ce jeune homme qu'il aimait comme un fils, avait tenu à ce qu'il accompagnât ses parents et passât la fin de ses vacances en Algérie avant de retourner à Saint-Cyr.

MARSEILLE : LE CHÂTEAU D'EAU. — Marseille (403 000 h.) est le premier port de France.

— C'est notre dernier cadeau, lui dit-il en lui offrant le prix du voyage dans une petite bourse tricotée par Mme Rémy.

Les quatre plus jeunes garçons de Valentin et Robert n'a-

L'EMBARQUEMENT DANS UN PAQUEBOT. — On appelle *paquebots* des navires qui transportent régulièrement des dépêches et des voyageurs d'un pays à l'autre. De Marseille partent les paquebots pour l'Afrique et pour l'Orient, la Chine et l'Indo-Chine.

vaient jamais voyagé : tout les émerveillait. La gaieté de ces enfants faisait plaisir à voir et distrayait le malade.

L'arrivée à Marseille fut une fête. On avait laissé la pluie et le brouillard. Le ciel était d'un bleu éclatant, le soleil chaud, la mer, sur laquelle se détachait une forêt de mâts, était d'un calme et d'une pureté attrayants.

On retint les places sur un paquebot pour Alger, car le notaire avait conseillé à Marcel de passer par cette ville pour y régler plusieurs affaires pendantes relatives à la succession.

Bientôt le jour vint où le paquebot *le Suffren* devait lever l'ancre. Une barque prit les voyageurs sur le quai du port et les transporta au navire. Ils montèrent l'escalier et ils se trouvèrent sur le pont du paquebot, dominant la mer comme du haut d'une terrasse mouvante. Ils redescendirent ensuite le grand escalier intérieur qui conduit d'un étage à l'autre, et ils prirent possession de leurs cabines. Robert et Mariette admirèrent les lits étroits suspendus les uns au-dessus des autres, ainsi que la petite fenêtre ronde par laquelle on voyait les vagues se gonfler autour du navire.

LES CABINES D'UN PAQUEBOT. — Leurs petites fenêtres sont fermées hermétiquement par de solides serrures, afin que les vagues ne jaillissent pas dans les cabines.

Bientôt on entendit les coups de sifflet de la grosse machine à vapeur qui appelait à bord tous les retardataires : le paquebot allait partir. Le grand bâtiment tressaillait aux trépidations sourdes de la machine : il commença à tourner sur lui-même pour prendre la direction de la haute mer ; puis, tout d'un coup, son énorme masse se mit à glisser légèrement sur les flots. Il partit, en ouvrant devant lui la mer avec la pointe de sa proue.

Nos amis étaient remontés sur le pont, d'où l'on apercevait les belles côtes et les montagnes de Provence, Marseille et ses collines dominées par le sémaphore.

Pendant que les enfants se livraient à la joie insouciante de leur âge, la grand'mère, assise sur le pont, seule sur un banc isolé, regardait, elle aussi, cette ligne onduleuse de la côte, et elle lui adressait des yeux et du cœur un dernier adieu.

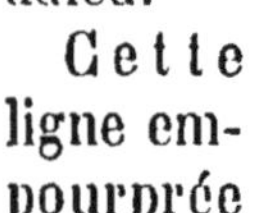

Sur le pont supérieur du paquebot. — On appelle *ponts* les planchers d'un navire qui le divisent en plusieurs étages.

Cette ligne empourprée par les splendeurs du soleil couchant, c'était la mère patrie qui s'éloignait, la terre de France! C'était là que la grand'mère avait vécu les soixante-dix années sous lesquelles se courbait sa tête; c'était là qu'elle avait jusqu'alors espéré dormir le dernier sommeil de la tombe; et maintenant, sans doute, jamais plus elle ne reverrait ce cher pays...

A cette pensée son cœur se fondit : de grosses larmes montèrent à ses yeux. Pour les retenir et n'attrister personne, elle ferma doucement ses paupières, continuant de rêver ainsi les yeux clos.

Mais le bon petit cœur de Lucie devina que sa grand'mère était triste. Sans bruit, d'un signe elle appela son père et ses deux frères. Sur les paupières de l'aïeule des baisers se posèrent. Elle, tout émue, rouvrit les yeux : voyant à ses pieds ses cinq enfants réunis qui l'entouraient d'un cercle de tendresse, elle se sentit comme réconfortée, et, souriante, elle leur dit : — Si loin que vous soyez obligés d'aller, ô mes enfants, je vous suivrai, heureuse; car ce qu'il y a de plus doux en ce monde, quand la vieillesse arrive, c'est la tendresse d'une nombreuse famille!

Pendant ce temps, les dernières lignes de la côte s'effaçaient dans le crépuscule du soir. Bientôt on ne distingua plus que la mer immense, sur laquelle le navire courait en laissant un long sillage, et le ciel bleu où les premières étoiles commençaient à poindre.

LXXIX. — Alger. — Conquête de l'Algérie.

« Les Français, dit un célèbre voyageur allemand, ne possèdent l'Algérie que depuis une cinquantaine d'années; elle leur a coûté beaucoup de sacrifices, mais ils ont l'honneur d'en avoir fait déjà une des plus belles colonies du monde. »

L'Algérie est même aujourd'hui plus qu'une colonie : elle forme, avec la Tunisie, une sorte de *France africaine.*

Le lundi matin, de bonne heure, on arriva en vue de la côte africaine. Nos amis s'étaient groupés sur le pont, curieux d'apercevoir ce pays inconnu auquel on allait aborder pour y vivre désormais.

Aux gaies clartés du soleil levant Alger se montrait :

— Oh! s'écria Robert en frappant de plaisir dans ses mains, combien cette ville semble jolie! Elle est étalée sur la colline comme pour mieux se faire voir. Regarde, Lucie : elle brille au soleil comme de la neige. Qu'elle est blanche!

ALGER (près de 100000 hab.), grand commerce d'huile, de dattes, de tabac, de soie, de coton et de blé.

— Quels beaux jardins le long de la côte! dit Bernard, qui, en sa qualité de jardinier, était tout occupé de la végétation. Je reconnais les grands palmiers que j'avais jusqu'ici vus seulement en image. Quelle verdure superbe ont toutes ces plantes tropicales! Pourtant nous sommes à la fin d'octobre, et déjà nos jardins français sont sans feuilles; mais ici c'est le printemps.

— Quel bon soleil chaud! s'écria à son tour Valentin; il me semble que je suis déjà guéri.

Bref, c'était un enthousiasme général; la grand'mère elle-même déclara que, de loin, ce pays ressemblait à un paradis terrestre.

Enfin on entra dans le port; en un clin d'œil passagers et marchandises furent sur le quai. La petite colonie se rendit dans un bon hôtel, où l'on déjeuna comme il faut. Marcel s'occupa des affaires relatives à la succession qu'il avait à régler. Puis, les affaires faites, on se promena dans Alger.

On visita les rues montantes de la ville haute, qui a conservé l'aspect arabe, avec sa citadelle, ses maisons carrées comme des dés et ses galeries à terrasses. Les Arabes en burnous blanc, à la démarche majestueuse, se rangeaient avec respect devant Marcel, à cause de sa décoration.

Un enfant arabe, qui vendait des fruits, dit à Marcel : « Père, veux-tu des oranges? » Car les Arabes tutoient et prodiguent le nom de *père*. On visita aussi une des mosquées d'Alger et chacun dut, selon l'usage du pays, ôter ses chaussures pour pénétrer dans le temple musulman, à demi obscur, qui avait pour tout ornement des nattes étendues à terre ou enroulées autour des piliers.

Intérieur d'une mosquée.

— Comme on passait devant le palais du gouverneur, Louis dit à son frère :

— Sais-tu, Robert, comment l'Algérie est devenue française?

— Non, Louis, raconte-nous cela, dirent à la fois Robert et Mariette.

— Alger, reprit Louis, était encore au commencement de notre siècle un repaire de pirates. Plusieurs nations avaient même dû se résigner à payer un tribut humiliant au dey d'Alger, pour obtenir qu'aucun de ses pirates ne touchât à leurs navires de commerce. En 1808, un de nos plus savants physiciens et astronomes, Arago, fut pris par les pirates algériens comme il se rendait par mer à Marseille, au retour d'un voyage scientifique; il fut toute une année retenu en esclavage par le dey.

Arago, né en 1786 dans les Pyrénées-Orientales, mort en 1853.

— Alors, dit Mariette, quand nous avons traversé la mer, nous aurions pu aussi être faits prisonniers et emmenés par des pirates?

— Parfaitement, dit Louis. Et au lieu de nous promener ici librement, nous serions réduits en esclavage, séparés les uns des autres, peut-être battus comme des bêtes de somme. En 1817, la France payait au dey un tribut de 300000 fr. Mais, en 1830, il se passa un événement qui eut de grandes conséquences. Le dey se permit en public d'injurier le consul de France : il le frappa trois fois avec le manche de son chasse-mouches. Cet outrage, vous pensez bien, ne pouvait rester impuni : le consul d'une nation à l'étranger représente la nation elle-même; c'était donc la France qui venait d'être souffletée publiquement. Cent trois vaisseaux de guerre, escortés de quatre cents vaisseaux de transport, débarquèrent trente-sept mille hommes sur la côte d'Alger. Alger fut pris en juillet 1830.

Prise d'Alger. — En juillet 1830, le fort l'Empereur fut pris d'assaut par nos troupes; les Arabes mirent le feu aux poudres et le fort sauta. Deux soldats français s'élancèrent à travers les ruines fumantes et allèrent planter notre drapeau au sommet du fort.

Le dey fut forcé de capituler et de se retirer en exil.

— Alors, dit Robert, qui calculait dans sa tête, je vois que nous possédons Alger depuis une cinquantaine d'années.

— Oui, dit Louis, mais, une fois Alger pris, il restait l'Algérie à soumettre. La guerre dura dix-huit ans. Nous eûmes surtout à lutter contre un grand chef arabe, l'émir Abd-el-Kader, qui s'illustra par son courage et son habileté. Il finit par comprendre que la lutte était impossible et il devint plus tard un ami fidèle de la France. Aujourd'hui la côte d'Afrique, au lieu d'être un repaire de brigands, s'est transformée en un grand centre de commerce, où toutes les nations viennent s'alimenter. Les terres incultes et fiévreuses y deviennent saines et fertiles; l'Algérie, plus grande que notre pays natal, se peuple chaque jour. Tu vois, Robert, que la France, en colonisant l'Algérie, a rendu et rend encore un grand service à la civilisation.

ABD-EL-KADER (1806-1883).

LXXX. — Le marché de Constantine. Production et échange des richesses. — Définition de l'économie politique.

Travailler, c'est produire des richesses. Il y a une grande science qui s'occupe des richesses produites ainsi par le travail des hommes: on l'appelle l'ÉCONOMIE POLITIQUE.

Le lendemain, on prit le bateau à vapeur jusqu'au port de Philippeville, puis le chemin de fer jusqu'à Constantine. Cette ville est construite comme un nid d'aigle sur un rocher qui semble au premier abord inaccessible.

Les deux familles descendirent dans un petit hôtel voisin du pont de fer, sur lequel il faut passer pour se rendre de la gare à la ville. Ce pont est jeté légèrement sur le ravin escarpé et profond qui entoure Constantine. On commanda le dîner à l'hôtellerie. Puis, tandis que la grand'mère fatiguée s'asseyait près d'une fenêtre, d'où l'on découvrait à la fois l'abîme et le grand rocher couronné de maisons blanches, les plus valides de la bande passèrent le pont et entrèrent dans la ville. C'était jour de marché. Nos voyageurs se croisaient avec de nombreux Arabes dont le burnous blanc, la belle barbe, le visage bronzé, les yeux noirs et brillants faisaient une vive impression sur les enfants.

CONSTANTINE : LE PONT DE FER. — Cette place forte fut prise par les Français, en 1837. 45 000 habitants.

Puis c'étaient des Kabyles, indigènes qui habitaient l'Algérie avant que les Arabes en eussent fait la conquête ; c'étaient aussi des nègres, des israélites, des Européens de toutes nations.

— Oh! dit Mariette, regarde ces femmes qui ont une robe bleue avec une ceinture rouge. Je n'en ai jamais vu comme elles. Et pourquoi ont-elles sur le front une large broche d'argent avec des boutons de corail? Cela brille au soleil comme un diadème : on dirait des princesses.

MARCHÉ DE CONSTANTINE.

— Princesses, non, dit en souriant un marchand arabe qui proposait à Lucie des étoffes algériennes; femmes kabyles,... femmes mariées. A chaque fils, un bouton de corail. Beaucoup de fils, beaucoup de boutons.

Grand honneur, grande richesse, bénédiction d'Allah!

— Oui, dit à son tour Marcel, avoir beaucoup de fils est la gloire d'une femme kabyle. En revanche, les filles comptent pour si peu qu'on ne les mentionne jamais dans le nombre des enfants.

— Voilà qui n'est pas juste, dit Louis; je trouve que notre bonne sœur Lucie mérite d'être comptée chez nous au premier rang.

— Je crois bien! dit Robert; sans elle que serions-nous devenus?

— Et puis, ajouta Marcel, est-ce que les femmes ne travaillent pas tout comme les hommes?

Le beuglement des vaches, le bêlement des moutons, le hennissement des chevaux se mêlaient aux voix humaines parlant les dialectes les plus divers.

— Que peuvent faire ces hommes de toutes les couleurs et de toutes nations? disait Mariette, étonnée par ce bruit.

— Tu vois bien, répondit Marcel, qu'ils viennent au marché pour vendre tous les produits de leur agriculture et de leur industrie. L'Algérie est un pays de grande *production* : blés, huiles, bestiaux, laines, tabac, vignes et fruits y abondent. Eh bien, quand un agriculteur ou un industriel a ainsi produit des objets utiles, il cherche à les vendre, pour acheter ensuite tout ce dont il a besoin lui-même. Les objets utiles passent ainsi de mains en mains par l'échange et le commerce : c'est ce qu'on appelle la *circulation* des richesses. De là vient tout le mouvement que tu vois et cette rencontre en un même lieu de gens de tous pays.

Près de nos amis, un Arabe, assis les jambes croisées, vendait des dattes, qu'un négociant français était en train de marchander.

— Les dattes, dit Marcel, sont encore une des richesses de la contrée. Celles-ci viennent probablement de quelque oasis du désert, où les palmiers-dattiers croissent les pieds dans l'eau et la tête sous un soleil de feu Le négociant français qui achète ces dattes va les envoyer à Marseille ou à Paris. C'est ainsi que les richesses courent de mains en mains, font de longs voyages, sont *échangées* contre de l'argent ou d'autres richesses.

Derrière les dattes se trouvaient aussi des tas d'oranges et de grenades, qui faisaient ouvrir de grands yeux à Mariette.

LES PALMIERS-DATTIERS. — Ce sont des arbres de haute taille, couronnés à leur sommet de larges feuilles appelées *palmes*. On les cultive à Biskra, au sud de l'Algérie, et dans les oasis du désert. Leurs fruits sucrés sont très nourrissants.

En marchant toujours devant soi à travers les rues remplies de monde, on arriva devant un vaste bâtiment en fer et en verre. C'est le *marché aux grains*.

— Que de blé! que de blé! s'écria Bernard en entrant.

Et en effet d'énormes tas de blé étaient répandus sur le sol; les acheteurs y passaient la main pour soupeser le grain.

MARCHÉ AUX GRAINS, A CONSTANTINE. — La production des céréales, en Algérie, s'élève au *sixième* de la production de la France.

— Ces acheteurs, dit Marcel, sont des Européens qui viennent faire ici des approvisionnements. Une grande partie de ce blé que tu vois ira en Europe par les bateaux, et s'échangera sur les marchés de France, d'Italie ou d'Espagne. Ensuite les *consommateurs* le mangeront. Nous avons peut-être consommé à Bordeaux du pain fait avec du blé d'Algérie. Constantine est un des greniers de l'Europe : c'est le plus grand magasin de blé qu'il y ait en Algérie.

Valentin, de son côté, n'en revenait pas de se trouver au milieu d'un pareil commerce. — Comme cette Algérie doit être fertile, disait-il, comme tout ce monde semble occupé! Oh! si je pouvais me remettre ici, que je serais heureux de me trouver à la tête d'une belle exploitation de culture!

Bernard était aussi satisfait que son père :

— Je voudrais déjà être à la besogne, disait-il à Marcel. Je vois qu'il n'y aura qu'à travailler, ici, et on ne manquera pas d'occasion pour échanger sa marchandise.

— Certes, dit Marcel; car le commerce de l'Algérie va croissant. M. Rémy m'a dit qu'elle fait par an 300 millions d'affaires avec la France, 100 millions avec les autres pays. Les économistes lui prédisent le plus brillant avenir.

— Les économistes! que veut dire ce mot? demanda Mariette.

— Ce sont des savants qui s'occupent d'économie politique. Voyons, Louis, toi qui es un Saint-Cyrien, explique à Robert et à Mariette ce que c'est que l'économie politique.

— C'est une belle science, dit Louis, et qu'on ne tardera pas, paraît-il, à enseigner même aux enfants des écoles primaires. L'économie politique est la science des richesses produites par le travail. Elle étudie trois choses : d'abord la *production* des richesses par l'agriculture et par l'industrie, puis l'*échange* des richesses par le commerce, enfin leur *consommation*, c'est-à-dire leur emploi pour les besoins de l'homme. L'économie politique a une grande importance, puisqu'elle apprend aux nations les meilleurs moyens de s'enrichir et le meilleur usage à faire de leurs richesses. Vous connaissez bien le « *patriote* » Vauban? Eh bien, ce ne fut pas seulement un célèbre ingénieur, ce fut aussi un des fondateurs de l'économie politique, un des premiers qui cherchèrent les moyens d'améliorer la condition des peuples.

LXXXI. — La caravane. — L'homme et ses besoins. — Le travail, sa nécessité et sa dignité. — Travail manuel. — Fécondité du travail intellectuel.

C'est le travail qui fait la dignité de l'homme.

De Constantine, les voyageurs prirent la diligence pour se rendre vers la *Petite-Alsace*, située dans la région du sud-est.

On partit avec le jour. Le pays, couvert de rochers, fut d'abord aride et nu, puis vinrent des vallées plus verdoyantes et des montagnes couvertes d'oliviers ou de chênes-lièges.

Aux fortes montées, on descendait de diligence, pour ne pas fatiguer les chevaux. Les poitrines se dilataient à l'air pur de la montagne.

— Oh ! Louis, disait Lucie, que je suis contente de voyager ainsi dans un pays qui ne ressemble à rien de ce que je connais ! Je me demande quelquefois si je fais un rêve.

Au roulement de la diligence, des oiseaux effrayés s'envolaient par troupes des buissons, interrompant leur chant matinal. — Louis, s'écriait Robert, que d'oiseaux !... Tiens, voilà des lièvres à présent qui partent à mes pieds. Comme le gibier abonde par ici !

— C'est qu'il y a de l'eau, répliqua Marcel ; comme dit un proverbe arabe, « où l'eau coule, tous les biens arrivent. »

On fit halte près d'une source. Le conducteur se mit en quête de petites figues presque noires dont les figuiers étaient remplis sur le bord du chemin. Ces figues sont délicieuses.

On atteignit du pain qu'on avait mis dans un panier fait avec de l'*alfa*, cette plante utile de l'Algérie, et on fit un repas à la mode du pays, arrosé de l'eau fraîche qui bondissait sur les cailloux. L'enchantement de Robert était à son comble :

— Père, disait-il, je trouve très agréable cette façon de vivre et de voyager. Il me semble que les Arabes, avec leur vie à demi sauvage, doivent être bien plus heureux que nous autres gens civilisés.

— Patience ! répondit Marcel ; il y a encore un proverbe arabe qui dit : « Pour juger juste, ne jugez pas trop vite. »

On remonta en diligence. Un spectacle étrange attendait nos amis le long du voyage. Subitement, à un tournant de la route, le chemin se trouve obstrué et la voiture s'arrête.

— Lucie, s'écrie Robert, dont la tête curieuse est toujours occupée à sonder l'horizon ; Lucie, vois, que de chameaux !

En effet, aussi loin que l'œil peut apercevoir, ce ne sont que longs cous qui se relèvent et s'abaissent en ondulant. Tous ces chameaux sont lourdement chargés. Les uns portent des fagots de bois, des piquets de toutes grandeurs ; d'autres ont d'énormes sacs de provisions posés entre leurs bosses. Quelques-uns portent des cavaliers, des groupes d'enfants aux petites têtes rasées, exposées au soleil africain sans aucune coiffure. Sur d'autres toute une basse-cour est installée, et les poules, effrayées par le mouvement de roulis des chameaux en marche, poussent des gloussements plaintifs.

Des hommes enveloppés de burnous jadis blancs, maintenant salis, suivent cette troupe innombrable de chameaux. Ces hommes sont armés jusqu'aux dents; ils écartent indolemment leurs bêtes pour laisser passer la diligence.

LA CARAVANE. — Les caravanes, pour traverser le désert, voyagent à petites journées et s'arrêtent le soir près d'une source. Les chameaux supportent longtemps la soif.

— C'est une caravane, répond Marcel aux interrogations de Robert, c'est-à-dire une tribu en marche. Vois, les chameaux emportent le matériel complet des campements ou *douars :* piquets pour faire les tentes, bois pour allumer le feu, sacs de blé, outres pleines d'eau. Voici les chiens efflanqués et sauvages des Arabes qui aboient en passant.

— Bon ! dit Robert ; à présent ce sont des troupeaux qui passent.

— Compte, si tu peux, dit Marcel, cette quantité de moutons, de bœufs, d'ânes et de chevaux !

— Oh ! il y a plusieurs milliers d'animaux au moins, y compris les chameaux. Mais où va cette caravane ?

— Au désert, dit Marcel. L'hiver arrive : quelques rares pluies vont reverdir le Sahara ; les plantes que le soleil d'été et le simoun avaient brûlées repousseront et serviront de nourriture aux bêtes. Plus tard, quand reviendront les chaleurs et la sécheresse, la caravane quittera de nouveau le Sahara devenu inhabitable, pour regagner les hauts sommets et y faire paître les bestiaux. Les Arabes, comme tu vois, Robert, sont *nomades*, c'est-à-dire qu'ils ne se fixent pas au sol et ne le cultivent guère ou le cultivent mal.

LE SIMOUN DANS LE SAHARA. — Le simoun est un vent brûlant qui souffle du midi, soulève les sables du désert et engloutit parfois des caravanes entières.

— Alors, père, les Arabes mènent une vie de paresseux! Ce doit être bien agréable, tout de même, de se promener ainsi continuellement, tandis que les autres hommes sont obligés de travailler tout le jour!

Marcel sourit de la naïveté de Robert.

— Appelles-tu cela une promenade? lui dit-il; se lever avant l'aube, marcher jusqu'à la nuit, sous un soleil implacable! Et souvent le soir, à l'arrivée, la caravane trouve tarie la source où elle espérait se rafraîchir. On se passe de boire, alors, et le lendemain on repart, ayant faim, ayant soif, à la recherche d'une oasis et de ses dattiers, à la recherche d'un filet d'eau introuvable et souvent si saumâtre qu'on ne peut s'en désaltérer. C'est qu'il faut faire paître le bétail, le vendre, moissonner à la hâte quelques maigres récoltes de blé, cultiver les dattiers pour en cueillir les dattes. Mon ami, les Arabes travaillent à leur manière. Sauvage ou civilisé, tout homme d'ailleurs est forcé de travailler, car tout homme a des *besoins* à satisfaire : il a besoin d'*aliments*, de *boissons*, de *vêtements*, de *gîte*. Le travail des Arabes est même beaucoup plus dur que celui d'un ouvrier européen. Seulement, il y a une espèce de travail qu'ils ne connaissent que très peu : le travail de l'intelligence. Ils le dédaignent même et le prennent pour de la paresse. Si les hommes de cette caravane te voyaient, Robert, assis toute une journée à lire ou à écrire, ils diraient de toi ce que tu disais d'eux tout à l'heure : « Quel paresseux ! »

— Mais en France, dit Louis, je connais des gens qui pensent de la même manière. Le père Mathurin, que tu connais bien, me soutenait un jour que travailler de la tête, c'est ne rien faire. J'essayai de le convaincre du contraire, mais j'étais assez embarrassé?

— Alors, dit Robert, comment t'es-tu tiré d'affaire?

Voilà, reprit Louis; le soir j'ai interrogé M. Rémy, et le lendemain j'ai servi sa réponse au père Mathurin.

« Monsieur Mathurin, lui ai-je dit, il paraît que le travail intellectuel est plus fatigant et peut devenir plus nuisible à la santé que le travail des champs. Un élève qui se prépare à l'École polytechnique, par exemple, a devant lui bien moins de chances de vie et de santé qu'un jeune laboureur. En revanche, si le travail intellectuel coûte plus d'efforts, il a aussi des résultats bien plus considérables. Vous savez sans doute, monsieur Mathurin, que c'est Watt qui fut le principal inventeur de la machine à vapeur? Eh bien! si vous l'aviez aperçu au moment où il faisait de tête les calculs et les combinaisons de mécanique qui devaient amener cette grande découverte, vous l'auriez peut-être, en vous-même, traité de fainéant. Et si, auprès de lui, vous aviez aperçu un homme traînant péniblement une charrette à bras, la sueur au front, vous auriez dit : — A la bonne heure, voilà un homme qui travaille! — Cependant, monsieur Mathurin, celui-ci n'a jamais mis en mouvement que sa charrette; mais l'autre, celui qui vous eût semblé ne rien faire, calculez, si vous pouvez, tout ce qu'il a mis en mouvement par le travail de sa pensée! En réalité, monsieur Mathurin, c'est son travail qui transporte encore par toute la terre tant d'énormes fardeaux; la petite charrette que traînait l'ouvrier, Watt la pousse à sa place, ou plutôt il l'a transformée

LE TRAVAIL INTELLECTUEL. WATT, né en Écosse en 1736, m. en 1813, fut un des principaux inventeurs de la machine à vapeur.

en de puissantes machines qui portent marchandises et voyageurs. Vous allez me répondre que c'est le chauffeur placé sur la machine qui la fait marcher? Non, c'est Watt, et le grand inventeur travaille encore auprès de lui, mais invisible. »

LE TRAVAIL DES MACHINES. — Elles sont mues par l'eau, par l'air, par la vapeur. C'est au moyen de *machines à vapeur* qu'on fait monter le charbon des mines, et au moyen de *locomotives* qu'on le transporte.

— La bonne réponse! dit Robert, frappé de cet exemple.

— Oui, ajouta Louis. M. Rémy avait raison : il est bien certain que le bras sans la tête ne peut rien, ni d'ailleurs la tête sans le bras. Il y a toujours eu dans le travail une part d'intelligence. A mesure que la civilisation fait des progrès, cette part va croissant. L'homme, pour diminuer son travail corporel, trouve moyen de faire accomplir la besogne la plus fatigante par des machines ou par des bêtes de somme. Les Arabes eux-mêmes ont leurs chameaux, leurs chevaux, leurs chiens, leur bétail, leurs instru-

LE TRAVAIL DES BÊTES DE SOMME : cheval, mulet, âne, bœuf, chameau, etc.

ments; nos machines sont comme des bêtes de somme perfectionnées, créées par l'intelligence humaine.

— Je n'avais pas songé à tout cela, dit Robert; et je vois maintenant combien le travail est nécessaire à l'homme.

— Tu le comprendras encore mieux, dit Marcel, à mesure que tu vas vivre dans un pays plus rapproché de la vie sauvage : tous les progrès de l'homme sont dus au travail; la plupart des objets qui nous entourent sont l'œuvre du travail humain, et chacun de ces objets semble nous dire à nous-mêmes : « Travaillez. » Ne l'oublie donc jamais, mon enfant, la loi du travail est sainte : chacun de nous a sa tâche ici-bas; le paresseux qui veut s'y dérober est un lâche et se rabaisse lui-même au rang de la brute.

LXXXII. — La société et ses avantages. — Les sociétés primitives. — Les sociétés civilisées. — Chacun profite du travail de tous.

Isolé, l'homme ne peut rien; uni aux autres hommes, il transforme la face de la terre.

Pendant que nos amis causaient, la diligence marchait toujours. Comme elle venait de franchir le col d'une montagne, on aperçut à une certaine distance, dans le vallon qui s'ouvrait, un campement que les Arabes n'avaient pas encore levé pour partir vers le Sahara.

— C'est un *douar*, dit Marcel.

— Qu'est-ce que cela, un douar ? demanda Robert.

— Le douar est une société d'Arabes groupés sous des tentes avec leurs troupeaux au milieu. Tu as là sous les yeux, Robert, un exemple des sociétés primitives et encore à demi barbares. Regarde bien et profite du voyage que tu fais comme d'une leçon de choses qui parle aux yeux.

Sur la lisière d'une haute forêt d'oliviers on apercevait les tentes d'où s'élevait la fumée; pressées l'une contre l'autre, elles étaient environnées d'une enceinte circulaire. On distinguait une ouverture dans cette enceinte.

— Vois, dit Marcel, c'est par cette brèche qu'on pénètre dans le douar.

En entendant le bruit de la diligence et le fouet du conducteur, une bande de chiens arabes se précipita vers la brèche avec des aboiements furieux, comme pour tout mettre en pièces. Plusieurs Arabes, à force de coups de bâtons et de pierres, écartèrent la troupe des chiens. Tout ce qu'il y avait d'hommes, de femmes et d'enfants dans le douar étaient sortis des tentes, pour regarder curieusement de loin la diligence.

CAMPEMENT ARABE OU DOUAR. — Le douar est une sorte de campement que les Arabes font pour une saison.

Robert et Louis, de leur côté, examinaient les tentes.

— Quel malheur, disaient-ils, que nous ne puissions pénétrer dedans !

— Tout n'y est pas agréable, dit Marcel. Quand j'étais soldat, j'ai visité un douar, avec un officier et deux spahis; j'y ai même mangé du *couscoussou*.

— Qu'est-ce que cela? dit Robert en riant de ce nom étrange.

— C'est une sorte de pâte qu'on fait avec de la farine et quelquefois de la viande hachée. Les Arabes la roulent dans le creux de la main en boulettes et la lancent ensuite dans leur bouche avec beaucoup de dextérité.

Cette façon comique de manger amusa tous les enfants.

— Notre repas, poursuivit Marcel, était continuellement interrompu par les chiens qui nous volaient des morceaux. Chaque convive avait près de lui un gourdin pour leur en appliquer des coups sur l'échine; moi, je ne pouvais me décider à corriger aussi rudement nos voleurs à quatre pattes : ils en profitèrent pour me dérober force morceaux. Quand tous les hommes qui plongeaient leurs doigts dans l'énorme plat de couscoussou eurent déclaré n'avoir plus faim, les femmes et les enfants se nourrirent des restes. Après le repas, on nous présenta des tapis et des nattes pour y dormir. J'essayai de fermer les yeux, mais, au bout de quelque temps, je fus pris d'une agitation extrême. « Camarade, dis-je à mon voisin, je ne sais ce que j'ai par tout le corps, il me semble que je suis piqué par mille aiguilles et dévoré tout vivant. » — « Ce n'est rien, répondit le spahis; ce sont les insectes qui nous mangent. Les tapis doivent en être bourrés; roulons-les dans un coin; mieux vaut se coucher sur la terre nue. » Mais il était écrit que cette nuit-là nous ne dormirions pas. Imaginez-vous, mes enfants, que, pour faire meilleure garde, les chiens à demi sauvages que vous venez d'entendre aboyer ont l'habitude de monter sur les tentes. Toute la nuit, on a au-dessus de sa tête un concert infernal de hurlements, de grognements, formé par une douzaine de chiens qui se bousculent, se mordent et crient à la lune.

Une nuit sous la tente arabe. — La nécessité de se défendre contre les bêtes féroces fait qu'on allume des feux et qu'on habitue des chiens à hurler toute la nuit.

Quand un silence se fait et qu'on croit pouvoir enfin s'endormir, un Arabe se met aussitôt lui-même à hurler pour réveiller les chiens et les exciter à recommencer leur concert.

— Pourquoi cela? demanda Robert.

— Afin que voleurs, lions, panthères et hyènes soient avertis que le douar est soigneusement gardé.

— Eh bien, Robert, ajouta malicieusement Marcel, ce genre de vie te séduit-il toujours et veux-tu rester chez les Arabes ? Voilà une occasion toute trouvée d'échanger la civilisation contre l'existence sauvage.

Le jeune garçon rougit.

— Ah! dit-il, père, j'ai parlé tantôt sans réflexion.

Quand nos voyageurs eurent perdu de vue le douar, Robert

se remit à questionner son père et Louis. — Pourquoi les Arabes vivent-ils ainsi en troupes? demanda-t-il.

— Belle question! dit Louis. C'est pour travailler ensemble et pour se protéger mutuellement contre les bêtes fauves ou contre les autres tribus. Réfléchis un peu. Songe que l'homme a toujours besoin de l'aide des autres hommes et vit toujours en société. Seulement, les sociétés sont plus ou moins étendues et perfectionnées : tantôt c'est une simple famille, tantôt c'est une tribu, comme celle des Arabes, tantôt une nation, comme la France.

— Mais nous, Louis, dit Robert, nous allons presque nous passer de la société; nous sommes déjà à peu près les seuls Français dans cette campagne, et nous allons vivre dans une ferme qui a été longtemps isolée.

— Nous passer de la société! s'écria Louis; jamais, au contraire, nous n'aurons plus profité de ses avantages. Nous sommes sur une route peu fréquentée, c'est vrai; mais qui a fait cette route carrossable dans ce pays perdu et sauvage? Ce sont les ingénieurs de la France. Nous sommes portés par la diligence; qui a construit cette voiture? Il a fallu le mineur pour procurer le fer des roues, le forgeron pour le forger, le bûcheron et le menuisier pour préparer le bois, le charron pour arranger toutes les pièces, le corroyeur pour faire les harnais de cuir. Que de travail pour fabriquer seulement le fouet du cocher! Il a fallu semer, récolter le lin, et en faire de la corde. Eh bien, tous ces hommes qui ont travaillé de tant de manières ont travaillé pour nous sans nous connaître. Plus tard, une fois installés à la ferme, que d'instruments dont nous aurons besoin : les charrues, les bêches, les râteaux, les objets du ménage, la simple aiguille avec laquelle Lucie raccommodera nos vêtements! C'est la société qui nous procurera tout. Oui, Robert, si loin que l'homme civilisé s'en aille, il emporte avec lui l'aide de toute la société : elle l'enveloppe et le soutient sans qu'il s'en doute.

Robert était très frappé de ce que lui disait son grand frère. Lui qui avait le défaut de causer parfois un peu trop, il écoutait en silence, réfléchissant aux paroles de Louis.

Ce dernier continua.

— Les autres hommes, dit-il, ne nous aident pas seulement de leurs mains, mais aussi de leur intelligence. Nous profitons de toutes leurs idées et de toutes leurs inventions. Tiens, ajouta Louis en tirant de sa poche un petit livre de géométrie qu'il avait emporté pour étudier le long du voyage; vois-tu, Robert, ce petit volume avec ses figures aux lignes régulières? Pour trouver tout ce qu'il y a dans les quelques pages qu'il renferme, il a fallu le travail accumulé de milliers de savants, depuis Pythagore jusqu'à Descartes, Pascal et Monge. Chacune des lignes et des figures de mon livre, chacune des règles qu'il m'enseigne a coûté des vies entières consacrées à la méditation. Je tiens entre mes cinq doigts l'effort intellectuel d'une quantité considérable d'hommes que je n'ai point connus, et qui travaillaient pour moi bien des siècles avant que je vinsse au monde.

PYTHAGORE, un des plus grands savants de la Grèce, vivait au sixième siècle avant notre ère. Il fit faire de grands progrès aux mathématiques. C'est lui qui a démontré que, dans un triangle rectangle, le carré construit sur l'hypoténuse est égal à la somme des carrés construits sur les deux autres côtés.

Robert regardait, étonné, le livre de Louis, qu'il lui avait vu souvent relire en ses heures de loisir.

— Je ne me serais jamais douté, dit-il, qu'il eût fallu tant de travail pour faire ce petit livre!

Et il tournait les pages, en admirant les figures un peu sévères que le livre contenait.

La grand'mère, assise à côté de ses enfants dans le fond de la voiture, prenait plaisir à voir Louis instruire ainsi son jeune frère. — C'est bien vrai, Robert, ce que Louis t'a dit là! ajouta-t-elle Moi qui ne suis qu'une ignorante, j'ai pourtant pensé bien des fois qu'en naissant nous héritons tous, riches ou pauvres, d'un vrai trésor. C'est le trésor de science que la société a lentement amassé pour nous et dont les ignorants même profitent. Tâchons, mes enfants, d'accroître un peu, chacun à notre manière, l'héritage commun à tous les hommes; si nous ne pouvons pas être savants, soyons bons, et laissons à tous l'exemple d'une vie sans reproche. Au lieu de nous plaindre d'avoir à travailler, aimons le travail; soyons heureux en songeant que nos fatigues présentes seront bénies plus tard par ceux qui nous succéderont, comme nous bénissons à cette heure ceux qui ont si généreusement travaillé pour nous dans le passé.

LXXXIII. — La lutte de l'homme contre les bêtes féroces. Les hyènes et les chacals. — Les lions.

Tout progrès de l'homme est une victoire sur la nature.

La nuit ne tarda pas à venir, et une petite pluie fine se mit à tomber. Avant de s'endormir dans la voiture, les enfants auraient bien voulu voir le pays où ils passaient, mais ils ne distinguaient rien dans le noir profond de la nuit sans lune.

Ils allaient donc se renfoncer dans la diligence, lorsqu'ils aperçurent comme une étincelle dans l'ombre, puis deux, trois, une dizaine qui se croisaient, se heurtaient et semblaient danser à la suite de la diligence.

HYÈNES ET CHACALS SUIVANT UNE DILIGENCE. — L'*hyène* est un carnassier qui ressemble au loup par la taille et la forme de la tête. Elle est forte, mais lâche. Elle se nourrit d'animaux morts et va la nuit, dans les cimetières, déterrer les cadavres. — Le *chacal* est une espèce de chien, intermédiaire entre le loup et le renard. Il a la taille du renard. Il vit de cadavres et ne s'attaque point à l'homme.

— Qu'est-ce? s'écrièrent à la fois Louis et Robert.

— Ce sont, dit Marcel, les yeux brillants des hyènes et des chacals que le mauvais temps a attirés. Dormez, mes enfants. Vous n'avez rien à craindre, ce sont des animaux qui ne s'attaquent pas à l'homme; il faut se reposer.

Les enfants se blottirent alors dans leur coin et, sans plus s'occuper de ces vilaines bêtes, ils s'endormirent aux cahots de la diligence.

Le lendemain matin, ils avaient les yeux ouverts depuis quelque temps lorsqu'ils sentirent une sorte de frisson qui agitait la diligence : ils regardèrent devant eux à travers les vitres. C'étaient les chevaux qui tremblaient de tous leurs membres, et si fort qu'ils secouaient voiture et voyageurs. Les enfants se mirent à trembler eux-mêmes sans savoir pourquoi, et Robert saisit le bras de Louis :

— Qu'y a-t-il donc? demanda-t-il.

— Qu'y a-t-il? s'écrièrent aussi Louis et Lucie.

Le conducteur de la diligence paraissait à la fois surpris et inquiet.

— C'est étrange, dit-il; on dirait que nos chevaux sentent le lion. Mais ne craignez rien : il fait jour.

Le conducteur avait eu beau dire de ne rien craindre, Robert et Mariette n'étaient pas du tout rassurés.

Au lieu d'arrêter la voiture, le conducteur avait au contraire asséné de forts coups de fouet sur ses chevaux, qui se décidèrent à partir au grand galop.

Les voyageurs regardaient toujours. Ils finirent par apercevoir une grande troupe d'Arabes qui, loin d'avoir l'air épouvantés, semblaient tout triomphants. Et, en effet, ils portaient un véritable trophée : un lion, — mais un lion mort. Fiers de leur chasse, ils avaient chargé la bête sur des mulets et ils l'avaient conduite au commandant de la division militaire, pour recevoir la prime de soixante francs promise aux tueurs de lions. Le cortège revenait avec majesté ; bientôt la diligence le croisa, les chevaux recommencèrent à trembler de plus

RETOUR DE LA CHASSE AU LION. — Le lion est un grand carnassier qui atteint 2 mètres de long sur 1 m. 30 de hauteur. Les lions, nombreux autrefois, ne se trouvent plus guère qu'en Afrique et dans quelques contrées de l'Asie.

en plus. Le conducteur les arrêta et les attacha à un arbre. Tout le mondé descendit curieusement.

— Voyez, dit Marcel, combien deviennent énormes les lions qui vivent en liberté !

L'animal qui était étendu devant les enfants était, en effet, un grand lion à la crinière superbe. Sa gueule aux dents blanches était encore entr'ouverte comme pour mordre, et le pas des mulets remuait ses pattes pendantes comme s'il allait se ranimer et étendre ses griffes. Quoique mort, il était si puissant encore que les enfants, malgré eux, ne pouvaient le regarder sans effroi : ils comprenaient très bien la terreur des chevaux.

Quand le cortège fut passé, Marcel dit à Robert : — Eh bien, qu'en penses-tu? voilà encore un des avantages de la vie sauvage : la compagnie des bêtes féroces ! Il y en avait bien plus autrefois, du temps que j'étais soldat en Algérie. Dans tout pays encore sauvage, les animaux sont les maîtres de la terre ; quand l'homme arrive, il les repousse et les détruit.

— Père, est-ce que nous aurons des lions près de la ferme Petite-Alsace?

— Non, Dieu merci ! On a fait aux lions une telle chasse en Algérie qu'ils diminuent chaque jour et ne tarderont pas à disparaître. Si nous venons d'en voir un, récemment tué, c'est qu'ici nous ne sommes pas loin des grandes forêts où quelques-uns ont encore leur repaire. Là-bas, nous n'aurons affaire qu'aux chacals et aux hyènes, qui ne sont pas bien redoutables. Le lion seul est terrible, parce que rien ne l'intimide. D'un bond, il franchit des clôtures énormes, tombe au milieu des troupeaux, fait son choix et emporte lestement moutons ou veaux. Presque toutes les nuits, le lion fait une ou plusieurs victimes; il dévore d'elles ce qui lui plaît, et abandonne le reste aux hyènes, aux chacals, aux panthères, qui attendent tranquillement que le seigneur lion ait fini son repas pour venir dîner avec ses restes. On a calculé qu'un lion peut, pendant la durée de sa vie, causer aux propriétaires de bétail un dommage de plus de deux cent mille francs. Aussi tu comprends la joie des Arabes que nous avons rencontrés tout à l'heure et qui avaient réussi à en tuer un.

— C'est donc bien difficile à tuer, un lion ? demanda Robert.

— Mon enfant, le lion peut recevoir une dizaine de balles

sans succomber, quand la balle ne va pas droit au cœur ou à la cervelle. Or, s'il n'est que blessé, il bondit immédiatement sur l'homme qui l'a visé, le terrasse et le met en pièces avec autant de facilité que le chat fait de la souris. Pour chasser le lion, les Arabes se réunissent d'ordinaire en grandes troupes, comme ceux que nous avons rencontrés. Ils vont chercher le lion en jour dans le repaire où il dort, car le lion est noctambule, c'est-à-dire qu'il dort le jour et ne s'éveille que la nuit pour aller boire ou chercher sa proie. Les Arabes entourent son gîte en poussant des cris et en lui disant des injures. Puis, dès qu'il sort, étonné de tout ce tapage, ils tirent sur lui et se sauvent. Mais, bien souvent, ces chasses coûtent la vie à plus d'un homme, et on ne réussit même pas toujours à tuer le lion. Il y a un procédé plus sûr, c'est celui dont s'est servi le premier un Français, le lieutenant Gérard, dit le Tueur de lions. Lui, il allait la nuit au-devant de la bête, avec son fusil à deux coups.

— Oh! quel courage! s'écria Mariette; se battre seul contre un lion!

— Oui, c'est un bel exemple de courage et d'adresse; je vais vous raconter l'histoire de Gérard, et vous verrez qu'en agissant ainsi ce brave soldat avait un but patriotique.

LXXXIV. — Un exemple d'intelligence et de courage. Le lieutenant Gérard, dit « le Tueur de lions. »

Se montrer courageux en présence d'étrangers, c'est soutenir l'honneur du nom français.

Gérard était lieutenant au 3e régiment de spahis. Les spahis sont, avec les turcos et les zouaves, des troupes d'élite, qui ont joué un grand rôle dans les campagnes d'Algérie. Gérard raconte qu'il vint un jour trouver son capitaine et lui dit :

— « Permettez-moi de partir seul à la chasse du lion.

— » Seul! Avez-vous fait votre testament?

— » Oui, j'ai légué mon corps à la dent du lion, si je le manque, et mon âme à Dieu.

— » Mais pourquoi aller seul?

— » Pour montrer aux Arabes ce que nous sommes : ils verront qu'un Français est capable d'un courage froid et réfléchi dont les Arabes se sont montrés jusqu'ici incapables; qu'il peut braver seul un lion, quand ils n'osent l'affronter que par grandes troupes. Je veux faire honneur à la France.

— » Partez, lui dit le capitaine, et surtout revenez! »

Gérard revint. C'était le premier qui eût eu l'intrépidité d'attendre le lion, la nuit, dans la solitude des forêts, à la seule clarté de la lune ou des étoiles, pour tirer sur lui presque à bout portant. Il fallait, malgré l'ombre, viser de façon à ne pas le manquer; sinon le lion, lui, ne manquerait pas le chasseur! Heureusement Gérard était un tireur si habile qu'il gagna plus tard, à Vincennes, le grand prix de tir.

TROUPES D'AFRIQUE. — Parmi les troupes d'Afrique se trouvent des *zouaves* (infanterie légère), qui se recrutent parmi les Français; des *turcos* (infanterie), qui se recrutent en partie parmi les indigènes; et des *spahis*, corps de cavalerie en grande partie composé d'indigènes.

Plusieurs fois cependant il faillit être dévoré.

Une nuit, par exemple, il attend le lion, près de la source où l'animal a coutume de venir boire. Un rugissement terrible annonce de loin la bête, un de ces rugissements qui se prolongent comme le tonnerre et qu'on ne peut entendre, dit Gérard lui-même, « sans un frisson par tout le corps ». Le lion arrive près du gué et s'arrête. Gérard voit braqués sur lui, comme deux charbons ardents, les yeux de l'animal, qui va s'élancer d'un bond si on ne le devance. Gérard vise, le coup part, le lion tombe raide mort. Mais aussitôt un nouveau rugissement se fait entendre. C'est un second lion, plus énorme encore que le premier, sur lequel Gérard ne comptait pas. Gérard fait feu de son second coup. Le lion roule, blessé à mort, mais presque aussitôt il se redresse et fond sur le chasseur, qui n'a pas le temps de recharger son arme. L'homme et le lion se confondent alors, pendant cinq minutes, dans un groupe effroyable et mouvant; mais Gérard, tirant son poignard, le plante dans le cœur du lion. Puis il se relève, meurtri et déchiré, mais victorieux.

LUTTE DU LIEUTENANT GÉRARD CONTRE UN LION.

Gérard a encore raconté lui-même une autre histoire intéressante, celle du lionceau Hubert. C'était un tout jeune lion qu'il avait pris au gîte même, ne vivant encore que du lait maternel.

Il le rapporta au régiment dans son burnous, et on donna au lionceau une chèvre comme nourrice. Par malheur, la chèvre avait tellement peur du nourrisson qu'elle tremblait de tous ses membres à son approche et qu'on était obligé de l'attacher. Le lionceau grandit si vite, que bientôt il fallut plusieurs chèvres pour le nourrir. Enfin, ses dents étant poussées, il arriva qu'un jour, cédant à son instinct de carnivore, il mangea l'une de ses nourrices.

Malgré cette sauvagerie, il était si gracieux de manières que tous l'aimaient au régiment. Gérard lui avait donné le nom d'Hubert, en l'honneur du patron des chasseurs, et Hubert suivait les soldats, surtout Gérard. Malheureusement, on fut bientôt forcé de l'enfermer dans une chambre, car il effrayait les chevaux. Il y en avait qui, à sa vue, se cabraient ou prenaient la fuite.

Pour plaisanter, on l'avait inscrit sur un registre comme faisant partie du régiment. C'était le « cavalier Hubert ». A l'appel du soir on ne manquait jamais, après avoir appelé à haute voix tous les hommes du régiment, de nommer Hubert, et Gérard répondait : *présent*. Mais, un soir, le lion, de la chambre où il était renfermé, entendit son nom et, d'un bond merveilleux, enfonçant la fenêtre, vint tomber au beau milieu des spahis déconcertés.

Le roi de Sardaigne entendit parler du lion Hubert et offrit de le payer fort cher. Mais Gérard n'avait jamais vendu un seul lion, et d'autre part il ne voulait pas donner son élève à un étranger.

Il en fit don au Muséum d'histoire naturelle de Paris, et il le conduisit lui-même à la ménagerie du Jardin des plantes.

Le jeune lion vécut là assez triste, pendant plusieurs années. Mais un jour, au retour d'une de ses campagnes d'Afrique, Gérard, qui n'avait pas oublié Hubert, voulut aller le revoir. Se mêlant à la foule, il s'approcha de la cage du lion et l'appela :

— Hubert, lui dit-il, mon vieux soldat.

Le lion alors, pris d'une joie folle, se dressa debout contre la grille, qu'il cherchait à briser. Puis il passa ses pattes à travers les barreaux comme pour embrasser son ancien maître. Il lui lécha les mains de sa langue rugueuse ; il lui fit

GÉRARD AU JARDIN DES PLANTES. — Les bêtes féroces réunies dans la *ménagerie* du Jardin des Plantes appartiennent à l'ordre des *carnassiers*, animaux dont les dents sont propres à broyer la chair (lions, tigres, hyènes, loups, etc.).

mille caresses. Gérard était ému comme s'il eût retrouvé un ami.

Il revint plusieurs fois le voir; mais, quand Gérard s'éloignait, le lion se mettait à pousser des rugissements plaintifs ou se jetait avec fureur contre les barreaux de sa cage. Lui qui s'était bien porté jusqu'alors, ne tarda pas à devenir triste : il refusa la nourriture qu'on lui donnait et mourut.

Gérard, tout ému de cette mort, pensa souvent depuis à son pauvre ami Hubert. N'est-il pas touchant, en effet, de retrouver jusque chez les bêtes féroces quelque chose de ces sentiments humains qu'on nomme attachement et reconnaissance?

Gérard a tué une soixantaine de lions. Les Arabes avaient fini par avoir pour lui la plus grande vénération et, par là même, ils apprenaient à respecter les Français.

Chacune de ces morts avait coûté à Gérard de longues marches en pays déserts, des nuits passées à la belle étoile, dans l'anxiété de l'attente, des émotions capables de briser l'homme le plus fort, enfin plusieurs blessures. Et, pendant ce temps, il n'avait pas abandonné son régiment, ajoutant aux fatigues et aux périls du chasseur ceux du soldat. Quand il s'était battu pour la France, il se reposait en retournant se battre contre les lions.

— Comme nos braves soldats ont vaillamment lutté sur cette terre d'Afrique! s'écria le jeune Louis, non sans un sentiment de fierté.

— Partout où la France envoie ses enfants, dit Marcel, ils doivent faire de même et porter haut le nom de la patrie.

LXXXV. — La ferme. — Les matières premières et la production.

La nature ne nous fournit que des matériaux bruts, — pierres, bois, fer, eau, — il faut l'intelligence et les mains de l'homme pour en tirer des richesses.

Le village où était située *Petite-Alsace* se trouvait, comme beaucoup de villages algériens, reculé dans les terres à plusieurs kilomètres de la grande route suivie par les diligences. La voiture qui transportait nos voyageurs s'arrêta donc dans la petite ville la plus voisine de la ferme.

Le domestique de Christian, un vieil Alsacien, les y attendait et leur souhaita la bienvenue.

Il avait avec lui une petite charrette destinée au transport des bagages. Il avait amené aussi pour Mme Marcel, qui avait de si mauvaises jambes, une ânesse fort douce, ancienne monture de l'oncle Christian dans ses derniers temps.

— Oh! mère, voilà justement ce que vous avez tant de fois désiré! dit Lucie en caressant l'ânesse.

Et elle aida sa grand'mère à s'installer commodément sur le dos de la bonne bête. On prit ensuite le chemin de *Petite-Alsace*, à travers des bois et des champs brûlés du soleil.

Mme Marcel était toute joyeuse de se sentir ainsi doucement portée par son ânesse.

— Ah! mes enfants, s'écria-t-elle, je serai maintenant de toutes vos promenades : me voilà rajeunie de dix ans!

Après une heure et demie de chemin, on aperçut des maisons groupées dans la campagne. L'une d'elles avait un portail en bois rustique, surmonté d'une plaque où des lettres se voyaient. — Grand'mère, dit Robert, qui courait en avant et qui d'ailleurs avait les meilleurs yeux de toute la troupe, voici *Petite-Alsace!* C'est écrit au-dessus du portail.

A ce nom d'Alsace, la grand'mère se sentit tout émue, comme si elle revenait dans son pays natal, dont elle était maintenant si loin.

— Oh! continua Robert, il y a aussi à droite un petit rez-de-chaussée où est écrit : *Poste aux lettres*. Je vois que la poste touche à la ferme.

— C'est sans doute, dit Marcel, parce que la ferme de mon beau-frère est la première qui ait été établie dans le pays : elle a été le centre du nouveau village.

LA FERME EN ALGÉRIE. — Le sol de l'Algérie est des plus fertiles, ainsi que celui de la Tunisie.

Tout le monde aussitôt prit son élan pour arriver plus vite. L'ânesse elle-même, au voisinage de l'écurie, se mit à trotter en poussant des *hi-han* retentissants qui excitèrent la gaieté de notre petite colonie.

On ouvrit le portail et on s'avança par une jolie allée de rosiers qui aboutissait à la maison. A droite et à gauche de l'allée se dressaient des orangers, des citronniers couverts à la fois de fruits et de fleurs, car ces beaux arbres fleurissent toute l'année et leurs fruits se succèdent presque sans interruption. Au pied des arbres on voyait des rigoles méthodiquement tracées, pour recevoir de l'eau en abondance au moment des chaleurs.

LES CITRONNIERS. — Ce bel arbre, de la famille de l'oranger, prospère en France, près de Nice, et en Algérie.

Le vieux domestique de l'oncle Christian remit à Marcel les clefs de la maison, et lui proposa de la lui faire visiter.

Pendant qu'on parcourait l'habitation, l'Alsacien en exposait tous les avantages : il faisait remarquer combien elle était grande et saine. Après la maison, on parcourut les étables, l'écurie, les cultures.

— N'est-il pas vrai, disait l'Alsacien à Marcel et à ses enfants, que vous avez là une belle propriété? Ah! si vous saviez ce qu'était ce terrain autrefois! Au lieu de cette maison, de ces champs de blé, de ces vignes, il n'y avait rien, rien du tout; c'est-à-dire qu'il y avait seulement les matières premières d'où l'on a tiré tout ce qui existe à présent. Mais que de travail il a fallu pour transformer ainsi toutes choses! La première fois que votre beau-frère visita son terrain, j'étais avec lui, quoique je ne fusse pas à son service à cette époque. Il me montra ce rocher aujourd'hui à demi brisé que vous voyez là-bas, et il me dit : « Sais-tu où se trouve ma maison future? Elle est là; mais il faudra l'en tirer pierre par pierre. » — « Et le bois, demandai-je? » — Il me montra du doigt cette forêt dont on distingue la lisière à l'horizon. — « Et l'eau? » — Il me montra un grand marécage qui s'étendait devant nous, à la place où vous voyez aujourd'hui ces champs de blé. Ce marécage était si malsain que, selon le dicton arabe, les corneilles mêmes n'y pouvaient vivre. « Cette eau, me dit votre beau-frère, n'est malsaine que parce qu'elle croupit. Il faut drainer le terrain, et nous aurons, au lieu d'un marécage, des ruisseaux d'eau claire. Quant à mes vignes, ajouta-t-il, voilà où elles pousseront à merveille. C'est dans ces collines sablonneuses. » Et tout fut fait comme il l'avait dit. Quand je revins plus tard lui proposer mes services, le désert que j'avais vu était déjà, grâce à lui, transformé en un véritable jardin.

UN MARÉCAGE EN ALGÉRIE AVANT LA COLONISATION. — Les marécages dont l'eau croupit et se corrompt sont très malsains et causent des fièvres. Dans les pays encore sauvages, ils sont fréquentés par les bêtes féroces.

Nos amis n'en pouvaient croire leurs yeux.

— Je suis fier, dit Marcel à Louis, en songeant que c'est un Français, que c'est le frère de ma femme qui a ainsi transformé en vergers les marais stagnants dont le pays était couvert. Il lui a fallu une ténacité vraiment héroïque, car il n'a pas dû lutter moins de vingt ans contre la fièvre et l'empoisonnement.

— Je vois, dit Bernard en serrant la main de son cher camarade Louis, que le courage est la grande vertu de la famille. Après avoir été un brave soldat, ton oncle est devenu un agriculteur non moins brave. Ah! ce courage du travailleur de la terre, cela me touche plus que tout le reste, moi qui ai embrassé la profession d'agriculteur. Je ne trouve rien de plus beau que de donner à son pays un coin de terre fertile et heureuse, à la place d'un séjour de désolation.

— Tu as raison, dit Marcel. Et songez-y bien, mes enfants, nous avons ici sous nos yeux l'image en raccourci du travail de l'homme sur la terre entière. La trace de son passage n'est pas toujours visible du premier coup pour l'œil inattentif. On cueille les récoltes, on mange les fruits sans en penser plus long; et cependant il n'est pas un de ces fruits, pas un seul épi de blé qui ne soit en partie l'œuvre et le don des travailleurs qui nous ont précédés.

LXXXVI. — Bonheur et avantages des familles nombreuses. Le souvenir des morts et le culte de la famille.

Que chacun de nous se groupe autour du foyer de la famille, et que toutes les familles s'unissent autour du drapeau de la patrie.

Pendant que les nouveaux arrivés continuaient d'explorer la campagne, la femme du vieil Alsacien se mit en devoir de préparer le dîner.

Elle n'employa que les produits de la ferme pour le repas. Ce fut au potager qu'on cueillit la salade et les légumes pour faire la soupe; au cellier on trouva la provision de lard et d'excellent vin, des œufs au poulailler, du beurre à la laiterie et de la crème pour faire un fromage. Quand l'heure du dîner fut venue, on se dirigea alors gaiement dans la grande salle de la ferme; mais le souvenir du brave Christian mettait dans la gaieté de ces cœurs honnêtes une note de reconnaissance attendrie.

LA LAITERIE ET LE CELLIER. — La laiterie doit être fraîche et entretenue avec une extrême propreté, pour empêcher le lait d'aigrir. Le cellier doit être frais pour que le vin s'y conserve.

— Ah! s'écria M. Marcel, je comprends pourquoi Christian, qui a conquis sa ferme *Alsace* par tant de peines et de courage, désirait que nous ne la vendissions pas. Il avait bien raison. Mes enfants doivent être fiers de l'héritage qu'il leur laisse et d'un bien si vaillamment acquis.

— Et savez-vous, dit l'Alsacien, pourquoi la maison est si grande? M. Christian l'avait voulue ainsi, parce qu'il souhaitait une nombreuse famille. « Beaucoup d'enfants, me disait-il, c'est la richesse du cultivateur et sa joie quand il est devenu vieux. » Hélas! ses désirs n'ont pas été exaucés. Et à cause de cela, disait-il, tous les autres biens lui semblaient quasi indifférents. Sur sept enfants qu'il a eus, il en a perdu cinq en bas âge, ce qui arrive si fréquemment pendant les chauds étés de l'Algérie. Les deux fils qu'il a réussi à élever sont morts dans la guerre contre l'Allemagne! Sa femme ne survécut pas longtemps à ce chagrin et lui-même, sans doute, succomba à la tristesse de l'isolement où tous ces deuils l'avaient laissé. Il parlait souvent de vous, monsieur Marcel, et il disait : — « Mon beau-frère n'a qu'un bras, pas de fortune; mais il a quatre enfants; qu'il est heureux! Moi, j'ai de la santé, je suis riche; mais je suis seul et je me trouve bien à plaindre! » Et il ajoutait : — Les Allemands ont plusieurs proverbes qu'on ferait bien d'apprendre en France : « Plus il y a d'enfants, plus il y a de bonheur. » — « Celui qui n'a pas d'enfants ne sait pas pourquoi il vit! » — « Famille nombreuse, patrie puissante! » — « Où diminue la population, diminue la force. » — Ils disent vrai, ces proverbes populaires, répétait M. Christian. Le culte de la famille a contribué à faire la force de l'Allemagne, et sans lui la France ne saurait se relever.

Tous les enfants de Marcel et de Valentin aimaient déjà Christian, depuis qu'ils avaient appris sa vie courageuse; ils l'aimaient aussi pour l'aisance que son travail passé allait leur assurer à eux-mêmes dans l'avenir Lucie eut alors une bonne idée. Elle se souvint avoir vu dans le tiroir du secrétaire de Christian une photographie de lui; elle proposa de la mettre à la place d'honneur dans la grande salle.

— Il sera ainsi, dit-elle, présent au milieu de nous aujourd'hui et à chaque fois que nous nous réunirons ici.

La grand'mère fut émue par cette idée de la jeune fille, et elle la baisa sur le front en lui disant à demi-voix :

— Tu es une bonne enfant, ma Lucie; le souvenir des morts et le culte de la famille sont par excellence le devoir de la femme, car la femme est la gardienne du foyer.

LXXXVII. — La propriété et ses avantages.

La propriété est un droit sacré dont le respect va croissant avec la civilisation même.

Au dessert, le vieil Alsacien apporta une magnifique grappe de raisin qu'on avait laissée sur le cep pour l'arrivée de Marcel : on voulait lui donner un échantillon des plus beaux produits de sa terre.

— Posez-la dans la balance, dit l'Alsacien à Lucie.

Lucie la mit sur le plateau.

— Sept kilogrammes! s'écria-t-elle, est-ce possible?

Mme Marcel, armée d'une paire de ciseaux, se prépara à faire les honneurs de la monstrueuse grappe, qui formait à elle seule une vraie corbeille sur la table.

— Si vous voulez, grand'mère, dit Louis, nous mettrons de côté les autres grappes les plus belles, et nous les enverrons à Rose Zurog, avec des oranges, des dattes, des grenades et des bananes. Ces fruits si communs ici sont du luxe en Suisse, et ce sera de notre part une marque de bon souvenir.

GRENADE.

— Approuvé! dit Mme Marcel; tu as raison, Louis, de ne jamais oublier ceux qui vous ont accueillis là-bas dans le dénuement et la maladie.

Chacun dégusta ensuite sa part. Robert déclara le raisin exquis. — Est-ce que les Arabes, demanda-t-il, savent produire et récolter d'aussi bons fruits?

— D'abord, mon ami, dit en souriant Marcel, les Arabes n'emploient pas beaucoup de raisin : ils sont mahométans, et la loi de Mahomet défend de boire tout genre de vin. Ils se servent donc de l'eau et du lait. Et puis, les Arabes ne savent pas assez bien cultiver la terre pour lui faire produire tout ce qu'en obtiennent les Européens. On a même calculé que la terre cultivée par les Arabes rapporte quinze fois moins que la terre cultivée par les colons propriétaires.

— Quinze fois moins! dit Robert. Les Arabes ne sont donc guère intelligents?

— Au contraire, ils ne manquent pas d'intelligence ; mais, ce qui est mal organisé chez eux, c'est la propriété. La plupart des biens sont communs à toute la tribu arabe. Qu'un d'entre eux laboure avec plus ou moins de soin, ce n'est pas lui qui en supportera directement les conséquences : ce sera la tribu. Qu'arrive-t-il alors ? Chaque Arabe se dit : « A quoi bon me donner trop de mal ? Mon camarade fera la besogne. » Et de cette manière la besogne ne se fait point, ou se fait mal. C'est un peu ce qui arrive, même en France, sur les terres qui appartiennent aux communes, et qu'on nomme le *communal*. Près de Bordeaux où nous étions, toutes les terres qui appartenaient aux paysans étaient admirablement cultivées : le communal seul était quasi en friche.

— C'est vrai ! dit Robert, frappé de ce que son père lui disait.

— Voyez-vous, mes enfants, continua Marcel, l'homme est ainsi fait : il ne travaille avec persévérance que quand il travaille pour lui-même et pour ses enfants. C'est ce qui montre combien sont naïfs ceux qui s'imaginent que l'humanité serait plus heureuse et plus riche si la terre était un bien commun à tous, un « bien collectif », comme ils disent. Tu entendras sans doute un jour, Robert, soutenir des théories de ce genre. Rappelle-toi alors les Arabes et réponds à ceux qui font ces rêves : « Vous voulez nous ramener en arrière, à l'origine des sociétés. »

— J'ai appris, dit Louis, qu'aujourd'hui la terre ne pourrait nourrir l'humanité si elle était un *bien commun* à tous, tant elle donne peu quand elle n'est pas cultivée par un propriétaire ou par quelqu'un dont l'intérêt est de la bien soigner !

— Sans aller plus loin, dit Marcel, voyez l'exemple de Christian. Croyez-vous qu'il aurait pris tant de peine s'il ne s'était dit : « La terre sur laquelle je travaille est bien à moi ; à ma mort, elle reviendra aux miens ? »

— Ah ! s'écria à son tour Mme Marcel, si cette terre aujourd'hui fertile fut autrefois donnée à Christian et aux autres colons par l'État, ils l'ont largement payée et elle leur appartient bien aujourd'hui.

— Certes, répondit Marcel, tout homme qui crée ainsi par son travail une richesse nouvelle, comme une ferme à la place d'un marais fiévreux, en devient légitimement propriétaire : il acquiert le droit d'en disposer à son gré, de la donner aux siens ou à ceux qu'il pense le mériter le mieux. C'est grâce à ce droit que nous sommes devenus possesseurs de cette terre. Seulement, ne l'oubliez pas, mes enfants, nous allons jouir désormais du travail d'autrui : nous devons nous en montrer dignes en travaillant à notre tour avec courage, pour conserver et accroître ce que nous avons reçu. Honte au paresseux qui n'ajoute pas par ses efforts à ceux des autres hommes!... Heureusement, mes amis, il n'y aura point parmi nous de paresseux.

LXXXVIII. — Les contrats usuels. — Contrats de louage. Bail. — Fermage et métayage. — Contrats de vente.

Après l'affection mutuelle, les liens les plus forts qui unissent les hommes, ce sont les contrats.

A la fin de la journée, Valentin s'adressa à Marcel et lui dit :

— A présent que j'ai pris connaissance de la ferme, dis-moi, mon cher ami, à quelles conditions tu désires que je la cultive, moi et ma famille. Nous avons tous les deux des enfants mineurs, il est bon que nos affaires à l'un comme à l'autre soient en règle. De cette façon, si nous venons à mourir, il n'y aura point d'ennuis à subir pour personne

— Tu as raison, dit Marcel : les bons comptes font les bons amis, et je veux que nous restions toujours bons amis. Quel est donc le mode de louage que tu préfères? Je te laisse le choix : veux-tu être mon fermier?

— Non, dit franchement Valentin; le *fermier* loue une terre moyennant une somme d'argent qu'il paye chaque année, et il garde pour lui tout le bénéfice de la terre, car il a la direction entière de la culture et des travaux. Je n'oserai jamais prendre cette direction à moi tout seul. De plus le fermier doit avoir, en entrant dans la ferme, soit de l'argent, soit des bestiaux comme garantie des fermages qu'il aura à payer. Moi je n'ai que de trop petites économies.

— Eh bien, dit Marcel, sois mon *métayer;* nous serons alors comme deux associés. Moi, je donnerai mes avis sur toutes choses et je surveillerai de mon mieux; je te fournirai la terre, les bestiaux et les instruments de culture. Toi, tu donneras ton temps, ton travail et celui de ta famille. Ensuite, nous partagerons *par moitié* les récoltes et tous les bénéfices. Cela te convient-il, Valentin ?

— Oui, Marcel, et merci ! dit l'ancien carrier en tendant ses mains à son ami, qui y mit les siennes en signe d'acquiescement.

— Entre gens d'honneur, dit Marcel, parole dite vaut chose écrite ; mais un contrat écrit n'en est pas moins préférable à un contrat verbal, pour éviter tout malentendu dans les détails. Allons, Bernard, tiens-nous lieu de notaire, prends une feuille de papier et écris le projet de bail, que tu vas recopier ensuite sur une feuille de papier timbré. Tu commenceras ainsi : « *Entre M. Jean Marcel et M. Léon Valentin, il a été convenu ce qui suit : M. Marcel loue à M. Valentin la ferme Petite-Alsace, aux conditions suivantes...* »

Bernard s'assit devant le grand secrétaire de l'oncle Christian. Il écrivit, puis recopia le contrat, qui fut signé par Valentin et Marcel.

Après quoi Marcel plaça dans un tiroir du secrétaire ce contrat de louage, à côté d'un *contrat de vente* dressé devant notaire, par lequel Christian était autrefois devenu possesseur d'un champ voisin de sa propriété.

UN NOTAIRE FAISANT SIGNER UN CONTRAT. — Tous les actes et contrats qui ont besoin d'avoir un caractère d'*authenticité*, de telle sorte qu'ils ne puissent être objet de contestations, doivent être faits et signés par-devant un notaire.

— Maintenant que nos papiers sont en ordre, dit-il à Valentin, nous ferons notre besogne courageusement.

Par les fenêtres ouvertes on apercevait la propriété toute verdoyante, sur laquelle la nuit descendait déjà. — Ami, dit Marcel en montrant de la main les champs et les vergers, cette terre sera désormais ce que nous la ferons, fertile ou non suivant notre labeur et notre intelligence à la cultiver, car la terre n'est pas ingrate : une fois domptée, elle dédommage au centuple celui qui la travaille avec courage et sans routine.

LXXXIX. — L'association. — La division du travail. La comptabilité.

L'association multiplie les forces et rend facile pour tous ce que chacun à lui seul n'aurait pu faire.

Mme Valentin et Lucie, pendant ce temps, s'étaient occupées de l'installation de la nuit.

On distribua les lits aux grandes personnes. Quoique la maison fût vaste et bien meublée, il n'y avait point assez de lits pour tous ces nouveaux venus. En attendant qu'on en eût acheté, Louis, Robert et les fils de Valentin déclarèrent qu'ils seraient très mollement dans le grenier à fourrage.

Louis fit les honneurs de la *chambrée* et affirma que c'était un palais, comparativement aux campements d'une armée en campagne et surtout aux tentes des Arabes.

Tout le monde, fatigué par ce long voyage, s'endormit d'un sommeil profond.

Si pesant que fût ce sommeil, Robert ne tarda pourtant pas à s'éveiller. Il tira son frère par la manche, d'un air effaré. — Louis, dit-il, écoute... Quelles plaintes au dehors! que se passe-t-il?

On entendait, en effet, des clameurs véritablement lugubres. On eût dit tous les enfants du village en train de pleurer, le tout entremêlé de cris prolongés comme ceux des chiens lorsqu'ils hurlent le nez dans un trou.

Louis, pas plus que Robert, n'avait jamais entendu un tel bruit, mais il avait trop de fois écouté les récits de son père sur les nuits d'Afrique pour ne pas deviner la cause de ce vacarme. Il tranquillisa donc Robert en lui disant :

— Ce sont les chacals qui se promènent. Ces bêtes sont, paraît-il, la plaie de l'Algérie. Nous avions déjà aperçu leurs yeux dans l'ombre derrière la diligence; ce soir nous entendons leurs cris. Ils ne se tairont qu'à l'aube ; tâchons de les oublier et de nous rendormir.

Le lendemain, chacun était sur pied à la petite pointe du jour, pour se mettre au travail.

— Mes amis, dit Marcel, nous formons dès maintenant une véritable association, car nous sommes nombreux et nous allons travailler ensemble. Il faut obtenir le meilleur résultat avec le moins de peine possible. Pour cela, il n'y a qu'un moyen, celui qu'on emploie dans toute industrie : la *division du travail*. Moi, je suis un homme d'ordre, voyez-vous ; et j'aime à ce que tout soit réglé dans une maison comme à l'armée. Pour mon compte, ma besogne est toute trouvée : je tiendrai le bureau de poste aux heures où il est ouvert ; le reste du temps, je surveillerai partout les travaux de la ferme ; je serai l'œil du maître. Lucie, outre le télégraphe, s'occupera des soins du ménage avec Mme Valentin et ma mère. Robert apprendra l'agriculture, et Mariette ira à l'école.

— Mais moi ? dit Valentin, comment distribuer ma besogne ?

— Toi, mon ami, d'ici à quelque temps, tu n'as rien de mieux à faire que de te soigner. Tiens, nous avons ici pour toi un remède tout trouvé et qui ne sera pas une grande dépense. Passe chaque jour plusieurs heures à manger du raisin. Cela combattra la maigreur où tu es tombé. N'est-ce pas le conseil que t'a donné au départ le docteur Rémy ?

— D'ailleurs, ajouta Bernard, l'hiver commence, c'est le moment où le travail de la terre donne le moins d'occupations ; profitez-en donc, mon père, pour reprendre des forces. Moi, j'enseignerai à mes frères ce que je sais : labourage,

LES TRAVAUX DU CULTIVATEUR. — Le cultivateur doit *labourer* profondément la terre, pour la *fumer* ensuite, l'*ensemencer*, et enfin *moissonner*. Il doit faire succéder aux plantes qui épuisent le sol les plantes qui l'améliorent.

semailles, plantation, greffe, taille des arbres et de la vigne, soins au bétail. Nous trouverons aussi de l'occupation pour ma sœur, qui, d'ailleurs, aidera ma mère.

— N'oublie pas surtout, Bernard, dit Marcel, de bien tenir les livres de la ferme. Si tu veux que tes parents fassent de bonnes affaires, il ne suffit pas de mettre de l'ordre dans le travail, il faut en mettre aussi dans les écritures.

La culture de la vigne. — La vigne demande des *labours* fréquents. On la soumet à l'opération de la *taille* et à celle du *soufrage*. Elle a besoin d'un sol léger et graveleux. C'est en France que la vigne réussit le mieux.

— Vous avez bien raison, monsieur Marcel, répondit Bernard. Je tâcherai de mettre à profit ce qu'on m'a appris à la ferme-école sur la comptabilité agricole. Chaque soir, avant de me coucher, je mentionnerai avec soin sur un cahier les *dépenses* et les *recettes du jour*. Sur un autre cahier j'inscrirai les *travaux journaliers* et leur date : semailles, arrachages, greffes, labours, soufrages, etc. De cette façon, je pourrai toujours savoir ce qui a été fait et ce qui reste à faire. Chaque soir, je compterai mon argent et ferai ma *caisse*. Enfin, tous les ans, je ferai un *inventaire*.

La greffe. — On enlève à une plante une branche ou un bourgeon, pour les faire entrer, au moyen d'une incision, dans une autre plante, qui produit alors des fruits nouveaux.

— A la bonne heure ! dit Marcel; voilà le moyen d'y voir clair dans ses affaires. Point de ferme bien tenue sans une bonne comptabilité. Celui qui ne sait pas ce qu'il gagne et ce qu'il dépense agit à l'aventure : il peut se ruiner sans s'en apercevoir. Le désordre perd bien des agriculteurs comme il perd bien des commerçants.

Pendant que chacun s'empressait joyeusement de se

rendre à sa besogne, Marcel prit à part Bernard et lui dit à demi-voix : — Tu vas avoir pendant quelque temps, mon ami, la tâche la plus importante de la ferme : tu en seras presque l'administrateur ; j'ai confiance en toi, Bernard, d'autant plus que tu sais beaucoup et que tu n'en es pas moins modeste.

LA COMPTABILITÉ AGRICOLE. — L'agriculteur, comme le commerçant, doit avoir des livres bien tenus.

— Oh ! monsieur Marcel, si j'ai appris quelque chose, je n'ai point de mérite à cela. Je dois tout à mon père, qui a préféré me donner de l'instruction plutôt que de mettre quelque argent de côté. J'ai d'ailleurs depuis longtemps sous les yeux deux bons modèles : vos deux aînés. Voyez-vous, monsieur Marcel, j'aime Louis comme si j'étais son frère, j'aime et j'admire Lucie comme le meilleur cœur que je connaisse, et je m'efforce, autant que je puis, de leur ressembler.

— C'est vrai, dit Marcel, vous êtes tous de braves enfants, laborieux et dévoués. Louis et Lucie sont pour Robert et Mariette comme un second père et une seconde mère, en même temps qu'ils sont pour moi et pour leur aïeule les enfants les plus aimants et les plus respectueux... Mais chut ! les voici justement qui viennent ! Allons travailler.

XC. — Le capital. — Sa fécondité. — Les salaires. Les risques du capital. — L'invasion de sauterelles.

Il y a trois choses auxquelles nous devons les merveilles de l'industrie moderne : la *science*, le *travail* et le *capital*.

Quelques jours après, on reçut une lettre du docteur Rémy, qui renfermait ce passage : — « J'ai rencontré un de mes anciens amis, grand capitaliste, qui veut s'établir en Algérie pour y utiliser ses capitaux. Il n'était pas encore fixé sur le lieu de séjour qu'il choisirait. Je lui ai donné des renseignements détaillés sur le pays que vous habitez, sur les productions du sol, sur le prix des terrains, et je l'ai engagé à fonder un établissement auprès du vôtre. Il hésitait : — Les risques sont grands, disait-il, — mais enfin il s'est décidé. Il viendra prochainement s'établir dans votre contrée ; la prospérité va donc augmenter autour de vous. »

Marcel lut cette lettre, et on s'entretint du nouvel arrivant.

— Qu'est-ce donc qu'un grand capitaliste ? demanda Robert à Louis.

— C'est celui qui possède beaucoup de capital.

— Oui, mais qu'est-ce que le *capital?*

— C'est tout bien dont on retire des bénéfices, dit Louis ; par exemple, une somme d'argent qui rapporte des intérêts est un capital. L'oncle Christian, en même temps que sa ferme, nous a laissé une somme d'argent pour l'exploiter ; nous avons donc un capital, grâce à la générosité de notre oncle. Notre ferme est aussi elle-même un capital, parce qu'elle nous rapporte des profits de toute sorte ; le bétail de la ferme est un capital, parce qu'il fournit tous les jours des bénéfices : lait, engrais, travail, etc.

— Je vois alors, dit fièrement Robert, que nous sommes, nous aussi, des capitalistes !

— Sans doute, dit en souriant Marcel, qui écoutait la conversation. Beaucoup de gens, d'ailleurs, sont capitalistes sans le savoir. L'écolier qui place un franc à la caisse d'épargne possède déjà un petit capital qui va lui rapporter du bénéfice. Seulement, on réserve d'ordinaire le nom de capitalistes à ceux qui possèdent beaucoup de capitaux, surtout beaucoup d'argent qu'ils font travailler et dont ils tirent profit.

— Je comprends à présent, Louis, ce qu'on appelle capital, reprit Robert ; mais en quoi cela peut-il être heureux pour un pays qu'il s'y trouve un riche capitaliste ? Voilà ce que je ne comprends pas encore.

— Réfléchis, Robert, dit Louis. Est-ce que notre futur voisin va mettre son argent dans un trou comme font les avares ?

— Non, Louis, il va d'abord faire construire une maison, et des étables, et des écuries, je pense.

— Eh bien, il faudra déjà pour cela des maçons, des charpentiers, des menuisiers, des peintres. Tous ces ouvriers seront payés avec l'argent du capitaliste, tous en auront leur part.

— Même les nègres, ajouta Marcel.

— Les nègres! dit Robert étonné.

— Oui, répondit Marcel, quand la maison sera élevée, il faudra des ouvriers pour la blanchir; eh bien, en Algérie, ce sont surtout les nègres qui s'occupent de blanchir les maisons. Ils seront payés pour cela, ils auront eu leur part du capital.

LES NÈGRES. — Il y a en Algérie environ 5000 nègres venus des villages du Soudan.

Ce contraste du noir et du blanc fit rire Mariette et Robert.

— La maison bâtie, reprit Louis, il faudra des bras pour cultiver la terre, et le capital servira à les payer. Sans capital, point de salaires pour les travailleurs. Si le nouveau venu dépense beaucoup d'argent, les campagnes voisines vont se peupler, le commerce va être plus actif et le pays va s'enrichir.

— C'est vrai, dit Robert, mais nous, Louis, gagnerons-nous quelque chose à ce que le pays s'enrichisse?

— Certainement; si ce beau pays devient plus peuplé et plus riche, il s'y fera de grands travaux utiles à tout le monde, et nous en profiterons nous-mêmes. Ainsi ne serions-nous pas contents qu'un chemin de fer passât près de notre maison et reliât tout le pays à Constantine?

— Je crois bien! s'écria Bernard; ce serait commode pour écouler les produits de la ferme sur le grand marché de Constantine que nous avons vu.

— Eh bien, dit Louis, si le capital abonde dans le pays, on fera bientôt construire le chemin de fer d'ici à Constantine, qui n'est aujourd'hui qu'en projet. Sais-tu, Robert, ce qui manque encore trop en Algérie? Ce sont précisément les capitaux pour construire des chemins de fer, des routes, des canaux, des aqueducs, des puits artésiens, pour assainir le pays et le défricher, pour bâtir des écoles et payer des maîtres, pour établir des bureaux de poste et des télégraphes. C'est à force d'argent qu'on féconde la terre, qu'on crée dans un pays l'industrie et le commerce. Capitalistes et travailleurs ne peuvent se passer les uns des autres, car c'est avec le capital que se paye le travail. Il faut donc se réjouir lorsqu'il y a dans un pays de grandes réserves de capitaux. Chacun n'est-il pas content qu'il y ait beaucoup d'eau à la fontaine où tous vont puiser? Eh bien, c'est la même chose pour le capital. Tous profitent de son abondance, et celui même qui possède un capital n'y trouve

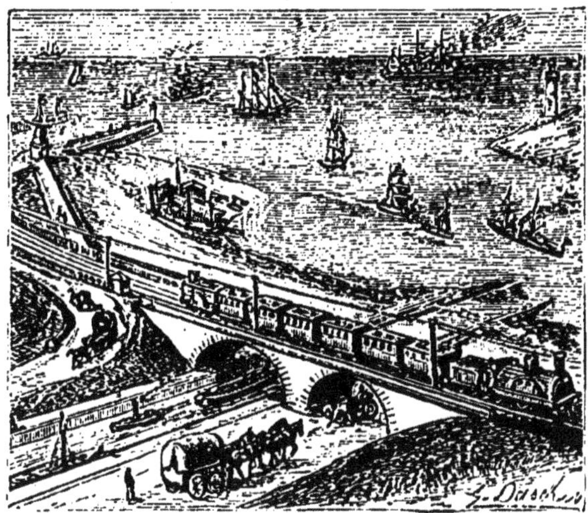

TRANSFORMATIONS DU CAPITAL : LES VOIES DE COMMUNICATION. — Un des principaux emplois du capital dans les sociétés civilisées, une de ses principales transformations, ce sont les voies de communication, telles que *routes, chemins de fer, canaux, lignes de navigation.*

TRANSFORMATIONS DU CAPITAL : UN PUITS ARTÉSIEN. — Les puits artésiens sont de grands trous creusés dans le sol, qui peuvent avoir jusqu'à 600 mètres de profondeur, et d'où l'eau jaillit.

de l'avantage que s'il l'emploie et le fait ainsi circuler de main en main.

TRANSFORMATIONS DU CAPITAL : UN AQUEDUC DANS UNE FORÊT.

Robert avait écouté avec attention et se réjouissait déjà à la pensée d'un chemin de fer passant près de la ferme. Une dernière question lui vint à l'esprit : — Père, demanda-t-il, pourquoi le riche propriétaire qui va devenir notre voisin dit-il que son capital court des risques?

— Ce n'est pas difficile à comprendre, Robert, répondit Marcel. Est-ce que l'industriel, le commerçant, l'agriculteur sont toujours sûrs de gagner et de ne rien perdre?

— Non, certes, dit Robert.

— Nous autres agriculteurs, reprit Marcel, nous dépendons de la pluie, de la sécheresse, de l'orage, de la grêle; sans compter les maladies auxquelles les colons sont exposés, les vols et dégradations des Arabes nomades, les dommages causés par les animaux nuisibles, que sais-je?

— C'est vrai, dit Valentin; moi, par exemple, je peux gagner ici bien plus que quand j'étais carrier, mais aussi je puis y perdre d'un coup toutes mes petites économies. Le salaire des ouvriers est modeste, mais il est du moins assuré; les profits des patrons dépendent de mille circonstances.

— Vous avez bien raison, dit le vieil Alsacien, et plusieurs fois M. Christian s'est vu près de la ruine. Tenez, il y a douze ans, il a perdu en un seul jour le travail de toute une année.

— Que s'est-il donc passé alors? demanda Robert.

— Je n'oublierai jamais ce jour-là, dit l'Alsacien. C'était au coucher du soleil; j'étais occupé dans le jardin quand M. Christian me dit : « Vois quel nuage à l'horizon! on dirait un grand orage qui se prépare, et cependant la journée est superbe. » Je regardai et j'aperçus, en effet, une nuée épaisse qui avançait avec rapidité. Elle était semée de mille points brillants comme des étoiles. Au même moment, des clameurs s'élevèrent dans le village. Des Arabes couraient en criant dans leur langue : « Les sauterelles, les sauterelles. » C'était, en effet, une nuée de sauterelles, et les petits points brillants étaient les ailes reluisant au soleil couchant. Le ciel devenait de plus en plus noir; on entendait de loin le bruit d'ailes causé par les innombrables insectes; le nuage s'avançait toujours. Au loin, j'aperçus un autre nuage qui s'élevait de la terre : c'était de la fumée mêlée d'étincelles. Des tribus arabes avaient allumé des incendies pour arrêter ou détourner l'invasion; mais la nuée avançait toujours. Elle était extrêmement haut dans le ciel, poussée par les courants supé-

INVASION DE SAUTERELLES EN ALGÉRIE. — *Les sauterelles* (de *sauter*), ou *criquets voyageurs*, sont des insectes nuisibles. Tantôt ces insectes sont parvenus à tout leur développement et pourvus d'ailes : ils traversent alors les airs comme une nuée; tantôt ce sont des *larves* sans ailes qui s'avancent sur le sol en sautant et rongeant tout au passage.

rieurs de l'atmosphère. Quand elle passa au-devant de la ferme, une véritable pluie de sauterelles commença à tomber. Les cris redoublèrent alors dans le village. Tout le monde se précipitait pour tuer les sauterelles tombées sur le sol, ou pour en enfermer la plupart dans des sacs. Ces sauterelles s'étaient déjà mises à dévorer tout. Heureusement, au bout de quelques heures, un vent violent s'éleva et poussa la nuée de sauterelles dans la direction de la mer, où elles furent noyées. Malgré cela, celles qui étaient tombées du nuage en passant furent assez nombreuses pour dévorer nos récoltes : ce fut une année perdue pour M. Christian.

Les enfants avaient écouté le récit de l'Alsacien avec grand intérêt.

— Vous voyez, leur dit ensuite Marcel, que tout n'est pas profit pour l'agriculteur. De leur côté, l'industriel et le commerçant ne sont pas moins exposés : l'industriel peut se ruiner dans une entreprise de chemin de fer, de mine, de filature. Le commerçant peut ne pas trouver d'acheteurs. On a calculé que, sur cinq patrons, un seul s'enrichit, trois arrivent à peine à joindre les deux bouts, le cinquième fait faillite. Plus les chances de gain sont grandes, plus aussi sont grandes les chances de perte. Si l'espérance de grands profits ne compensait pas la crainte de la ruine, les hommes ne voudraient donner leur argent pour aucune entreprise nouvelle : la routine régnerait alors au milieu de sociétés pauvres et misérables comme certaines tribus arabes ou kabyles.

XCI. — Lucie. — Les soins de la ferme. — La pharmacie domestique et l'hygiène.

L'art de conserver la santé est plus important que l'art de soigner la maladie.

Bernard savait que l'ordre et la méthode sont les principales qualités de l'agriculteur. Au bout d'une semaine, il était au courant de toute la besogne, et il avait fait un plan, de manière à fixer d'avance l'emploi de chaque jour. Il avait pour l'aider deux frères déjà grands et aussi le jeune Robert.

Louis, qui devait bientôt repartir pour la France, voulut utiliser le temps qui lui restait : la bêche à la main, il travailla avec tout le monde sous la direction de son ami Bernard. Et Louis se rappelait le temps où, chez la famille Zurog, il retournait les plates-bandes du potager; mais quelle différence entre cet automne ensoleillé d'Algérie et le printemps brumeux des pays du Nord!

Pendant ce temps-là, Marcel s'occupait de faire à la ferme les réparations indispensables. Il avait acheté des lits à la petite ville voisine. Valentin augmentait le mobilier de quelques chaises rustiques fabriquées avec les bois mêmes de la propriété.

Lucie, de son côté, était déjà une vraie petite maîtresse de maison. Comme elle avait beaucoup d'ordre et de soin, elle faisait en peu d'heures ce que d'autres eussent fait dans toute leur journée. Aussi pouvait-elle soulager sa grand'mère et Mme Valentin d'une bonne partie des soins du ménage.

Entre autres choses, elle avait pris le soin des pigeons, du poulailler et des ruches. Au bout de peu de temps, les poules la connaissaient si bien qu'elles venaient manger les graines jusque dans son tablier. L'une d'elles même, un jour, s'enhardit jusqu'à sauter délibérément sur son épaule. Les abeilles aussi connaissaient bien Lucie. Mariette, qui suivait un peu partout sa sœur aînée, aimait beaucoup à regarder les abeilles pendant qu'elles butinaient sur les fleurs et voltigeaient toutes dorées dans la lumière du soleil.

LE RUCHER. — Il doit être placé dans un endroit sain et bien exposé.

— Y en a-t-il! y en a-t-il! disait Mariette avec admiration; comme elles travaillent!

— Oui, répondait Lucie, elles font le miel, construisent les cellules, nourrissent les larves. Les abeilles, vois-tu, forment une véritable société à l'image de la société humaine. Notre maison, à nous aussi, est une ruche où chacun doit travailler.

Puis, tout en s'occupant de la ruche, Lucie répétait à Mariette : — Ne va jamais étourdiment de ce côté, tu te ferais piquer. Tiens, va plutôt porter à la maison les œufs frais que nous avons trouvés tout à l'heure dans le poulailler, et qui serviront au dîner de notre grand'mère.

Outre sa part des soins de la ferme, Lucie était chargée des enfants. Elle les instruisait, elle les surveillait, aux heures où elle n'était pas elle-même occupée. Elle coupait, au déjeuner ou au goûter, les tartines que les enfants allaient manger avec une orange.

Elle faisait aussi grande attention à leur hygiène, car M. Rémy le lui avait recommandé. Avant le départ, le docteur lui avait longuement parlé de toutes les précautions à prendre dans le nouveau pays que sa famille allait habiter. Il lui avait même laissé une petite pharmacie de voyage renfermée dans une boîte.

— Prenez garde à la fièvre, avait-il dit : ce sera là-bas votre principal ennemi à tous. Pour ne pas vous y exposer, évitez les refroidissements au coucher du soleil et les boissons trop fraîches pendant la chaleur. Voici des paquets de *quinine*, pour couper la fièvre en cas de besoin. Prenez garde aussi aux inflammations d'entrailles, si fréquentes dans les pays du midi et surtout chez les enfants. Voici, pour la circonstance, des paquets de *bismuth* et des têtes de *pavot*. J'ai mis aussi du *sel de Sedlitz*, des *sinapismes* pour éloigner le sang de la tête en cas d'insolation. Un flacon d'*ammoniaque* servira contre les piqûres ou morsures d'animaux venimeux : scorpions ou serpents ; la teinture d'*arnica*, contre les contusions et les entorses ; car vous aurez à surveiller tout un petit peuple d'enfants qui sera exposé aux mésaventures. N'oublions pas la *charpie* et le *diachylon* pour les plaies.....

Tous les conseils que le docteur avait donnés pour l'hygiène et pour la sécurité de la petite colonie, Lucie les répétait doucement à Mariette et aux enfants de Mme Valentin, qui l'aimaient, eux aussi, comme une sœur aînée.

Elle n'oubliait d'ailleurs personne. Quand la chaleur était un peu forte dans ces dernières journées de l'automne africain, elle préparait quelques tasses d'un café léger qui, une fois refroidi et étendu d'eau, est la meilleure boisson pendant la chaleur, soit pour les cultivateurs, soit pour les soldats Et elle allait elle-même le porter à son frère et aux autres travailleurs, qui, à l'ombre d'un grand olivier, buvaient avec délices cette boisson un peu amère et tonique.

OLIVIERS D'AFRIQUE.

— Comme tu nous soignes bien, petite sœur! disait Louis; on voit que tu sais par cœur toutes les recommandations de M. Rémy. C'est toi qui seras le médecin de la maison.

— Oh! non, disait Lucie; l'hygiène dispense du médecin, et, si nous ne commettons point d'imprudences, j'espère n'avoir personne à soigner.

XCII. — Le départ. — Courage!

Il vient un moment où le jeune homme cesse de s'appartenir à lui-même : il se doit tout entier à la patrie.

Au milieu de tant d'occupations nouvelles, le temps avait passé vite. Les vacances de Louis touchaient à leur terme, la rentrée à Saint-Cyr ne devait plus tarder longtemps.

Lucie s'était occupée activement du trousseau de son frère; la malle du jeune homme était prête.

La veille du départ, on la porta jusqu'à la petite ville voisine, où Louis devait se rendre à pied le lendemain pour prendre la diligence avant même le lever du soleil.

Marcel était souffrant depuis quelques jours. C'était lui qui semblait le plus éprouvé par le changement de climat, et

Louis était très affecté de quitter son père en ce moment.

— Je partirai seul de grand matin, dit-il, et, pour ne pas vous éveiller demain, je vais vous faire ce soir mes adieux.

Marcel ne s'y opposa point. Le sergent regardait le départ de son fils comme un premier pas dans la carrière militaire : il estimait qu'il fallait faire ce pas bravement, avec la fermeté et le détachement du soldat.

Le soir donc, Louis reçut les adieux attendris de toute la famille, et le lendemain, à la petite pointe du jour, pendant que chacun dormait encore dans la ferme, il se leva sans bruit. Le cœur tout ému, il franchit le seuil de la porte.

C'était donc la première fois qu'il allait vivre séparé de son père!

A cette pensée, il lui monta au cœur une indicible tristesse. Sa vie, passée en compagnie de ce père bien-aimé, lui revint à l'esprit : il se rappela les années déjà lointaines de sa première jeunesse et cette autre nuit où, s'éveillant au bivouac entre les genoux du sergent, il s'était jeté à son cou pour lui dire : « Je vous en supplie, père, gardez-moi près de vous ! » Certes, à cette heure, Louis ne songeait pas à faire une demande aussi enfantine. Il était fier d'entrer à Saint-Cyr, fier d'avoir comme son père choisi la carrière des armes; malgré cela, il aurait voulu retarder le moment si triste de la séparation. Lentement il tira sa montre, désirant presque qu'elle fût arrêtée et lui eût fait manquer l'heure; mais la montre inflexible avait toujours eu la ponctualité d'un chronomètre : l'heure marquée était bien celle du départ.

Louis retourna distraitement la montre entre ses doigts, et, pendant qu'il la regardait, de nouveaux souvenirs endormis s'éveillèrent. Il lui sembla revoir le vieux Zurog, qui la lui avait donnée. Sa mémoire fidèle le lui rappelait comme s'il avait été là, avec sa haute stature, ses cheveux blancs, son regard ferme et doux. A l'oreille de Louis retentit le mot d'adieu du vieillard, ce mot inscrit comme devise sur sa montre : *Courage!*

Louis se redressa. La minute de faiblesse qu'il avait eue s'évanouit : il traversa résolument l'allée de rosiers de *Petite-Alsace*, non sans avoir cueilli un dernier bouton des roses de la demeure paternelle; puis, avec l'allure ferme du soldat qui fait sa première étape, il partit.

Il passa devant le bureau de poste où son père et sa sœur devaient sans doute dormir encore, et du fond du cœur il leur envoya un muet adieu.

Mais le père n'avait pu dormir et, en dépit de la fièvre, il s'était levé. Debout derrière la persienne, il suivait de l'œil l'enfant qui s'en allait. Lucie doucement s'avança :

— Père, dit-elle, voulez-vous que j'ouvre la fenêtre et que j'appelle mon frère? Nous l'embrasserons une dernière fois.

Marcel sentait ses yeux se mouiller, mais il ne voulait pas que son fils le vît pleurer et pût perdre ainsi de son courage. — Ton frère ne nous appartient déjà plus, ma fille, dit le sergent; nous le donnons à la France, à la patrie!

Et Marcel, le front toujours appuyé sur les persiennes, suivit d'un œil humide la silhouette de son fils qui s'éloignait. Tant que cette forme élancée put s'apercevoir, tant que le bruit cadencé des pas du jeune homme retentit dans l'air sonore du matin, le père resta immobile à la fenêtre. Mais bientôt le bruit alla s'affaiblissant, et Louis lui-même ne parut plus que comme un petit point noir. Le père, alors, pour le voir jusqu'au bout, doucement ouvrit la fenêtre.

Les étoiles pâlissantes faisaient place au crépuscule matinal; tout au loin, sur la route poudreuse, le petit point noir changea de direction et gravit une éminence : avant de s'enfoncer dans le vallon, Louis avait voulu revoir une dernière fois le toit paternel. Avec l'excellente vue qu'il possédait, il aperçut la fenêtre ouverte de son père et la taille élancée de Marcel debout devant la fenêtre. De la main le jeune homme lui envoya un long adieu, murmurant en son cœur : « Père, père, quand je reviendrai, je serai un homme, je serai digne de vous! »

Le père, de son côté, leva vivement les bras vers Louis; toute son âme courait vers son fils : « Va, pensait-il, mon brave enfant, ma chère petite ombre, toi qui ne m'as jamais quitté dans les jours de malheur; va, et sois dévoué à ta patrie comme tu l'as été à ton père! »

Pendant que ces deux adieux se croisaient à travers l'espace, le petit point noir disparut et la route redevint déserte.

XCIII. — L'aïeule et le cercle de famille.

Le plus grand bonheur qu'on puisse goûter en ce monde, c'est de rendre heureux tous ceux qui nous entourent.

Depuis ce départ, plusieurs années se sont écoulées. Il est à peu près la même heure matinale qu'alors, et voici à cette même fenêtre Marcel immobile encore, scrutant des yeux l'horizon.

Depuis que Louis est parti, il y a eu du changement dans la maison de *Petite-Alsace*. Lucie est devenue la femme de l'excellent Bernard, qui continue de diriger l'exploitation de la ferme. Robert et Mariette sont maintenant de grands et beaux jeunes gens. Valentin a repris sa santé des bons jours.

Pendant que Marcel est à sa fenêtre, Lucie, de temps en temps, s'approche pour regarder, elle aussi, sur la grande route. Elle porte sur son bras son premier-né, un bel enfant qui vient de s'éveiller.

Enfin, tout au loin, un groupe se dessine, et Marcel s'écrie :

— Lucie, Lucie, je les vois!

— Moi aussi, répond-elle, je reconnais la démarche de Louis, et voici sans doute sa femme. Oh! que je me réjouis de la connaître!

Marcel n'a pas cette fois la patience de rester immobile à la fenêtre; il sort, il court à la rencontre de son fils : il veut souhaiter la bienvenue à la jeune femme.

Regardons, nous aussi, celle qui sera désormais la compagne de Louis. Dites-moi, la reconnaissez-vous?... Stephen Zurog, vos vieux os ont dû, comme vous le disiez jadis, tressaillir de joie dans leur tombe quand votre chère Rose a épousé le *petit soldat français* que vous teniez en si haute estime! Rose, par cela même, est devenue Française; et c'est justice, car, plus d'une fois jadis, le sang des Zurog a coulé sur les champs de bataille fraternellement mêlé au sang français. Rose, d'ailleurs, aime tant la France depuis si longtemps! La simple montre en argent de son grand-père est encore suspendue sur la poitrine de son mari, et le mot qu'y avait inscrit le vieillard est devenu la règle inflexible du jeune officier français.

Le mariage vient d'avoir lieu, trop loin pour que Marcel et la grand'mère de Louis aient pu y assister. Mais Louis arrive avec sa femme pour prendre possession de son nouveau poste. Il a été en effet récemment nommé commandant d'un fort voisin de *Petite-Alsace*, et désormais il se trouvera rapproché de sa famille.

Marcel a couru si vite qu'il a déjà rejoint ses enfants. Il embrasse Louis, il embrasse Rose Zurog. — C'est donc vous, s'écrie-t-il, vous que j'ai vue pour la première fois à la porte de l'étable où vos parents avaient recueilli et soigné les blessés français! A mon tour, petite Rose, de vous accueillir dans ma maison, qui va devenir la vôtre!...

Marcel semble rajeuni, tant il est heureux. On hâte le pas pour arriver plus vite.

Tout le monde est déjà debout à la *Petite-Alsace.*

Mme Marcel est assise dans son fauteuil sur une terrasse ombragée par un groupe d'orangers tout en fleurs. Elle sait que Louis et sa femme vont arriver aujourd'hui même.

LA TERRASSE EN ALGÉRIE.

Bonne grand'-mère, combien ses cheveux sont blancs à cette heure!... Mais l'œil est toujours vif et la bouche souriante, en dépit de ses quatre-vingts ans! Du point un peu élevé où elle se trouve, elle domine presque toute l'étendue des terres de *Petite-Alsace.* Aussi loin que plonge son regard, elle aperçoit les grappes dorées des vignes, les petits points noirs des olives mûrissantes et les fruits d'or des orangers.

« Terre bénie, murmure-t-elle, tu m'es devenue presque aussi chère que la mère patrie. Mes enfants, après tant d'efforts, tant de souffrances que nous avons tous endurées, te devront l'aisance, le bonheur et la santé. Quand mon heure sera venue, je m'endormirai sans regret de mon dernier sommeil sur le sein de ma nouvelle Alsace... »

Pendant que la grand'mère rêve ainsi, la porte s'est ouverte. Rose s'avance tout émue. Louis la tient par la main. Marcel, Lucie et Bernard les suivent.

L'aïeule ouvre ses bras à la jeune femme : — Soyez la bienvenue, lui dit-elle, dans votre nouvelle famille!

Mais Rose, par une pensée de piété filiale, s'agenouille aux pieds de l'aïeule : — Grand'mère, dit-elle, le jour de notre mariage votre bénédiction maternelle nous a manqué, voulez-vous nous la donner maintenant? Il nous semblera que c'est aussi mon grand-père qui nous bénit.

Louis se place auprès de Rose et couvre de baisers les mains ridées de l'aïeule. Aussitôt se joignent à eux Bernard et Lucie, qui tient toujours son enfant sur les bras.

Alors la grand'mère, d'une voix que l'émotion fait trembler, s'écrie : — Mes chers enfants, soyez heureux!... Elle s'arrête un peu, puis, se tournant vers Louis : — Toi, mon fils, dit-elle, je sais que tu serviras la France comme ton père l'a déjà servie. Vous, Rose, vous voilà Française; vous serez digne de ce beau nom. Ma chère fille, ne l'oubliez pas, c'est sur les genoux des mères que les enfants doivent apprendre à aimer leur patrie. Ce sera sur vos genoux que mes petits-fils apprendront à aimer la France.

Pendant que l'aïeule parlait, le petit enfant de Lucie ne la quittait point de ses grands yeux naïfs et étonnés : il aurait voulu comprendre ses paroles. Derrière le fauteuil, Robert et Mariette étaient venus à petits pas. Marcel, debout, regardait tour à tour avec attendrissement sa vieille mère et ses enfants. Toute la famille se trouvait ainsi groupée en cercle autour de l'aïeule. Elle, émue, tremblante, les contemplait avec une tendresse profonde. Ses yeux allaient de l'un à l'autre : elle semblait les compter. — Huit! dit-elle en ouvrant les bras comme si elle eût voulu les presser tous sur son cœur. Allons, ma gerbe devient trop grosse à présent : je ne puis plus l'enserrer de mes bras...

Prenant alors des mains de Lucie son arrière-petit-enfant, elle le baisa sur sa chevelure blonde, donnant ainsi à ce dernier venu les caresses destinées à tous.

TABLE DES MATIÈRES

I. — *L'armée de l'Est.* — Le bivouac dans les bois. — Le père et le fils. 1

II. — Le *dévouement* est le devoir du soldat. — Belle parole du colonel Achilli. 5

III. — *Réponse héroïque* du général Robert. — La *retraite de l'armée de l'Est*. 6

IV. — Blessure du sergent Marcel. — *Courage et dévouement filial* de Louis. 8

V. — Arrivée de l'armée de l'Est en Suisse. — *L'hospitalité*. 11

VI. — Tous les malheureux sont nos *frères*. 13

VII. — La *piété filiale*; les *soins d'un fils* à son père. — L'amputation. — Il ne faut jamais désespérer. 16

VIII. — La convalescence. — Le *souvenir de la patrie*. — L'invitation chez l'aïeul. 18

IX. — L'intérieur d'une *famille unie*. — La sympathie aux exilés. 20

X. — *Strasbourg* et *Zurich*. — Histoire d'une bouillie de mil. 21

XI. — La jambe de bois de Stephen Zurog. — Les souvenirs de la *Révolution française*. 24

XII. — Le récit de Stephen Zurog. — Etat des campagnes en 1789. — Les *privilèges* et *droits féodaux*; les *impôts*; les famines et la misère. 27

XIII. — Le récit de Stephen Zurog (*suite*). — Tableau de la cour en 1789. — *Ouverture des Etats généraux*; adjurations de l'évêque de Nancy au roi sur la misère du peuple. 31

XIV. — Le récit de Stephen Zurog (*suite*). — La *nuit du 4 août*. — L'abandon des privilèges féodaux. — La devise nationale : *Liberté, Egalité, Fraternité*. 33

XV. — Remerciements adressés à l'*Assemblée constituante* par le vieillard le plus âgé de France. — Le *respect de la vieillesse*. 39

XVI. — *Grandeurs et malheurs de la France*. — L'avenir de la patrie est dans le *travail* et l'*instruction* de ses enfants. 41

XVII. — Le cahier d'écriture et la persévérance. — Qu'est-ce qu'un *citoyen?* 44

XVIII. — Différence entre un *sujet* et un *citoyen*. — Le czar et son cosaque à la tour de Copenhague. — Le maréchal des logis Vincent et l'armée française. 46

XIX. — Explication de la *Déclaration des droits de l'homme*. — Les *droits du citoyen*; 1° liberté de la *personne*; 2° liberté du *domicile*; 3° liberté de la *conscience*. 50

XX. — Les *droits du citoyen* : 4° liberté du *travail*; 5° liberté de la *propriété*. 53

XXI. — Les tristes jours de la Révolution. — Les *émeutes* et les massacres. — *Journée du 10 août*; attaque des Tuileries. 56

XXII. — Le vrai *patriote* doit être *impartial* et sans parti pris. — Les *violences* et les *émeutes* retardent le progrès. — Adieux et conseils de Stephen Zurog. 60

XXIII. — *Fraternité et solidarité humaine*. 64

XXIV. — La *croix d'honneur*. 66

XXV. — Les *obligations du citoyen*. — Une *école régimentaire*. — Avantages de l'*instruction obligatoire* pour les *garçons* et pour les *filles*. 68

XXVI. — Un *bienfaiteur* qui refuse de se nommer. — Trait

historique d'un soldat français..................... 71
XXVII. — Les propositions du lieutenant Aubry et la lettre de Lucie. — *L'arrivée sur la terre de France.* — Les *zouaves* et les *turcos*....... 73
XXVIII. — Le *trésor public.* — Le payement des milliards. — *L'impôt.* — L'impôt est proportionnel................. 77
XXIX. — Les *contributions directes* et *indirectes*........ 80
XXX. — La *fraude* et la *contrebande.* — La *douane*.... 84
XXXI. — La chanson de Lucie. *Rôle des mères dans la patrie.* 86
XXXII. — Le fils doit suivre le *bon exemple* du père....... 89
XXXIII. — La petite *mère de famille.* — *L'ordre* et le *soin*.. 91
XXXIV. — Les causeries avec l'*instituteur.* — Une surprise faite à Marcel............ 94
XXXV. — La *poste aux lettres.* 97
XXXVI. — *Caisse d'épargne* et *caisse des retraites*....... 99
XXXVII. — Les *assurances*.... 102
XXXVIII. — La carrière. — La *présence d'esprit dans le danger*. 105
XXXIX. — Louis improvise une ambulance. — *Soins aux blessés*.................. 107
XL. — L'exemple donné par le *maire.* — *Soins aux asphyxiés*.................. 111
XLI. — Une attention de Lucie. Prévoyance de Valentin. — La *société de secours mutuels*.. 114
XLII. — La *commune* et les *biens communaux*......... 116
XLIII. — La *mairie*,et le *conseil municipal.* — *L'état civil*... 120
XLIV. — Les *communes héroïques* de la France........ 123
XLV. — Les *dangers de l'alcool.* 130
XLVI. — Le *préfet*, le *conseil général* et le *département*.. 133
XLVII. — Le *dévouement au devoir professionnel.* — Histoire de plusieurs *préfets* français................ 136
XLVIII. — Le *courage à l'étude.* — Le *petit bataillon.* 139
XLIX. — La *gymnastique.* — Histoire du général de Béthencourt.................. 142
L. — La *désobéissance*...... 144
LI. — L'inspection du petit bataillon. — Les *devoirs du soldat : fidélité au drapeau.* — Les drapeaux de Metz... 147
LII. — *L'armée.* — Le *conseil de revision.* — *Armée active* et *réserve de l'armée active; armée territoriale* et *réserve de l'armée territoriale*..... 149
LIII. — Les *devoirs du soldat* (*suite*). — Le *courage* et la *discipline*............... 151
LIV. — La *douceur envers les animaux.* — Le premier argent gagné............... 153
LV. — La *comptabilité.* — *L'ordre* et le *scrupule.* — Les inquiétudes de Justine....... 156
LVI. — L'aide aux voisins. — La lutte contre les malfaiteurs. — Le *commissaire de police* et la *constatation judiciaire*............... 158
LVII. — La lettre anonyme. — Les précautions du commissaire de police............ 161
LVIII. — L'interrogatoire du *juge d'instruction.* — La *déposition* de Justine....... 164
LIX. — La *force publique.* — La *police.* — *L'arrestation.* 168
LX. — La *justice pénale.* — La *cour d'assises.* — Le *jury.* — L'accusation et la défense. — L'entraînement au crime par la *passion du jeu* et les *mauvaises compagnies*..... 170
LXI. — La *justice civile.* — Le *juge de paix* et les *divers tribunaux*............ 174
LXII. — Le serment de Cambronne. — Un *buveur corrigé.* 177
LXIII. — *L'enseignement* et ses divers degrés. — *L'enseigne-*

ment primaire et l'*enseignement secondaire.* — Les *écoles du gouvernement*.... 178
LXIV. — La *ferme-école.* — Le *télégraphe.* — Exemple de *civisme* donné par une *jeune fille*.................... 182
LXV. — *Autorité paternelle* et *protection des mineurs*..... 186
LXVI. — *L'enseignement supérieur.* — Les *facultés.* — Les *grades universitaires.* — Le *baccalauréat.* — Une page de Sénèque. — *Dieu dans la conscience*................ 188
LXVII. — La composition de Louis. — *Qualités et défauts de la nation française*.... 191
LXVIII. — La *loi.* — *Chambre des députés* et *Sénat*....... 197
LXIX. — La *Constitution.* — Les *trois pouvoirs de l'Etat.* 199
LXX. — Le *vote.* — Il doit être désintéressé et libre........ 201
LXXI. — Dignité de l'*électeur.* Chant de l'électeur pauvre. 203
LXXII. — Le *Président de la République*.............. 204
LXXIII. — Les divers *ministères.* — *Guerre. Marine. Instruction publique. Cultes* et *beaux-arts*................ 206
LXXIV. — Les divers *ministères* (*suite*). — *Justice. Finances. Intérieur. Affaires étrangères. Travaux publics. Industrie. Commerce. Agriculture.* — *L'art de gouverner* est difficile................ 212
LXXV. — La *santé* est un trésor que le travailleur doit conserver. — Les effets de l'*imprudence* et de l'*ignorance*.... 217
LXXVI. — *Testament* de l'Alsacien. — Projet d'association. 221
LXXVII. — Les *testaments* et les *successions*............ 224
LXXVIII. — Le départ pour l'Algérie. — La traversée. — L'adieu de l'aïeule à la patrie... 226
LXXIX. — Alger. — *Conquête de l'Algérie*................ 230
LXXX. — Le *marché* de Constantine. — *Production* et *échange des richesses.* — Définition de l'*économie politique*.................. 233
LXXXI. — La caravane. — *L'homme et ses besoins.* — *Le travail, sa nécessité et sa dignité.* — *Travail manuel.* Fécondité du *travail intellectuel*.................... 237
LXXXII. — La *société et ses avantages.* — Les sociétés primitives. — Les sociétés civilisées. — Chacun profite du travail de tous............ 243
LXXXIII. — La *lutte de l'homme contre les bêtes féroces.* — Les hyènes et les chacals. — Les lions................. 248
LXXXIV. — Un exemple d'*intelligence* et de *courage.* — Le lieutenant Gérard, dit « *le tueur de lions* »........... 251
LXXXV. — La ferme. — *Les matières premières et la production*................ 254
LXXXVI. — Bonheur et avantages des *familles nombreuses.* — Le *souvenir des morts* et le *culte de la famille*......... 258
LXXXVII. — La *propriété* et ses avantages................. 260
LXXXVIII. — Les *contrats usuels. Contrats de louage.* — *Bail.* — *Fermage et métayage.* — *Contrats de vente.* 262
LXXXIX. — *L'association.* — *La division du travail.* — *La comptabilité*............... 264
XC. — Le *capital.* — Sa fécondité. — Les *salaires.* — Les risques du capital. — L'invasion de sauterelles......... 267
XCI. — Lucie. — Les *soins de la ferme.* — La *pharmacie domestique* et l'*hygiène*....... 273
XCII. — Le départ. — Courage ! 276
XCIII. — L'aïeule et le cercle de famille.................. 279

SAINT-CLOUD. — IMPRIMERIE BELIN FRÈRES.